# MEILE SERGU

REKOLEKCIJOS

Bibliografinė informacija pateikiama Lietuvos integralios bibliotekų informacinės sistemos (LIBIS) portale ibiblioteka.lt

Nihil obstat
S. Marija Dovydė Weill CSJ
Ad hoc deputata
2022 01 27

Imprimi potest
Fr. Pranciškus Ksaveras Cazali CSJ
Prior generalis
2022 02 04

Šventasis Raštas cituojamas iš antro pataisyto
ir papildyto ekumeninio leidimo
(Vilnius: Lietuvos Biblijos draugija, 2001)



ISBN 978-609-95366-1-3

Kūdikėlio Jėzaus Pranciškus Nekrošius CSJ

# MEILE SERGU

REKOLEKCIJOS

LUMINA VERA
Vilnius
2022

Nuoširdžiai dėkojame visiems, kurių rūpesčiu, pagalba ir veiklia meile ši knyga atsirado

**Rengiant knygą savo triūsu talkino:**
Indrė Aušrotienė (sudarytoja), Irena Elžbieta Čekmonienė, Gailius Raškinis, Milda Sprindžiūnaitė, Aldona ir Algis Statkevičiai.

**Knygos leidimą finansavo:**
Stasė Nekrošienė, Astrida ir Gediminas Švedai, JAV Čikagos pal. Jurgio Matulaičio misijos bendruomenė (Dalia ir Kęstutis Jodwaliai, Daiva ir Rolandas Rauduvės, Dalia ir Jonas Barkauskai, Vida Maleiškienė, Rūta McCartan, Janina Miknaitienė, Renata ir Stepas Žiliai ir kiti), JAV Kolorado valstijos lietuvių bendruomenė.

**Lėšų dosniai aukojo:**
Milda ir Ramūnas Lukaševičiai, Gintaras Balčiūnas, Andrius Macas, Tomas Šaparauskas, Stasys Lanevskij, Dalius Raškinis, Jolanta Vaitkevičienė, Danutė Lapėnaitė, Indrė Valantinaitė ir kiti.

# Turinys

# Sudarytojos žodis

Daugelis, kurie savo gyvenime jau spėjome susipažinti su t. Kūdikėlio Jėzaus Pranciškumi, ne kartą esame girdėję jį kalbant apie Dievo Meilę kaip visa ko pradžią: Dievo Meilė yra pirmiau visko. Tikriausiai ir į klausimą, kaip atsirado jo knyga „Meile sergu", atsakytų, kad viskas prasidėjo nuo Dievo Meilės.

Kalbėdamas apie Ją, brolis mėgsta vieną palyginimą. Iš pradžių paklausia, ar klausytojai žino, kas yra juodoji skylė, ir paskui paaiškina, kad aplink ją esama įvykių horizonto, zonos, į kurią pakliuvus nėra kelio atgal. Tada pasako, kad Dievas yra kaip Baltoji skylė, kuri taip pat turi zoną, iš kurios neįmanoma ištrūkti. Tai – Dievo regėjimas: matydamas Dievo Meilę, tampi nepajudinamai suvienytas su dangumi, nes ta Meilės jėga ir Gerumo versmė tave traukte įtraukia.

Panašiai atsitiko ir pačiam autoriui – patyręs beveik apčiuopiamą Dievo Meilę, jis jautėsi kaip pranašas Jeremijas, kuris sakė: „Tu mane suvedžiojai, VIEŠPATIE, – aš leidausi suvedžiojamas" (Jer 20, 7). T. Kūdikėlio Jėzaus Pranciškus tiesiog neatsilaikė prieš Dievo Meilę ir liudija tai savo gyvenimu: visiškai pasišventė Aukščiausiajam – dėl Dievo viską paliko ir jau treti metai gyvena kaip atsiskyrėlis Kolorado valstijos kalnuose JAV, melsdamasis už visą pasaulį, nors, šv. Pauliaus žodžiais kalbant, pasaulis tapo jam miręs, nukryžiuotas, kaip ir jis – pasauliui (žr. Gal 6, 14).

Tam tikrų paralelių su paties brolio gyvenimu turi ir šios knygos atsiradimo istorija, nes idėja išleisti t. Kūdikėlio Jėzaus Pranciškaus knygą joanitų bendruomenėje sklandė jau seniai – žmonės, dalyvaudami jo vedamose rekolekcijose, girdėjo tai, kas buvo neįprasta, aktualu ir nauja, o išėję po sekmadienio šv. Mišių, negalėdavo pamiršti jo pamokslų. Taigi, keletui bendraminčių kilo noras tuo, ką išgirdo, pasidalyti su kitais, parengiant t. Kūdikėlio Jėzaus Pranciškaus homilijų ir rekolekcijų tekstų rinkinį. Tačiau 2012 m., broliui išvykus į Jungtines Amerikos Valstijas, knygos projektas apmirė kaip kviečio grūdas (žr. Jn 12, 24). Tik po dešimties metų, kai pandemijos metu paprašiau, kad brolis parašytų ką nors vargo prislėgtiems žmonėms, nes taip reikia pasauliui šviesos, Dievas leido atgimti ir išdygti senojo knygos projekto grūdui, kuris, tikiu, atneš gausių vaisių, palies daugybę sielų visame pasaulyje.

Knygos pavadinimą „Meile sergu" pasiūlė pats autorius: tai Giesmių giesmės eilutė (žr. Gg 2, 5), užrašyta ir ant jo amžinųjų įžadų paveikslėlio. Besvarstant, ar vien homilijų užteks, netikėtai radau t. Kūdikėlio Jėzaus Pranciškaus vestų rekolekcijų „Meile sergu" įrašą. Brolis iškart pasiūlė jų tekstus įtraukti į leidinį, nes dera su pavadinimu. Galiausiai parengtos ne viena, o dvi knygos: „Išėjo Sėjėjas sėti" (homilijos) ir „Meile sergu" (rekolekcijos).

Į knygą „Meile sergu" sudėti rekolekcijų, tėvo vestų vienuolėms 2009 m. Vilniuje, Trinapolio vienuolyne, tekstai. Nors knygos pavadinimui panaudota citata iš Giesmių giesmės, brolis rekolekcijose nedrįso komentuoti šios Senojo Testamento knygos, ją galima užčiuopti tik tarp eilučių. Tačiau t. Kūdikėlio Jėzaus Pranciškus ryžosi keliauti per visą Šventąjį Raštą – nuo Pradžios knygos iki Apreiškimo. Pradėdamas nuo Adomo ir Ievos ir baigdamas Naujuoju Adomu bei Naująja Jeruzale, jis ieškojo meilės istorijų, kurios atskleistų, kokio santykio su mumis Dievas trokšta, ir parodytų mūsų pačių santykį su Dievu. Taip Pradžios knygoje pasirodžiusi versmė, trykštanti iš žemės ir drėkinanti visą paviršių (žr. Pr 2, 5–6), kuri, pasak autoriaus, gali simbolizuoti meilės galią, Apreiškimo knygoje išvirsta į galingą Gyvybės Vandens upę, ištekančią nuo Dievo ir Avinėlio sosto (žr. Apr 22, 1). Ta Meilės galia visa sujungia ir sukuria kažką visiškai naujo. Ir Ji – Dievo Meilė – yra skirta visiems be išimties, kaip ir šventumas bei malda. Tad kviečiu skaityti šią knygą su atvira širdimi bei troškimu išgirsti, ką Šventoji Dvasia nori man pasakyti, ir leistis būti Jos perkeičiamam.

Rekolekcijos yra laikas, pirmiausiai skirtas atnaujinti ir ištiesinti mūsų santykį su Viešpačiu, nuo kurio paskui tvarkysis visa kita. Taigi knyga taip pat paragins giliau ištirti sąžinę, pažvelgti į save meilės sąžinės prasme, pasitikrinti, ką mano širdis sako apie mano tikrąjį santykį su Viešpačiu: ar jis yra kaip su Jaunikiu, Broliu? Koks meilės karštis mus jungia? Ar nesu (santykyje) vien tik išdžiūvusi, suskeldėjusi dykuma, sausa žemė? Ar tikrai esu ištikima sutuoktinė? Ar rūpinuosi patikti Viešpačiui?

Linkiu, kad per šią knygą Dievo Meilė skaitytoją įtrauktų kaip Baltoji skylė. Kaip tėvas rekolekcijų pradžioje linki vienuolėms iš naujo susirgti ne kokia nors liga, bet meile, kuri pasklistų po visus Lietuvos vienuolynus, taip aš linkiu ir tikiu, kad ši knyga padės pasklisti meilės epidemijai tarp lietuvių ne tik Lietuvoje, bet ir Amerikoje bei visame pasaulyje. Leiskimės būti sužeisti Meilės ir su atnaujintu uolumu bei užsidegimu atsiliepkime į Dievo draugystę.

Nuoširdžiai dėkoju visiems, prisidėjusiems prie šios knygos atsiradimo.

*Indrė Aušrotienė*

# Pratarmė

„Meile sergu." Šie Giesmių giesmės mylimosios žodžiai mums iš karto nurodo „geriausiąją dalį" – liepsnojančią mūsų krikščioniško gyvenimo šerdį, kuri vienintelė išliks amžinai, – meilę. Ši meilė turi veidą ir vardą – vienintelį Vardą, kuriuo tegalime būti išgelbėti (plg. Apd 4, 12), – Kristus, Jėzus! Jo Vardas yra „palieti kvepalai" (Gg 1, 3); jų sklidina Biblija, jais kvepia ir puslapiai, kuriuos rengiatės skaityti. Kaip prieš beveik 900 metų sakė šventasis Bernardas Klervietis, komentuodamas Giesmę:

> O palaimintasis varde, visur išlietas kvapusis aliejau! [...] Aliejus yra šviesa, maistas, vaistas. Toks yra ir Jaunikio vardas. Skelbiamas jis apšviečia; apmąstomas – maitina; kai jo šaukiamasi, – malšina kaip tepalas. [...] Tavo pokalbiai ar mąstymai man beskoniai, jei juose neskamba Jėzaus vardas. Jėzus – medus burnoje, melodija ausyse, džiūgavimas širdyje.[1]

T. Kūdikėlio Jėzaus Pranciškaus lūpos ir širdis taip pat sklidini Jėzaus-Sutuoktinio vardo. Nuo vieno mąstymo iki kito jis

---

[1] Versta iš: SAINT BERNARD DE CLAIRVAUX, *Sermons sur le Cantique*, Paris, Cerf (coll. Sources chrétiennes 414), Sermon 15, 4–6.

seka nuostabią jungtuvinės metaforos raudoną giją, nutvieskiančią visą Apreiškimą – nuo Adomo ir Ievos iki Avinėlio vestuvių su naująja Jeruzale, nužengiančia iš dangaus nuo Dievo, išpuošta kaip nuotaka savo sutuoktiniui (plg. Apr 21, 2).

Šios rekolekcijos buvo vedamos vienuolėms, kurių širdys pašvęstos Kristui-Sutuoktiniui. Tačiau nesuklyskime – šie mąstymai iš tikrųjų skirti visiems be išimties – vyrams ir moterims, vienišiems ir susituokusiems, pasauliečiams ir kunigams, nes tokia yra mūsų pasišventimo per Krikštą prasmė, mūsų karališkosios kunigystės siela, kaip primena šventasis popiežius Jonas Paulius II:

> Kristaus ir Bažnyčios *didžiosios paslapties* rėmuose visi yra pašaukti savo gyvenimo auka – tarsi sužieduotinė – atsakyti į neapsakomą Kristaus meilės dovaną, Kristaus, kurs vienintelis kaip pasaulio Atpirkėjas yra Bažnyčios Sužieduotinis. *Karališkoje kunigystėje*, kuri yra visuotinė, drauge pasireiškia ir Sužieduotinės dovana.[2]

Tad be baimės ir nedvejodami leiskimės paskui Nekaltąją Mergelę! Dievas yra Meilė, ir Jis nenori nieko kito, kaip tik būti mylimas ir padaryti mus laimingus savimi! Kaip galima nemylėti Meilės?!

*S. Marija Dovydė Weill CSJ*

[2] JONAS PAULIUS II, enciklika *Mulieris dignitatem* (1988), 27.

# MĄSTYMAI
# apie Dievo Meilę

I mąstymas

# Pradžioje

Mūsų rekolekcijų tema yra iš Giesmių giesmės – du žodžiai iš Giesmių giesmės – „meile sergu". Mums per šitas rekolekcijas reikės vėl „susirgti". Turi išplisti meilės epidemija Lietuvos vienuolijose. Aš tikiuosi, kad ji visada buvo; deja, kartais išgyjama iš šitos išganingos ligos. Nedrįsiu tiesiogiai komentuoti Giesmių giesmės, nes tam jaučiuosi per jaunas. Reikia tiesiog, kad jūs pačios skaitytumėte ir klaustumėte Šventosios Dvasios, kad Ji jus apšviestų, kad jus mokytų.

Iš šitos Giesmių giesmės perspektyvos, kurią mes visi – jūs ir aš – skaitysime asmeniškai, tylomis, slaptoje, iš šitos perspektyvos mes pabandysime pažvelgti į per visą Šventąjį Raštą besidriekiančią raudoną giją – meilės tarp Jaunikio ir Nuotakos giją, kuri atskleidžia, kokio santykio su mumis Dievas trokšta. Žinoma, mes galime, aš galiu atsisėdęs paistyti apie tai, kaip reikia sirgti meile, tačiau tai bus tik grynai įsivaizduojami dalykai, jeigu mes nesiremsime Šventuoju Raštu, Dievo Žodžiu. Todėl aš siūlau jums pamėginti per šitas rekolekcijas peržiūrėti (aišku, mes nespėsime visko pamatyti, peržiūrėti visų meilės istorijų Šventajame Rašte) bent jau pagrindines meilės istorijas, peržvelgti ir pasižiūrėti, kaip jos mums atskleidžia, apreiškia mūsų pačių santykį su Dievu. Ir kas kartą, kaip minėjau, reikės atsiminti, kad fone yra Giesmių giesmė, kuri papildo, pagilina, išplečia tai, ką mes matysime kitose Šventojo Rašto vietose. O vakarais pabandysime labiau pasigilinti į Švč. Mergelės Marijos slėpinius, kuri yra galutinė, tikroji Avinėlio Nuotaka ir mūsų, galima sakyti, perkeitimo į tą tikrąją Avinėlio Nuotaką archetipas, pavyzdys ir ikona. Kitaip sakant, mes matysime, kad visa tai, ką skaitome Šventajame Rašte, ką jūs skaitote Giesmių giesmėje, galutinai išsipildo Švč. Mergelėje Marijoje. Ir tegul tai po truputėlį, lašas po lašo pildysis ir mumyse, kol visiškai išsipildys amžinybėje, kuria pradedame gyventi jau dabar. Dar mes pakalbėsime apie mūsų santykius su mūsų Mylimuoju – apie visus tuos meilės žaidimus, slėpynes, pabėgimus ir sugrįžimus, apsikabinimus... Taip, kad jau niekad Jis iš mano rankų nebeištrūktų (plg. Gg 3, 4), ir atvirkščiai.

Ir pradėsime šiandien, žinoma, nuo Pradžios knygos, nuo paties pirmojo skyriaus, nuo sukūrimo. „Pradžioje Dievas sukūrė dangų ir žemę" (Pr 1, 1). Tai patys pirmieji Šventojo Rašto žodžiai. Ir jau šitie patys pirmieji Šventojo Rašto žodžiai mums apreiškia santykį – santykį tarp dangaus ir žemės, tarp regimosios ir neregimosios tikrovės, dvasinio pasaulio ir medžiaginio pasaulio. Tai apima ne tik neregimąją visatą – Dievą ir angelus, bei regimąją visatą – visa, ką mes matome aplink mus, bet ir mūsų žmogiškumą. Šita eilutė taip pat reiškia ir mumyse pačiuose esantį santykį tarp regimosios ir neregimosios visatos, dvasinio ir medžiaginio pasaulio, santykį tarp mūsų dvasinės neregimosios sielos ir mūsų medžiaginio regimojo kūno. Šitas santykis tarp sielos ir kūno, kuris yra neišardomas – bent jau turėjo būti neišardomas, – tapo išardomas, jis nutrūko dėl gimtosios nuodėmės padarinių, kurių baisiausias yra mirtis. Tai, kad santykis tarp mūsų sielos ir kūno turėjo būti neišardomas, mums rodo, koks turėtų būti ir mūsų pačių santykis su Dievu – mūsų, regimų ir apčiuopiamų, santykis su neregimu ir neapčiuopiamu Dievu. Sakyčiau, to glaudžiai susijusio santykio tarp mūsų sielos ir kūno perkėlimas į mūsų santykį su Dievu jau savaime reiškia tą santykį tarp mūsų ir Dievo[1]. Juk taip, kaip kūnas be sielos yra šaltas, nejudantis, negyvas lavonas, taip ir mes be Dievo esame tik dulkės ir pelenai, net jeigu galime juoktis ir verkti, valgyti, linksmintis, liūdėti, statyti namus, sodinti kopūstus... Jeigu nėra šito santykio su Dievu, mes esame *lavonai*. Kad būtume *gyvi*, tas santykis turi būti toks glaudus, toks intymus, koks yra tarp sielos ir kūno, toks, koks yra tarp dangaus ir žemės.

Manau, kad jau pats dangaus ir žemės sukūrimo faktas mums apreiškia giliausią Dievo Širdies troškimą, galutinį sukūrimo tikslą, kuris buvo Dievo gelmėse, Dievo Širdyje, – tai būtent šito intymaus, neperskiriamo santykio su savo kūrinija, su savo kūriniu troškimas. Jau pats tikrovės sukūrimas kaip dangaus ir žemės, kaip dviejų pradmenų – žemės, kuri ilgisi dangaus, ir dangaus, kuris ateina pripildyti žemę, perkeisti žemę, ją padaryti gyvą, ją padaryti dangaus dalininke, – jau yra apreiškimas to santykio, kurio Dievas nori su kiekvienu savo kūriniu. Ir ypač su laisvu, protingu ir gebančiu mylėti kūriniu.

„O žemė buvo padrika ir dyka, tamsa gaubė bedugnę, ir dvasia iš Dievo dvelkė viršum vandenų" (Pr 1, 2). Žemė be dangaus įsikišimo, be Dievo įsikišimo, kuris yra patsai dangus, dvasia, aukščiausioji dvasia, toji žemė yra „padrika ir dyka". Hebrajiškai *tohu vavohu* – būtų galima išversti *bardakas*. „Tamsa gaubė bedugnę." Be Dievo mes esame bedugnė, apgaubta

---

[1] Žinoma, čia turima omenyje analogija, kai skirtumas tarp lyginamųjų dalykų yra didesnis nei panašumas (aut. past.).

tamsos. Tačiau „dvasia iš Dievo dvelkė viršum vandenų", ir tada prasideda pasikeitimai toje žemėje – pirmiausia atsiranda šviesa (žr. Pr 1, 3), paskui – skliautas (žr. Pr 1, 6), sausuma (žr. Pr 1, 9), augalai (žr. Pr 1, 11), didieji šviesuliai: saulė, mėnulis ir žvaigždės (žr. Pr 1, 15–16), gyvūnai (žr. Pr 1, 20–25). Pagaliau Dievas taria: „Padarykime žmogų pagal mūsų paveikslą ir panašumą; tevaldo jis ir jūros žuvis, ir padangių sparnuočius, ir galvijus, ir visus laukinius žemės gyvulius, ir visus žemėje šliaužiojančius roplius!" (Pr 1, 26). „Padarykime žmogų pagal mūsų paveikslą ir panašumą." Vadinasi, taip, kaip Dievas sukuria visą visatą – kaip regimą ir neregimą, kaip dangų ir žemę, – taip Jis nori sukurti žmogų – kad žmogaus santykis su likusia kūrinija būtų toks, kaip Jo paties santykis su visa savo kūrinija. Toks santykis, kaip tarp dangaus ir žemės, toks santykis, kaip tarp sielos ir kūno. „Tevaldo jis ir jūros žuvis, ir padangių sparnuočius, ir galvijus, ir visus laukinius žemės gyvulius, ir visus žemėje šliaužiojančius roplius!" Žmogaus dvasinė siela buvo sukurta tam, kad tobulai valdytų žmogaus kūną, kad žmogaus kūnas visiškai paklustų dvasinei sielai ir būtų tos dvasinės sielos *monstrancija*, apreiškimas.

Tas pats santykis tarp dviejų pradų išreiškiamas vis kitokiu būdu, ir galutinis santykis, kaip minėjau, žinoma, yra tarp Dievo ir mūsų. Per šiuos įvairius, vis kitokius, tarsi kaleidoskopo, ornamentus mes stengsimės vis pamatyti, ką jie mums apreiškia apie mūsų santykį su Dievu. Tai yra tas galutinis, esminis, svarbiausias mums santykis, į kurį mes vis gilinsimės per visa tai, ką Dievo Žodis mums apreiškė apie bet kokį santykį. Taigi, kaip sielai kūnas paklūsta ir išreiškia, atspindi sielą, jos orientacijas, krypsmą, taip ir žmogus Dievo duodamas gamtai, kad gamta, pasaulis paklustų žmogui taip, kaip jis paklūsta pačiam Dievui. Nes Dievas sukuria žmogų pagal savo „paveikslą ir panašumą".

Kitaip sakant, medžiaginė visata, regimoji visata turi tarsi „atpažinti" Dievą žmoguje, nes jis yra Dievo paveikslas ir panašumas. Kitaip sakant, Dievas dovanoja žmogui tokį santykį su kūrinija, kokį turi Jis pats, savo paties santykį su kūrinija ir kuris jau yra *meilės* santykis. Nes jeigu „Dievas yra meilė" (1 Jn 4, 8. 16) ir Jo vienintelis akstinas kurti, vienintelė priežastis, dėl kurios Jis kuria pasaulį, yra meilė, vadinasi, bet koks Dievo santykis su savo kūrinija yra meilė[2]. Ir kai Dievas dovanoja šitą savo santykį su kūrinija žmogui kaip regimojo pasaulio viršūnei, Jis iš tikrųjų jau dovanoja meilės santykį su Ta, kurią myli.

Pats sukūrimas – tiek dangaus, tiek žemės, visų žemėje knibždančių padarų ir paties žmogaus sukūrimas – yra dovana, dovanojama iš meilės. Dievas dovanoja būtį, gyvybę, egzistenciją pasauliui. Dovanoja pasauliui žmogų ir žmogui dovanoja pasaulį. Tos dovanos tikslas – pažadinti tame, kuris gauna dovaną, *suaktyvinti* jame panašumą į patį Dievą, kuris yra Meilė. Kūrinijos dovana žmogui turi pažadinti žmogaus širdyje meilę kūrinijai – tokią meilę, kokia Dievas myli kūriniją, ir, žinoma, galiausiai pažadinti meilę pačiam Dievui. Ir atvirkščiai – kūrinija, gaudama žmogų kaip dovaną, yra šaukiama jį mylėti taip, kaip ji myli savo Kūrėją Dievą.

Aišku, čia kalbama ne apie asmeninę, dvasinę, sąmoningą, protingą meilę, nes kūrinija nėra sąmoninga ir protinga, tačiau būtent per jūrų žuvų, padangių sparnuočių, galvijų, laukinių žemės gyvulių ir visų šliaužiojančių roplių paklusnumą žmogui reiškiasi kūrinijos meilė Dievui per žmogų. Taip, kaip kūrinija paklūsta Dievui, taip ji yra pašaukta paklusti žmogui ir paklusti būtent iš meilės. Ne taip, kaip kelių eismo taisyklių pažeidėjas turi paklusti policininkui, kuris jį stabdo, nes jis pažeidė taisykles;

---

[2] Aišku, Dievo meilė skirtingiems kūriniams yra skirtinga – vienaip Jis myli angelus, kitaip – žmones, dar kitaip – likusią kūriniją (aut. past.).

ne taip, kaip vergas paklūsta vergvaldžiui. Ne. Paklusti taip, kaip mylimoji paklūsta mylimajam, kaip mylimasis paklūsta mylimajai. Čia aš jus jau kreipiu į Giesmių giesmę...

„Dievas sukūrė žmogų pagal savo paveikslą, pagal savo paveikslą sukūrė jį; kaip vyrą ir moterį sukūrė juos" (Pr 1, 27). Matome, kaip tas dualumas, dviejų elementų, tarp kurių yra santykis, samplaika tarsi simfonijos tema vis pasikartoja visuose kūrimo santykiuose: pirmiausia dangus ir žemė (žr. Pr 1, 1), paskui žmogus ir jam dovanojama visata (žr. Pr 1, 27–28). Dangus dovanojamas žemei, žemė dovanojama dangui; siela dovanojama kūnui, kūnas dovanojamas sielai; žmogus dovanojamas visatai, visata dovanojama žmogui. Galiausiai pačiame žmoguje, jo prigimtyje taip pat yra tas dualumas, kuris būtinas, kad būtų santykis.

Kad būtų santykis, būtinai reikia dviejų, vieno neužtenka. Vienas gali turėti santykį su savimi pačiu, bet tas santykis yra, kaip čia pasakius, „kilpinis". O reikia, kad jisai būtų „cirkuliuojantis". Jis turi eiti iš vieno asmens į kitą ir iš to kito asmens – vėl į pirmąjį, o ne kaip kilpa – išeiti iš savęs ir sugrįžti į save be jokios kitos atramos. Toks santykis nėra visiškas ir būtent todėl būtinai reikia mažiausiai dviejų.

Matome, kaip nuo pat pirmųjų Pradžios knygos žodžių tas dualumas, du elementai mums vis apreiškia santykio, meilės santykio, pagrindą, o galiausiai jis atsiskleidžia jau pačiame žmoguje, žmogaus prigimtyje: žmogus yra sukuriamas kaip vyras ir moteris, kaip du, kad jie irgi turėtų, galėtų turėti santykį, meilės santykį, koks yra tarp dangaus ir žemės, koks yra tarp sielos ir kūno, koks yra tarp žmogaus ir visatos ir koks yra pačiame Dievuje. Mat žmogus, kaip vyras ir moteris, yra sukurtas kaip Dievo paveikslas ir panašumas.[3]

---

[3] Ir čia santykiai suprastini analogine prasme (žr. 1-ą aut. past.).

Vadinasi, pačiame Dievuje irgi esama kažkokio slėpiningo santykio, ir jis apreiškiamas šiais žodžiais: „Padarykime žmogų pagal mūsų paveikslą ir panašumą" (Pr 1, 26). Iki šiol buvo aišku tik tai, kad Dievas yra ir Jis kuria. Dabar Jis kuria žmogų pagal savo paveikslą ir panašumą, jį kuria kaip vyrą ir moterį. Vadinasi, vyras, pats vienas paimtas, izoliuotas vyras, nėra visiškai Dievo paveikslas ir panašumas; kaip ir moteris, paimta visiškai atskirai, izoliuota, „sterili" moteris, nėra Dievo paveikslas ir panašumas. Tik abu kartu, ir tik mylėdami vienas kitą, jie yra Dievo paveikslas ir panašumas. Jie abu, būdami meilės bendrystėje, yra užbaigtas žmogus. Kitaip sakant, vyras nėra visiškai baigtas žmogus, ir moteris nėra visiškai baigtas žmogus. Jie tik kartu yra žmogus pačia tikriausia šito žodžio prasme. Jie būtinai turi būti ir vienas, ir kitas, ir mylėti vienas kitą, kad būtų žmogus – tik tada jie tikrai yra Dievo paveikslas ir panašumas.

Taigi, Dievuje taip pat yra santykis. Jeigu žmogus, kaip vyras ir moteris, yra Dievo paveikslas ir panašumas, vadinasi, Dievuje taip pat yra santykis, meilės santykis. O tai reiškia, kad Dievuje taip pat turi būti mažiausiai Du. (Nors iš Apreiškimo žinome, kad yra netgi Trys.) Tai – santykio pilnatvė, mat yra Du šito santykio elementai – Tėvas ir Sūnus, o patsai santykis tarp Tėvo ir Sūnaus yra Trečiasis Dievuje; patsai santykis yra Asmuo – Šventoji Dvasia. Šitą Švč. Trejybės slėpinį apreiškia pats žmogaus kaip vyro ir moters sukūrimas su galia vienas kitą mylėti taip, kaip myli Dievas pats save (tačiau matome, kad šitas „pats save" nėra tas „kilpinis" santykis, apie kurį aš kalbėjau, toks, kuris grįžta link savęs, neatsirėmęs į jokią kitą santykio atramą). Šitas Dievo santykis su savimi yra ne tik tikras, „cirkuliuojantis", bet netgi dar mums nesuvokiamai labiau kupinas pilnatvės negu mūsų žmogiškas santykis tarp dviejų asmenų. Mat mūsų santykis remiasi į du: vyrą ir moterį, asmenį ir asmenį. O Dievuje patsai santykis, kuris remiasi į Tėvo Asmenį ir Sūnaus Asmenį, jau yra, irgi yra Asmuo. Vadinasi, Dievas ne tik nėra kažkoks savimyla egoistas, kuris pats save temyli, bet netgi Jo santykis su Kitu, kuris yra Jis pats – Tėvo ir Sūnaus santykis, – irgi turi tą asmeniškumą, kurio mes negalime patirti savo santykiuose. Mūsų meilė tarp vyro ir moters nėra asmuo. Net jeigu ji paskui *įsikūnija*, jos *ženklas* yra nauja gyvybė, kuri atsiranda iš vyro ir moters santykių. Kūdikėlis gimsta, bet tai nėra pati meilė. Tai yra tik tos meilės išraiška ir ji taip pat daro žmogų panašų į Dievo paveikslą.

„Kaip vyrą ir moterį sukūrė juos." Pirmojo skyriaus pradžioje apibendrintai nupasakota, kaip Dievas viską kūrė, bet šitame pasakojime jau galime įžvelgti tą nuolat pasikartojančią mūsų simfonijos temą: visur yra du elementai, du taškai, kurie yra jungiami santykio. Mes jau kalbėjome, kad tas santykis tegali būti tik meilė, jeigu jis panašus į paties Dievo santykį su savo kūrinija. Galiausiai jis apsireiškia, Dievui sukuriant žmogų kaip vyrą ir moterį su dieviškuoju meilės santykiu tarp jų. Tokiu būdu žmogaus sukūrimas apreiškia giliausius paties Dievo būties slėpinius, Švenčiausiosios Trejybės slėpinį.

Dabar pažvelkime į antrąjį skyrių, kur jau tiksliau, konkrečiau, su detalėmis pasakojamas šitas sukūrimas. „Tą dieną, kai Viešpats Dievas padarė žemę ir dangų" (Pr 2, 4). „Tą dieną" – kai iš tikrųjų pagal pirmąjį pasakojimą visai ne tą dieną, tai buvo tiktai šeštąją dieną po to. O čia sakoma: „Tą dieną, kai VIEŠPATS Dievas padarė žemę ir dangų, kai žemės laukuose dar nebuvo jokių krūmokšnių ir dar nebuvo išdygusi jokia laukų žolė, nes VIEŠPATS Dievas dar nebuvo siuntęs žemėn lietaus ir žmogaus dar nebuvo dirvai arti [Čia irgi įdomu – tarsi žmogus būtų tik tam, kad artų dirvą...], tik versmė trykšdavo iš žemės ir drėkindavo visą dirvos paviršių, – tuomet VIEŠPATS Dievas padarė žmogų iš žemės dulkių ir įkvėpė jam į šnerves gyvybės alsavimą. Taip žmogus tapo gyva būtybe" (Pr 2, 4–7).

Tai yra to paties įvykio pasakojimas, bet iš kitos perspektyvos. Jeigu mes skaitysime šį tekstą kaip laikraštį ar vadovėlį, mes sakysime, kad čia kažkas ne taip – tas pirmasis pasakojimas, kurį mes skaitėme, prieštarauja logikai. Pirmiausia Dievas sukuria šviesą, paskui sausumą, paskui augalus ir tiktai po augalų sukuria saulę, mėnulį ir žvaigždes (žr. Pr 1, 3–17). Trūksta logikos, ar ne? Be to, dar mes matome, kad pirmajame skyriuje žmogus sukuriamas tiktai šeštąją dieną (žr. Pr 1, 26–31), o antrajame skyriuje skaitome, kad tą pačią dieną, kai Dievas sukūrė žemę ir dangų, jis padarė iš žemės dulkių taip pat ir žmogų (žr. Pr 2, 4–7). Logikos nerasta jokios. Tai yra ženklas, kad šituos tekstus reikia suprasti ne pagal logiką, ne pagal pozityvistinį gamtamokslį, kuris šiandien yra tapęs viešpataujančia ideologija ir užima kone religijos vietą, arba netgi tiesiog *užima* religijos vietą šiuolaikinio žmogaus gyvenime. Tai yra nuoroda, kad šitą tekstą reikia suprasti kitaip. Jį reikia suprasti simboliškai, simboliais, kurie yra anapus logikos, už logikos, – bet tai nereiškia, kad tai nėra tikrovė. Tai netgi dar gilesnė tikrovės išraiška negu pozityvistinio gamtamokslio pateikiamas aprašymas, nes simbolis veda į gelmę. Jis peržengia fenomeno ribas ir apreiškia pačią giliausią tos tikrovės esmę. Gamtamokslis to padaryti negali. Gamtamokslis gali tiktai *apipasakoti*. Įsivaizduoju, kad aš gal truputį *paukščių kalba* čia jums kalbu, ar ne?.. Sakykim, biologo ar anatomo nusakymas, ką meilė sukelia žmogaus kūne, anaiptol nėra pati meilė, neišreiškia meilės. Biologas, gydytojas gali aprašyti, kad įsimylėjęs žmogus rausta, jam padidėja spaudimas, ima greičiau plakti širdis, jį išpila prakaitas, pradeda drebėti kinkos. Žodžiu, jis aprašo išorę, fenomenus, tai, kokių padarinių meilė sukelia žmogaus kūne.

Bet kas yra pati meilė, biologija niekad negalės pasakyti, nors ir tiksliai suskaičiuos visus tvinksnius per minutę ir paraudimo intensyvumą. Tie dalykai nieko nepasakys apie tai, kas yra pati meilė. Kas yra meilė, daug geriau ir giliau pasakys poetas, kuris parašys, kad meilė padaro jūrą iki kelių, kad meilė leidžia pasiekti aukščiausias žvaigždes ir jas nuraškyti mylimajam ar mylimajai, kad meilė perkeičia visą pasaulį, meilė leidžia šviesti saulei net labiausiai apsiniaukusią dieną. Pagal gamtamokslį tai nelogiška – šviesti saulei net labiausiai apsiniaukusią dieną. Nuraškyti žvaigždes – išvis beprotybė. Visiškai nelogiška, bet šitoks kalbėjimas mums pasako daug daugiau apie tai, kas yra meilė, negu biologinis aprašas, ką meilė sukelia mūsų organizme. Analogiškai ir šituos tekstus mes turime suprasti ne tik poetiškai, bet netgi dar giliau negu poetiškai, suprasti kaip simbolius, kurie mums atskleidžia tai, kas štai tokiam gamtamoksliniam mąstymui yra neprieinama.

Vadinasi, šitie du pasakojimai vienas kitą papildo: ne prieštarauja vienas kitam, bet vienas kitą papildo. Taip galime žiūrėti ir į šitą gražų vienuolyną: mes galime žvelgti iš lauko ir galime žvelgti iš vidaus, ir matysime visiškai skirtingą vaizdą, bet tai bus ta pati tikrovė, nors vaizdas yra visiškai, absoliučiai kitoks; tačiau jie vienas kitam neprieštarauja – jie vienas kitą papildo. Mes tada geriau suvokiame visą šito Trinapolio ansamblio visumą ir grožį. O jeigu kas nors yra matęs jį tik iš išorės, o kitas yra matęs tik iš vidaus, ir jie pradės ginčytis, koks yra tas Trinapolis, tai aišku, kad jie nesusikalbės. Bet tas, kuris yra matęs iš vidaus ir iš išorės, turės visapusiškesnį vaizdą.

Taip ir šitie du pasakojimai vienas kitą papildo, todėl visiškai nekyla jokių prieštaravimų. „Tą dieną, kai VIEŠPATS Dievas padarė žemę ir dangų..." Beje, atkreipkite dėmesį, kad pirmajame pasakojime pirmiausiai yra minimas dangus: „Pradžioje Dievas sukūrė dangų ir žemę" (Pr 1, 1), o čia – „žemę ir dangų" (Pr 2, 4). Šitie du pasakojimai vienas kitą papildo, nes jie tiesiog žvelgia iš skirtingų perspektyvų.

Pastarajame pasakojime yra viena įdomi detalė – kol dar nebuvo jokių krūmokšnių nei jokios žolės ir tuo labiau žmogaus nebuvo dar „dirvai arti", tebuvo tik versmė, kuri trykšdavo iš žemės ir drėkindavo visą dirvos paviršių (žr. Pr 2, 5–6). Ta slėpininga versmė, trykštanti iš žemės ir drėkinanti dirvos paviršių, tikrai kažką simboliškai, alegoriškai reiškia. „Tuomet VIEŠPATS Dievas padarė žmogų iš žemės dulkių ir įkvėpė jam į šnerves gyvybės alsavimą" (Pr 2, 7). Dievas negalėjo tiesiog paimti žemės dulkių ir padaryti žmogaus. Pabandykite, pavyzdžiui, Palangos paplūdimy iš smėlio pastatyti pilį. Nieko nebus – būtinai reikia vandens, o jau su vandeniu tai galima išvarvinti visokių grožybių. Jeigu dar atsimenat, kai buvot mažos mergaitės, aš tikiuosi, kad turėjote progą pabandyti tokių pilių pastatyti. Vadinasi, Dievui būtinai reikėjo ir vandens – tai ta versmė, kuri tryško iš žemės ir drėkino visą dirvos paviršių. Tada Jis galėjo nulipdyti šitą šedevrą ir paskui jam įkvėpti gyvybės alsavimą.

Bet ką reiškia tas vanduo, ta versmė, trykštanti ir leidžianti Dievui nulipdyti žmogų iš žemės dulkių? Ar nebus šita versmė, kuri trykšta iš žemės, meilės galios simbolis? Juk Dievo sukurtoji regimoji visata savyje jau potencialiai turi meilės galią, dėl kurios ji, ta visata, gali būti pagrindas sukurti šedevrui – žmogui. Jau pačioje Dievo – aš pabrėžiu, Dievo – sukurtoje medžiagoje yra iš vidaus įrašyta Jo galia, meilės galia, kurios veikiama medžiaga neišlaksto gabalais ir neišnyksta kaip dūmas; netgi priešingai – ji gali būti vienybės, kurią teikia forma, šaltinis. Tokiu būdu ji ir mums jau šį tą apreiškia apie meilę kaip vienijančią jėgą, galią, kuri padaro viena. Vanduo ir žemės dulkės kartu yra naujos tikrovės – žmogaus – versmė ir šaltinis. Vadinasi, meilė, vienydama du principus, sakykime, vyrą ir moterį, iš jų padaro kažką nauja, kas yra nei vyras, nei moteris, bet daugiau už juos abu, – Dievo paveikslą ir panašumą. Būtent šita meilės jėga, ta „versmė, trykštanti iš žemės", meilės galia tai padaro. Vėliau, kai skaitysime Apreiškimo knygos 22 skyrių, matysime, kad Naujojoje Jeruzalėje irgi trykšta Gyvybės Vandens versmė iš Dievo ir Avinėlio sosto. Tai ta pati vienijanti jėga, meilės jėga, kuri, matysime, yra pati Šventoji Dvasia.

Taip, kaip šita vienijanti meilės jėga iš vyro ir moters padaro kažką nauja, analogiškai, jeigu perkelsime šitą santykį į Dievo ir mūsų santykį, pastebėsime, kad toji meilės jėga, kurią dabar jau galime įvardyti kaip Šventąją Dvasią, ir iš Dievo bei mūsų vienybės padaro kažką nauja – mus sudievina (*theosis*). Tai suteikia galimybę mums, žmonėms, gyventi paties Dievo gyvenimą, o Dievą įgalina gyventi žmogiškąjį gyvenimą mūsų prigimtyje. Tai ir yra Įsikūnijimo slėpinys. Šitos versmės ir žemės santykis padaro, kad, veikiant Dievui, atsiranda nauja tikrovė – žmogus. Tai mums gali padėti suprasti ir Įsikūnijimo slėpinį – mat santykis tarp mūsų ir Dievo galutinai pasireiškia būtent Jėzaus Kristaus slėpinyje. Jame „susituokia", kaip sako Bažnyčios Susirinkimų Tėvai, dieviškoji ir žmogiškoji prigimtis. Neįtikėtina!

Grįžkime prie antrojo pasakojimo ir žmogaus sukūrimo. Pradžios knygos antrajame skyriuje jau randame Įsikūnijimo slėpinio provaizdį ir pranašystę, kur versmė šiuo atveju reiškia dieviškąją prigimtį – „Šventosios Dvasios veikimu priėmė kūną iš Mergelės Marijos ir tapo žmogumi" (Nikėjos-Konstantinopolio tikėjimo išpažinimas). Versmė, vanduo yra Šventosios Dvasios – meilės, aukščiausiosios Meilės – simbolis. „Tapo žmogumi" – buvo paimtas iš žemės dulkių, iš regimosios visatos. Vėl matome šitą dviejų elementų ir tarp jų esančio santykio paveikslą. Žemės dulkės, iš žemės trykštanti versmė ir iš šitų dviejų elementų santykio iškylanti nauja tikrovė – žmogus. Taip žmogus tapo gyva būtybe: „Jam Dievas į šnerves įkvėpė gyvybės alsavimą, ir taip žmogus tapo gyva būtybe." Čia vėl kitaip apibūdinama dvasinės sielos dovana – gyvam, jau gyvam žmogaus kūnui. Mat čia mes galime suprasti, kad kalbama jau apie dvasinę gyvybę, kuria žmogus yra daug gyvesnis negu pats gyviausias ir gajausias biologine prasme gyvas padaras. Žinote, yra tokių mikroskopinių gyvių, kurie atlaiko net kai juos verda 10 minučių 100 laipsnių temperatūros vandenyje, kai juos apipila sieros rūgštimi, kai juos šaldo labai žemoje temperatūroje – tie gyviai lieka gyvi! Veikiami radiacijos, netgi atominiuose reaktoriuose jie išlieka gyvi. Neseniai skaičiau apie tai, jie vadinami lėtūnais arba vandens meškučiais. Tačiau nors šitie gyviai yra tokie atsparūs ir gajūs, žmogus dėl to, kad turi savyje dvasinę gyvybę, yra gyvesnis už tą lėtūną, nors jo nepavirinsi 10 minučių – jis numirs daug greičiau. Jo nepalaikysi 70 laipsnių šaltyje – jis sušals, jau nekalbant apie radiaciją ir sieros rūgštį. Vis dėlto žmoguje yra dar nepalyginti gyvesnė gyvybė, kuri yra jau visai kitos plotmės, t. y. dvasinė gyvybė, kurios niekas negali sunaikinti – nei šaltis, nei karštis, nei radiacija, nei sieros rūgštis. Tai visai kitas lygmuo. Ir būtent šitokią gyvybę, dvasinę gyvybę, Dievas įkvepia šitam iš žemės dulkių ir versmės, trykštančios iš žemės, nulipdytam žmogui.

Tada „VIEŠPATS Dievas užveisė sodą Edene, rytuose, ir ten įkurdino žmogų, kurį buvo padaręs" (Pr 2, 8). Vėl dovana... Kalbama apie tą patį santykį, kai Dievas sakė: „Padarykime žmogų pagal mūsų paveikslą ir panašumą. Tevaldo jis jūros žuvis, padangių sparnuočius, galvijus" (žr. Pr 1, 26) ir visa kita. Mes sakėm, kad tai yra pasaulio dovana žmogui ir žmogaus dovana pasauliui. Čia, antrajame pasakojime, papasakotas žmogaus įkurdinimas Edeno sode reiškia tą patį: pasaulio dovaną žmogui ir žmogaus dovaną pasauliui. Ten Dievas išaugina visokių medžių, upė ten išsilieja ir drėkina tą sodą (žr. Pr 2, 9–10)... Tada „VIEŠPATS Dievas paėmė žmogų ir apgyvendino jį Edeno sode, kad jį dirbtų ir juo rūpintųsi" (Pr 2, 15). Dirbtų ir rūpintųsi: darbas ir rūpinimasis irgi yra meilės išraiška, Dievo meilės savo kūrinijai išraiška, kuri įsikūnija žmoguje. Žmogus, dirbdamas ir rūpindamasis Edeno sodu, jį myli, ir yra Dievo meilės pasauliui išraiška. Taigi tikrai žmogus yra dovana pasauliui, taip kaip Edeno sodas, pasaulis yra dovana žmogui. Bet šito neužtenka. Šitos dovanos neužtenka.

Dievas mato, kad „negera žmogui būti vienam" (Pr 2, 18). Jam būtinai reikia dar svarbesnio santykio negu šitas darbo ir rūpinimosi santykis su Edeno sodu. Jam reikia kažkokio kitokio, gilesnio santykio. Nors santykis su Edeno sodu jau yra meilės santykis[4], jau yra Dievo santykio su savo sukurtuoju pasauliu atspindys ir atvaizdas, vis dėlto „negera žmogui būti vienam. Padarysiu jam tinkamą bendrininką" (Pr 2, 18). Labai įdomu, netgi juokinga, kad nusprendęs padaryti žmogui tinkamą bendrininką, Dievas pirmiausia išbando, kaip žmogus reaguos, jeigu Jis padarys jam visai netinkamų bendrininkų – ar jis užkibs ant to kabliuko, ar vis dėlto sugebės pamatyti, kad Dievas jį vynioja aplink pirštą. Dievas sako: „Padarysiu jam tinkamą bendrininką", ir toliau: „Taigi VIEŠPATS Dievas padarė iš žemės [iš tos pačios žemės] visus laukinius gyvulius bei visus padangių paukščius ir atvedė juos pas žmogų pamatyti, kaip jis juos pavadins. [...] Žmogus davė vardus visiems galvijams, visiems padangių paukščiams ir visiems laukiniams žvėrims, ta-

[4] Žinoma, ne asmeninės ir ne dvasinės meilės – antraip žmogui būtų buvę visai gera būti vienam! (Aut. past.)

čiau sau tinkamo bendrininko nerado" (Pr 2, 18–20). Vadinasi, esama santykio tarp žmogaus ir visų tų žvirblių, gandrų, liūtų, dramblių, avių, karvių ir panašiai, bet tarp jų žmogus neranda sau tinkamo bendrininko. Tas tikrai egzistuojantis santykis su kiekviena iš tų gyvų būtybių yra nepakankamas, kad žmogui pasidarytų gera. Jam vis tiek negera.

Galima įsivaizduoti – bet čia jau būtų grynai mūsų vaizduotė – tokį sodą, kuriame niekas nečiulba, nešokinėja jokie zuikiai, nelaksto jokios voveraitės, tvyro mirtina tyla. Visai suprantama, kad žmogui turėjo būti nejauku tokiame sode, spengiančioje tyloje. Bet dabar jau ten trykšta gyvybė ir čiulba paukščiai, žirglioja visokie flamingai... Aišku, mes čia tik įsivaizduojame, nesakau, kad taip tikrai buvo. Bet vis tiek žmogui negera, kažko jam dar trūksta.

Čia derėtų prisiminti lotynišką posakį *corruptio optimi pessima* – geriausių dalykų sugedimas yra blogiausia. Mes matysime, kad jau sukūrus moterį, atsiranda pats geriausias, nuostabiausias santykis, kokį tik žmogus gali šitoje regimoje plotmėje patirti. Bet kai jisai sugenda – po gimtosios nuodėmės, – jis gali tapti blogiausiu santykiu. Tada žmogus bevelija gręžtis į tai, kas jo iki tol nepatenkino. Jis tada susidraugauja su šunimi arba su kate, ir šuo arba katė (arba žirgas) jam tampa geriausiu draugu. Taip yra, nes toksai santykis yra mažiau pažeistas gimtosios nuodėmės. Net jei jis ir nebe toks gražus kaip pirmapradės būklės, jo sugedimas yra lengviau pakeliamas. Todėl galima suprasti, kaip kai kurie žmonės tampa šunų ir kačių draugais ir jiems palieka milijonus. Dabar jiems netgi yra specialių restoranų ir viešbučių, netgi oro linijos atidarytos šunims ir katėms skraidinti... Taip žmogus bėga nuo to, kas buvo gražiausia, ir kas tampa iš tikrųjų blogiausia.

Bet kol kas mes matome, kad tarp visų šitų gražių padarėlių jis neranda sau tinkamo bendrininko, jam vis dar negera. Tad, kad jam būtų gera, „VIEŠPATS Dievas užmigdė žmogų giliu miegu ir, jam miegant, išėmė vieną šonkaulį, o jo vietą užpildė raumenimis. O iš šonkaulio, kurį buvo išėmęs iš žmogaus, VIEŠPATS Dievas padarė moterį ir atvedė ją pas žmogų. O žmogus ištarė: „Štai pagaliau kaulas mano kaulų ir kūnas mano kūno. Ji bus vadinama žmona, nes iš savo žmogaus buvo paimta" (Pr 2, 21–23).

Šitą gabaliuką mes smulkiau panarstysime ir panagrinėsime per kitą mūsų mąstymą. Aš tik iš karto norėčiau jus užvesti ant kelio, kad dabar, kai skaitysite Giesmių giesmę, turėtumėte omenyje, jog šv. Jonas Paulius II savo Kūno teologijoje yra sakęs, jog būtent šita pirmoji giesmė – Adomo giesmė, kai jisai pirmąsyk išvysta Ievą, – yra Giesmių giesmės kvintesencija. Kitaip sakant, Giesmių giesmė išplėtoja, daug plačiau apgieda tai, ką Adomas gieda čia, išvydęs Ievą. Na, ir matysime, kad tas jo miegas irgi turi sąsają su eilute iš Giesmių giesmės: „Nežadinkite meilės, kol ji pati neprabus!" (Gg 2, 7; 3, 5; 8, 4). Taigi, pasigilinsime į šitą pagaliau nuostabiausią santykį, kurį Adomas atranda sukurtojoje tikrovėje, o paskui toliau Šventajame Rašte ieškosime kitų tokių archetipų, per kuriuos Dievas mums apreiškia santykį, dėl kurio mums yra gera būti.

II mąstymas

# Pirmoji Giesmių giesmė

Per šias rekolekcijas mėginame iš naujo pažvelgti į savo santykį su Dievu, nes nuo jo, nuo šito mūsų santykio su Dievu priklauso viso mūsų gyvenimo kokybė, gerumas ir netgi, pasakyčiau, lengvumas. Aš kalbu apie etinį lengvumą. Turiu omenyje, pavyzdžiui, mūsų sesutės Nijolės Sadūnaitės teismą – atsimenate tą garsųjį teismą, kai jinai pasakė: „Man yra lengviau negu jums, kurie mane nuteisiate, nes mano sąžinė rami"? Lengvumą, kuris kyla iš mūsų sąžinės ramybės, iš to, kad jaučiame, jog mūsų santykis su Dievu yra tiesoje, yra geras ir tvarkingas, ir todėl mums teikia ramybę. Toks santykis su Dievu – geras ir tvarkingas tiesoje – gali būti tik tada, kai jis yra meilės santykis.

Mes jau kalbėjome, kad bet koks Dievo santykis su savo kūrinija, bet kokia kūrinija, būtinai yra meilės santykis, ir esantis tiesoje. Taip, būtinai reikia abiejų dėmenų – ir tiesos, ir meilės. Ir kalbėjome, kad šitas meilės santykis galiausiai reiškiasi taip pat ir paties žmogaus, kaip vyro bei moters, sukūrime. Nes žmogui yra negera būti vienam (plg. Pr 2, 18). Tačiau jam staiga pasidaro labai gera, kai jisai pamato kaulą savo kaulų ir kūną savo kūno (plg. Pr 2, 23). Jis mato, kad jo žmona – *gyvųjų motina*, Ieva – yra jis pats, bet kitokia: mano kaulų kaulas ir mano kūno kūnas, tačiau vis dėlto ne aš. Kitas asmuo, tokio paties kilnumo, labai panašaus kūno, panašus visa savo egzistencija, visa savo būtimi, ir vis dėlto skirtingas. Šitas panašumas ir kartu skirtingumas sukelia Adomui ekstazę. Jis pagaliau randa sau tinkamą bendrininką, ir jam yra gera gyventi, jau nebėra taip, kad negera būti žmogui vienam. Jis nebe vienas.

Apie tą metafizinę vienatvę ir jos keliamą klaiką šv. Jonas Paulius II nemažai yra kalbėjęs, nagrinėjęs savo Kūno teologijoje, kurią jis aiškino, kuria dalijosi savo pontifikato pradžioje, nuo 1979 iki 1984 metų. Ten jis daug kalba apie tą vienatvę, kuri žmogui kelia iš tikrųjų metafizinę klaikumą, ir iš kurios jis išsivaduoja, išvysdamas kitą, tokį kaip jis, bet kartu ir skirtingą tvarinį. Tarp jųdviejų – panašių, bet skirtingų – užsimezga santykis, panašus į Dievo ir kūrinijos santykį, į kūrinijos ir žmogaus santykį, netgi į žmogaus santykį su savimi pačiu (kalbu apie jo dvasinės sielos ir jo medžiaginio kūno santykį), bet vis dėlto visus tuos santykius pranokstantis. Ir – gana paradoksaliai nuskambės – tam tikra prasme pranokstantis ir žmogaus santykį su pačiu Dievu. Šiaip jau, žiūrėkite, žmogus nebuvo toks jau visai vienas tame Edeno sode. Pirmiausiai Dievas jam pridirbo visokių gyvūnėlių ir paukštukų (žr. Pr 2, 19), prisodino gėlelių ir medelių. Tad jis nė akimirkos nebuvo vienas – be to, juk ir Dievas visada buvo su juo, visada, nes Dievas yra visur ir visada. Vadinasi, Jis buvo ir Adome, žmoguje, ir žmogus buvo Dievuje. Taigi šia prasme žmogus nebuvo vienas, ir vis dėlto jis buvo vienas, tad jam nebuvo gera. Jam nebuvo gera su paukštukais ir gyvūnėliais. Jam nebuvo gera net ir su Dievu, kaip tokiu. Jam būtinai reikėjo kažko, kas būtų prieinama jo prigimčiai, kas atitiktų jo prigimtį, kad jis galėtų bendrauti, būti santykyje su kitu – tokiu būdu, kad tie du asmenys galėtų visiškai vienas kitą suprasti, vienas kitą papildyti, vienas kitam būti tobula dovana ir būti vienas kitam laimės šaltinis. Su paukštukais ir gyvūnėliais šitas santykis toks nebuvo, nes paukštukai ir gyvūnėliai, kad ir kokie gražūs, raibi ir čiulbantys arba liekni, grakštūs ir žaviai šuoliuojantys būtų, pavyzdžiui, kokios nors gazelės arba stirnaitės, apie kurias kalba Giesmių giesmė, vis dėlto yra tikrovė, žemesnė už mus. Vadinasi, ta prasme mūsų santykis su jais negali būti toks, kokio trokšta žmogaus prigimtis.

Kalbant apie santykį su Dievu, yra priešinga problema – Dievas yra nepalyginti didesnis už mus, tad ir vėl neatitinka mūsų prigimties. Jis mums yra per didelis, ne pagal mūsų dydį. Tarsi vaiką apautume keturiasdešimt penkto dydžio batais – jisai paskęstų tuose batuose. Arba jeigu norėtume stambiam vyrui užmauti, žinot, būna tokie gražūs megzti kūdikėlio bateliai. Ir vienu, ir kitu atveju nėra atitikimo. O žmogui reikia tinkamo, *atitinkamo* bendrininko, kitaip jam nėra gera, jis nebus laimingas.

Čia aš iš karto jau truputėlį nukrypsiu į lankas, nes esu tikras, kad jūs jau keliate sau klausimą (aš tikiuosi, kad keliate) – tai kaip tada yra su mumis? Jeigu tai, ką tu čia šneki, yra tiesa, tada mums reikia nusivilkti abitus ir kuo greičiau ieškotis antrosios pusės, nes negera žmogui būti vienam?.. Tokia išvada peršasi, jeigu vien logiškai mąstysime ir griežtai darysime išvadas iš visų šitų prielaidų – nes iš tikrųjų Dievas mums yra per didelis, o gyventi vien su savo kačiuku arba šuniuku nėra verta žmogaus kilnumo. Žinoma, mes galime iš karto sakyti, kad mes gyvename bendruomenėje. Taip, bet bendruomenė yra seserų arba brolių bendruomenė, tad ir vėl nėra to tobulo atitikimo, apie kurį kalba Šventasis Raštas. Šiais laikais vis dažnesnis priekaištas, kurį galima išgirsti iš žmonių, kurie yra mažų mažiausiai agnostikai, jeigu ne ateistai, – „jūs gyvenate ne pagal prigimtį".

Esu tikras, kad bent keletą kartų esate girdėjusios tokį priekaištą. Jūs gyvenate ne pagal prigimtį! Ir tam tikra prasme tai – tiesa. Mes gyvename ne pagal savo prigimtį. Ir vis dėlto pagal savo žmogišką prigimtį. Kaip čia yra?

Labai įdomus dalykas: jeigu nebūtų buvusios gimtosios nuodėmės – sako teologai ir netgi vienas labai konkretus teologas, kuris yra visuotinis Bažnyčios mokytojas, šv. Tomas Akvinietis, – nebūtų buvę nei celibato, nei pašvęstojo gyvenimo, ir būtų buvęs tik vienas vienintelis sakramentas – Santuokos sakramentas. Kas yra sakramentas? Puikiai žinote, nes ir vaikus mokote per katekizmą: sakramentas yra regimas Dievo malonės ženklas, regimas, apčiuopiamas Dievo malonės, kuri yra neregima ir neapčiuopiama, ženklas. Mes tų sakramentų turime septynis. Sakramentus įsteigė Jėzus Kristus. Palyginti su žmonijos amžiumi, ne taip jau seniai, vos prieš du tūkstančius metų. Iki nuopuolio (čia jau remiuosi šv. Jonu Pauliumi II, jo Kūno teologija) tebuvo vienas vienintelis sakramentas – Santuokos sakramentas. Vadinasi, per santuoką žmogus galėjo visiškai ir pakankamai gauti jo prigimčiai pritaikytu būdu, regimu būdu, per kitą žmogų – Ieva per Adomą ir Adomas per Ievą – visą jam skirtą Dievo malonę. Kitas ar kita žmogui buvo regimas Dievo malonės ženklas – ir visiškai pakankamas. Kitaip sakant, per meilės bendrystę – ir ne tik širdžių bendrystę, ne tik minties bei dvasios vienybę, bet taip pat ir per kūno bendrystę, vaisingą kūno bendrystę – žmogus galėjo patirti (aš pabrėžiu, iki nuopuolio; po nuopuolio viskas labai komplikuojasi) Dievą. Adomas Ievoje mato ne tik kaulą savo kaulų ir kūną savo kūno, ne tik subjektyvų savo kaip asmens pratęsimą, bet mato Dievo paveikslo jame pačiame – Adome – visišką išsipildymą, nes visiškas Dievo paveikslas ir panašumas yra tiktai tada, kai esama vyro ir moters (žr. Pr 1, 27), – tai ir yra visiškai baigtas žmogus.

Vadinasi, Ievoje Adomas atpažįsta ir savo paties pilnatvę, ir visišką Dievo paveikslą bei panašumą. Kitaip sakant, per Ievą jis gali tiesiogiai bendrauti su Dievu. Ir Ieva taip pat per Adomą gali tiesiogiai bendrauti su Dievu bei atpažinti jame savo pačios pratęsimą, atpažinti Dievo paveikslo ir panašumo pilnatvę.

Matote, kokia nuostabi Dievo išmintis: ne tik žmogaus prigimtis visiškai išsiskleidžia per šitą dviejų tos pačios prigimties, lygiaverčių asmenų meilės bendrystę, bet taip pat per tą meilės bendrystę tiedu asmenys gali – vienas per kitą – patirti Dievo artumą ir Jo meilę, išgyventi santykį su Juo. Kitaip sakant, Adomo meilės ekstazė Ievos akivaizdoje ir Ievos meilės ekstazė Adomo akivaizdoje tuo pat metu yra ir žmogaus ekstazė Dievo akivaizdoje, kadangi tiek vienas, tiek kita kitą priima kaip Dievo dovaną ir Dievo apsireiškimą – Dievo apreiškimą. Adomas Ievai buvo tai, kas mums šiandien yra Šventasis Raštas, Eucharistija, ir atvirkščiai – Ieva Adomui buvo ir Šventasis Raštas, ir Eucharistija, ir Evangelija, ir šv. Pauliaus laiškai, ir Apokalipsė... Tai buvo Dievo apreiškimas – Dievo gerumo, Jo meilės ir gailestingumo apreiškimas. Todėl celibatas ne tik buvo nereikalingas, bet netgi buvo negeras. „Negera žmogui būti vienam" (Pr 2, 18). Ir nieko kito daugiau nereikėjo, užteko santuokos – neišardomo ir ištikimo, vaisingo meilės ryšio, meilės santykio tarp dviejų asmenų, kad per šitą santykį jie galėtų gauti visas Dievo jiems skirtas malones ir būti santykyje, bendrauti taip pat ir su pačiu Dievu.

Tačiau dar kartą pabrėžiu – taip buvo iki nuopuolio. Kalbant apie nuopuolį, verta pakartoti mano jau minėtą puikų lotynų posakį: *corruptio optimi pessima* – geriausių dalykų sugedimas yra tai, kas blogiausia. Aš dabar labai nesigilinsiu, tik probėgšmais paminėsiu, kad mūsų kūne gražiausias dalykas – tai labai paradoksaliai nuskambės, gal net papiktins kai kurias iš jūsų, – nuostabiausias dalykas mūsų kūne yra lytiškumas. Ir ačiū Dievui, kad galiu remtis šv. Jono Pauliaus II autoritetu. Tai jis taip sako, ne aš. Nes būtent per lytiškumą vyras ir moteris gali tapti viena, vienu kūnu, tokiu būdu išreikšdami savo sielos, savo širdies, savo dvasios vienybę. Neužmirškime, kad kūnas žmogui yra sukurtas kaip jo dvasinės sielos *monstrancija*, jos išraiška. Vadinasi, per lytiškumą žmogus turi nepaprastą galimybę *įkūnyti* Dievo paveikslą ir panašumą. Ypač įkūnyti jį per vaisingumą, nes Dievas yra vienintelė vaisinga dvasia – ir kaip Kūrėjas, ir kaip Švenčiausioji Trejybė. Angelai, pavyzdžiui, yra nevaisingi, vargšeliai. Jie negali turėti vaikų ir anūkų kaip žmonės. (Taigi šita prasme mes, pašvęstieji, panašūs į angelus!) Angelams vaisingumas yra didžiulės nuostabos dalykas. Jie su godumu, kaip sako Apaštalas, žvelgia, ką čia Dievas padarė (plg. 1 Pt 1, 12), sukurdamas žmogų, kuris per savo medžiaginį kūną gali išreikšti tik Dievuje esantį dvasinį slėpinį – vaisingumą. Tėvo ir Sūnaus vienybė Švenčiausiojoje Trejybėje yra pati Šventoji Dvasia, kylanti iš Tėvo ir Sūnaus, ar iš Tėvo per Sūnų. (Beje, tai neturi absoliučiai jokios esminės reikšmės, nors būtent šitos dvi formuluotės buvo didžiausių pykčių ir draskymųsi tarp brolių Rytų ir Vakarų krikščionių priežastis. Bet teologiškai žvelgiant, tai neturi esminės reikšmės, tėra tik šioks toks neesminis skirtumas, į kurį dabar nesigilinsime. Tai garsusis *Filioque* klausimas.)

Taip pat ir žmogus – jo vienybė, vyro ir moters vienybė – irgi yra naujo asmens šaltinis. Būtent todėl lytiškumas yra tai, kas gražiausia, ir mūsų kūne – pabrėžiu, mūsų *kūne* – labiausiai mus daro panašius į Dievą. Neužmirškime, kad iki nuopuolio santykis tarp kūno ir sielos buvo tobulas. Kūnas tobulai išreiškė sielą. Kūnas tobulai išreiškė sielos meilės ekstazę iš Dievo gaunamo kito žmogaus atžvilgiu ir galų gale paties Dievo atžvilgiu per tą iš Dievo gaunamą, dovanojamą žmogų, bet... *corruptio optimi pessima*! Taigi, lytiškumas po nuopuolio tampa, tiksliau, gali tapti Dievo karikatūra, iškraipanti mūsų panašumą į Dievą, Jį išniekinanti.

Kas yra karikatūra? Jūs gal atsimenate, nors jūs tikriausiai taip nedarėte mokykloje, bet aš prisipažinsiu, viešą išpažintį padarysiu, kad mes su klasiokais kartais paimdavome kokią nors „Tiesą" arba „Komjaunimo tiesą", o ten būdavo visokių politbiuro narių nuotraukų. Tai mes pripaišydavome ūsus arba akinius, arba barzdą, taip, kad tas žmogus tapdavo nebepanašus į save. Štai kas yra karikatūra. Karikatūra – tai paveikslo ir panašumo iškreipimas taip, kad jis jau tampa nebepanašus į save. Taip ir nuodėmė iškraipo tai, kas mumyse yra gražiausia ir brangiausia, kas mus labiausiai daro – mūsų *kūne*, aš pabrėžiu, – panašius į Dievą. Kitaip sakant, pripaišo Dievui barzdą ir ūsus, ir akinius dar uždeda, tada nebeįmanoma atpažinti Dievo. Šita karikatūra pirmiausiai išreiškia santykio tarp žmogaus sielos ir jo kūno nutrūkimą, nes kūnas jau tobulai nebeatitinka sielos, tobulai nebepaklūsta sielai, nebėra sielos *monstrancija*. Nebeįmanoma įžiūrėti per kūną, kokia yra ta siela, nes dabar kūnas daugiau paklūsta instinktams ir aistroms negu protui ir valiai.

Vis dėlto lytiškumas išlieka tai, kas mumyse brangiausia ir gražiausia, nes juk mes per savo skaistumo įžadą negalėtume dovanoti Dievui ko nors bjauraus, negražaus ir nevertingo, ar ne? Jeigu mes aukojame Dievui skaistumą, savo lytiškumą per skaistumą, tai reiškia, kad tai tebėra labai brangi dovana, kažkas labai svarbaus mumyse, esmiškai svarbaus, jeigu mes galime tai dovanoti Dievui per įžadus. Nes, na, būtų nei šis, nei tas dovanoti Dievui, arba šiaip brangiam asmeniui, kokią nors šiukšlę. Mes dovanojame brangius, gražius, prasmingus dalykus. Bet po nuopuolio, kaip minėjau, tas gražus, kilnus dalykas nuodėmės gali būti žiauriai iškraipytas ir tapti nebe gėrio, nebe laimės šaltiniu, bet kančios, skausmo ir netgi neapykantos šaltiniu. Būdamas kunigu, aš dažnai turiu progą išgirsti, kaip iškreiptas, sužalotas lytiškumas yra nebe gėrio šaltinis žmogui. Kartais pasiklausius istorijų, nuo kurių šiaušiasi plaukai, apie santuokinį gyvenimą net ir tarp krikščionimis save vadinančių žmonių, būtų galima pasakyti: geriau žmogui būti vienam!

Taigi dabar kitas klausimas yra toks: jeigu iki nuopuolio celibato nebuvo ir negalėjo būti, kaip čia atsitiko, kad po nuopuolio atsirado celibatas, turint omenyje, kad, žvelgiant iš prigimties perspektyvų, „negera žmogui būti vienam" (Pr 2, 18)? Nebent žmogaus prigimties raiška per lytiškumą yra tiek iškraipoma, kad jau geriau būti vienam?.. Bet jeigu mes Dievui dovanojame savo lytiškumą tik todėl, kad yra geriau būti vienam negu gyventi tuos pragarus su vyru arba su moterimi, tai irgi nėra tikra dovana Dievui. Tada tai reiškia, kad mes ieškome savo patogumo, ieškome, kur pabėgti nuo didesnio blogio, ir kad būti vienam yra mažesnis blogis. Jeigu iki nuopuolio būti dviese buvo didžiulis gėris, tai po nuopuolio tas didžiulis gėris gali tapti (aš nesakau, kad visada tampa, – yra labai gražių ir laimingų šeimų, ir ačiū Dievui, ir kad tik jų būtų kuo daugiau), na, tokiu pragarėliu, su kuriuo palyginus buvimas vienam yra tikrai geriau, mažesnis blogis. Bet vis dėlto blogis. Vadinasi, jeigu tik dėl to duodame įžadus, mes irgi iškreipiame savo lytiškumo dovaną Dievui, nes tai darome iš utilitaristinių sumetimų: ieškome sau naudos, psichologinio komforto.

Ir vis dėlto: kodėl po nuopuolio atsiranda celibatas ir kaip jį teisingai paaiškinti, kad jis nebūtų utilitaristinio komforto ieškojimas ir mažesnio blogio pasirinkimas, žvelgiant į galimą riziką, kad santuoka gali tapti didesniu blogiu negu gyventi vienam? Pirmiausias atsakymas – klasikinis šv. Tomo Akviniečio atsakymas, kad celibatas sudaro sąlygas būti mažiau išblaškomam, na, kad ir tos pačios kitos pusės: nes jeigu iki nuopuolio antroji pusė mane vedė pas Dievą, buvo tiesioginis kanalas, tiesioginis ekstazės kanalas patirti Dievą, Jo meilę ir gerumą per kitą ir abipusiškai, tai po nuopuolio kitas gali (aš vis pabrėžiu, kad *gali*, bet nebūtinai) mane nukreipti nuo Dievo. Nes dėl nuodėmės mano širdis, mano valia, mano protas tampa silpni ir nebegebantys teisingai įvertinti gėrio bei pasirenkantys reliatyvius gėrius kaip absoliučius. Absoliutus, galutinis Gėris yra tik Dievas. Tačiau jeigu mes renkamės kitą žmogų arba garbę, arba turtą, arba sėkmę, arba pinigus – čia galima paminėti bet kurį iš šiuolaikinių stabų, – jeigu renkamės tuos dalykus kaip absoliutų ir galutinį gėrį, aišku, kad jie mus iš karto nukreipia nuo to tikrojo, galutinio, absoliutaus Gėrio. Ir tai labiausiai gresia būtent žmonių tarpusavio santykiuose, santuokos ryšyje. Užtat apaštalas šv. Paulius ir sako, kad geriau būti nevedusiam „kaip aš" (1 Kor 7, 7), nes tada jie bus nepasidalinę ir stengsis patikti tik Dievui; kitaip jie stengiasi patikti žmonai, ir žmona taip pat stengiasi patikti vyrui, ir jų širdis yra padalinta (plg. 1 Kor 7, 32–35). Iki nuopuolio toks patikimas vienas kitam, stengimasis patikti vienas kitam visiškai nebuvo kliūtis santykiui su Dievu, priešingai – į jį vedė. Bet po nuopuolio tokios pastangos patikti vienas kitam gali tapti ir dažnai tampa kliūtimi santykiui su Dievu, nuo kurios pašvęstasis gyvenimas mus apsaugo – nuo šito išsiblaškymo ir prisirišimo prie reliatyvaus gėrio, kad liktume atviri aukščiausiam, absoliučiam Gėriui.

Vis dėlto celibatas pats savaime man dar nesuteikia to absoliutaus Gėrio, jis tik sudaro sąlygas, jeigu taip būtų galima pasakyti, saugesnes sąlygas artintis, artėti prie šito absoliutaus, aukščiausio Gėrio, bet to nepadaro savaime. Celibatas, būdamas labai vertinga dovana (čia irgi galima prisiminti tą patį posakį: *corruptio optimi pessima*), gali tapti mums pražūtingas, jeigu mes jo nepriimsime kaip priemonės, bet iš jo padarysime tikslą. Kitaip sakant, jeigu jį irgi suabsoliutinsim, padarysime iš jo stabą. Tik šituo atveju rizika ir grėsmė yra daug mažesnė, negu padaryti stabą iš savo sutuoktinio, bent jau pirmaisiais bendro gyvenimo mėnesiais...

Tačiau ir tai neatsako į mūsų klausimą dėl prigimties. Jeigu žmogui negera būti vienam su gyvūnėliais ir paukštukais, nes tie yra žemesni už jį, ir negera jam būti su Dievu, nes šis yra aukštesnis už jį, tada vis dėlto žinojimas, jog po nuodėmės gyvenimas su kitu gali tapti didesniu blogiu negu būti vienam, iš esmės nekeičia fakto, kad būti vienam vis dėlto yra negera. Kaip šitą dilemą išspręsti? Atsakymas į šitą klausimą yra įmanomas, kitaip sakant, mūsų celibatas yra įmanomas ne kaip mažesnis blogis, palyginti su grėsme, kuri gali kilti iš santuokinio gyvenimo, bet kaip visapusiškas žmogaus asmens skleidimasis, žmogaus laimės pasiekimas jau šiame gyvenime (nekalbant apie būsimąjį, kurį pranašauja mūsų pašvęstasis celibatas), kad net gera žmogui būti pašvęstam, – aš pabrėžiu, *pašvęstam*, o ne *vienam*, – tai tampa įmanoma dėl Dievo įsikūnijimo. Jeigu Dievas nebūtų tapęs žmogumi, ir toliau būtų buvę negera žmogui būti vienam. Bet kadangi Dievas tapo žmogumi – mes esame ne šiaip Dievo nuotakos (tada mes vis dar tebebūtume kaip tas kūdikėlis su per dideliais kaliošais), ne, – mes esame Jėzaus, Dievo, tapusio žmogumi, Nuotaka. Vadinasi, tai visiškai atitinka mūsų prigimtį, ir, aš pabrėžiu, daug labiau atitinka mūsų prigimtį negu santuoka su nuodėmės pažeistu vyru arba nuodėmės pažeista moterimi, kadangi Jėzus yra be nuodėmės, tyras, be kliaudos Avinėlis (plg. 1 Pt 1, 19), ištikimas Jaunikis.

Prisiminkime, kaip šv. Teresė Avilietė apsisprendė dėl savo pašaukimo: joks vyras jai nebus pakankamai geras šiame pasaulyje – reikia, kad tai būtų patsai Jėzus. Vienintelis tikrai ištikimas, vienintelis tikrai kilnus Karalių Karalius ir Viešpačių Viešpats (plg. Apr 17, 14), Visatos Valdovas. Ne mažiau ir ne daugiau, nes daugiau jau ir nebeįmanoma. Prisiminkime taip pat, ką ir šv. Kūdikėlio Jėzaus Teresėlė rašė apie savo pasirinkimą, – kad jokia žmogiška širdis nebūtų pagirdžiusi jos širdies troškulio, meilės troškulio, tai gali tiktai Jėzaus Širdis. Šita prasme mūsų celibatas anaiptol nėra toks pat, kaip Adomo iki Ievos sukūrimo, nes jis iš tikrųjų buvo *viengungis*. O mes nesame tokie ir tokios. Mes esame Jėzaus Nuotaka.

Labai svarbu nuolat tai atsiminti, kai jus užplūsta visokios pagundos apie tai, kad štai, esu viena, tai negerai, daug geriau būtų buvę, jeigu..., kas būtų, jeigu būtų ir t. t., ir pan., ir filmas prasideda. Ir, aišku, tas filmas – tai toks holivudinis, su *happy end'u*, kur viskas ten būtų buvę labai gerai ir labai gražu. Ir tada graužiu save: na, ką aš padariau, įlįsdamas arba įlįsdama į vienuolyną? Bet, matote, čia įvyksta mažytis slystelėjimas pagundos pradžioje, kai mes išleidžiame iš akių, jog mes nesame senmergės arba senberniai, kad mes esame ištekėjusios – ir ne už bet ko, o už Dievo, tapusio žmogumi. Mes esame santuokiniai žmonės – ir ne bet kokios, o pačios kilniausios santuokos prasmės, kurios išraiška pirmiausiai yra Eucharistija. Eucharistija yra šitokios santuokos su įsikūnijusiu – pabrėžiu, *įsikūnijusiu* – Dievu sakramentinė išraiška.

Žinoma, Santuokos sakramentas, kaip ir kiekvienas kitas sakramentas – Sutvirtinimo, Ligonių, Kunigystės, Susitaikymo – turi šito santuokiškumo, *kristiško santuokiškumo* atspalvį, sodresnį ar mažiau sodrų kiekviename sakramente. Jis ypač stiprus Santuokos sakramente, kurį anksčiau vadindavo Moteryste.

Kodėl? Nes Santuokos sakramentas ypač išreiškia Kristaus ištikimybę, santuokinę ištikimybę. Štai kodėl šventasis Paulius savo Laiške efeziečiams, penktajame skyriuje, sako, jog vyro ir moters santuoka yra didžiulė paslaptis, ir jis kalba apie ją, turėdamas galvoje Kristų ir Bažnyčią (žr. Ef 5, 32). Būtent todėl santuoka yra neišardoma, net jeigu Petras, pažadėjęs ištikimybę Onai, ją paskui ir paliktų, arba Ona paliktų Petrą: Kristus nepalieka, nes Kristus yra ištikimas, ir todėl ta santuoka, jeigu jinai tikrai buvo, yra galiojanti, ir jos niekas negali nutraukti, net ir pats popiežius, nes Kristus yra nepalyginti daugiau už popiežių.

Vadinasi, kiekvienas iš tų sakramentų yra santykis su Jėzaus žmogyste, Jėzaus, kuris yra Jaunikis kiekvienam iš mūsų, nesvarbu, kokio luomo krikščioniui, – kiekvienam. Bet mums, pašvęstiesiems, yra duota ypatinga dovana ir malonė – gyventi sakramentų santuokiškumu iki galo. Nes kas gi yra pašvęstasis gyvenimas? Tai yra maksimalistinis bet kokio krikščionio, bet kokio pakrikštytojo gyvenimas. Tai yra bet kokio pakrikštytojo gyvenimas, išdidintas iki pačių didžiausių įmanomų matmenų. Pašvęstasis vienuolis, vienuolė nori maksimaliai, įskaitant ir savo kūną, gyventi Jėzaus mokymu, gyventi taip, kaip pats Jėzus gyveno. O Jėzus gyveno visai ne senbernišką gyvenimą, visai ne, nes Jis yra Jaunikis. Prisiminkime, kaip žmonės klausė Jėzaus: kodėl tavo mokiniai nepasninkauja? Atsimenate, ką Jis atsakė? „Ar gali vestuvių svečiai pasninkauti, kol jaunikis yra su jais?" (plg. Mt 9, 14–17; Mk 2, 18–22; Lk 5, 33–35). Apie ką ten Jėzus kalba? Apie save. *Jis* yra Jaunikis. Būtų įdomu pasižiūrėti visur, kur Evangelijoje Jėzus kalba apie save kaip apie Jaunikį. Jis nėra senbernis, nėra viengungis, Jis yra *Jaunikis*. Vadinasi, ir mūsų santykis su Jėzumi per sakramentus – pirmiausiai per Jo žodį, Jo „meilės čiulbėjimą" mums – per Šventąjį Raštą, ir mūsų „meilės čiulbėjimą" Jam – per mūsų maldą, ir per įkūnytą mūsų santykį, ypač Eucharistijoje, – yra santuokinis santykis su Jaunikiu, kuris nėra lytiškas. Nes pirmasis santuokos tikslas anaiptol nėra vaikai, pirmasis santuokos *tikslas* yra sutuoktinių bendrystė, meilės bendrystė, kurios *padarinys* yra vaikai, bet vaikai nėra pirmasis santuokos tikslas. Todėl ir mūsų santuokiniame santykyje su Jaunikiu Jėzumi pirmasis tikslas yra bendrystė su Juo, įskaitant ir kūno bendrystę, tik ne lytišką. Mes kiekvieną dieną per Eucharistiją išgyvename kūno bendrystę su mūsų Jaunikiu, kai Jo Kūnas esti mūsų kūne. Iš tos bendrystės taip pat kyla ir vaikai, tik ne lytiniu, o dvasiniu būdu. Jūs, vienuolės, esate sielų motinos, ir mes, vienuoliai, taip pat, nes čia jau nebėra vyro ir moters klausimas. Neužmirškime, kaip Apaštalas rašo: „Nebėra nei vyro, nei moters: visi jūs esate viena Kristuje Jėzuje!" (Gal 3, 28). Ir pašvęstieji vyrai, ir pašvęstosios moterys yra Jėzaus Nuotaka, lygiai taip pat kaip pašvęstieji Jėzui vyrai ir pašvęstosios moterys yra Dievo Sūnus. Mes esame ir Nuotaka, ir Sūnus. Ir tai visiškai neprieštarauja mūsų asmeninei lytinei – vyro ar moters – tapatybei, nes tai gerokai ją pranokstantis santykis.

Iš šito santykio, jeigu jis tikrai yra meilės bendrystė, kyla ir vaisingumas – ne tik dvasinis vaisingumas, bet ir kūniškas vaisingumas, noriu tik pakartoti – ne lytinis. Juk tie mūsų dvasios vaikai yra iš kūno ir kraujo, apčiuopiami, ir kartais nė kiek ne mažiau sunkūs pakelti negu paaugliai šeimos gyvenimą gyvenantiems krikščionims. Iš savo patirties sakau... Daug metų nugyvenęs žmogus dvasinės tėvystės ir sūnystės santykyje gali būti net nepakenčiamesnis negu paauglys krizinėje situacijoje savo kūniškiems tėvams. Bet Meilė visa pakelia – būtent per šitą meilės ištikimybę, kuri yra paties Jėzaus ištikimybė, Meilė visa pakelia (plg. 1 Kor 13, 7). Ir per šitą santykį – tokį sunkų, vaisingą santykį – auga ir vaikas, ir tėvas, kuris tėra tik vienintelio tikrojo, amžinojo Tėvo atspindys.

Taigi, iki nuopuolio žmogus savo prigimtyje galėjo patirti Dievą per Jo sukurtąjį santykį tarp vyro ir moters. Nuo šiol, po nuopuolio, tokia Dievo patirtis ir toliau yra įmanoma dėl Jo įsikūnijimo, kuris visiškai atitinka mūsų prigimtį, todėl ir toliau gali visiškai atliepti giliausius mūsų širdies troškimus. Apie tai mes dar pakalbėsime. O šį vakarą aš pakviesiu jus pasigilinti į Nekaltojo Prasidėjimo slėpinį[1]. Mes jau gilinomės į pradžią, į sukūrimo slėpinius, kurie mus atveria į meilės santykio, meilės bendrystės slėpinį – ne tik su kitu žmogumi, kaulu mūsų kaulų ir kūnu mūsų kūno (plg. Pr 2, 23), bet ir su Dievu. Todėl mes dar pasikalbėsime ir apie pačią nuostabiausio Dievo kūrinio – Mergelės Marijos, Jos Nekaltojo Prasidėjimo – pradžią, kuri yra Naujoji Pradžia.

[1] Vakariniai šių rekolekcijų mąstymai apie Švč. Mergelės Marijos slėpinius pateikiami knygos gale (red. past.).

III mąstymas

# Sesuo sužadėtinė

Labai dėkoju jums už tai, kad laikotės tylos. Raginu ir toliau neapsileisti, bet kad jūsų meilės Mylimajam karštis reikštųsi jūsų tyliu uolumu. Kuo labiau laikysitės tylos, kuo ilgiau būsite tyloje, meilės tyloje, tuo labiau bus matyti ir jūsų meilės karštis, jėga bei tyrumas. Ir, žinoma, primenu, kad nuo to priklausys jūsų rekolekcijų vaisingumas. Tikiuosi, kad nešvaistote laiko veltui, bet einate susitikti su Mylimuoju maldoje ir tikrai skaitote Giesmių giesmę, kuri, pasikartosiu, yra pagrindinė mūsų rekolekcijų vieta, – ne šie mąstymai, bet asmeninis Giesmių giesmės skaitymas. Ten Viešpats turėtų jums teikti daugiausiai šviesos, įžvalgų ir paguodos.

O mes tęsiame toliau, laikydamiesi tos raudonos gijos, besidriekiančios per visą Šventąjį Raštą, kur kalbama apie meilės santykį tarp jaunikio ir nuotakos, kuris, aišku, yra provaizdis, ikona ir pranašystė mūsų santykio su vieninteliu tikruoju Jaunikiu – su mūsų Viešpačiu Jėzumi.

Norėčiau dar pabaigti šitą Pradžios knygos gabaliuką iš 2 skyriaus nuo 21 eilutės – apie tą gilų, kietą, stingdantį miegą, kuriuo užmigdytas Adomas tapo šaltiniu, iš kurio Dievas galėjo *pasemti* Ievą ir tą pirmąją giesmių giesmę, Giesmių giesmės prototipą, kurią gieda Adomas, išvydęs Ievą. „VIEŠPATS Dievas užmigdė žmogų giliu miegu ir, jam miegant, išėmė vieną šonkaulį, o jo vietą užpildė raumenimis. O iš šonkaulio, kurį buvo išėmęs iš žmogaus, VIEŠPATS Dievas padarė moterį ir atvedė ją pas žmogų. O žmogus ištarė: „Štai pagaliau kaulas mano kaulų ir kūnas mano kūno. Ji bus vadinama žmona, nes iš savo žmogaus buvo paimta." Todėl vyras paliks tėvą ir motiną, glausis prie žmonos, ir jie taps vienu kūnu" (Pr 2, 21–24).

Šv. Paulius Laiške efeziečiams cituoja tuos pačius žodžius, kuriuos aš ką tik perskaičiau, ir sako, kad jis čia įžiūri Kristaus ir Bažnyčios santuokinės vienybės slėpinį (žr. Ef 5, 31–32). Vadinasi, ir kiekvieno, kiekvienos iš mūsų santuokinės vienybės su Viešpačiu slėpinį, nes mes esame ta Bažnyčia, Nuotaka – ne tik vyskupai ir ne tik kunigai, ne vien hierarchija. Kiekvienas krikščionis yra Bažnyčia. Vadinasi, kiekvienas krikščionis yra Jėzaus nuotaka, bet vis dėlto ypač mes, pašvęstieji Viešpačiui.

Šitas gilus, stingdantis miegas minimas ir Giesmių giesmėje, apie tai jau irgi buvau užsiminęs: „Nežadinkite meilės, kol ji pati neprabus!" (Gg 2, 7; 3, 5; 8, 4). Apie šitą slėpiningą, paslaptingą miegą Giesmių giesmėje užsimenama du kartus: pradžioje ir pabaigoje. Šv. Jonas Paulius II, komentuodamas Giesmių giesmę, sako, kad galbūt čia būtų galima įžvelgti sąsajų su tuo pirmapradžiu pirmojo žmogaus miegu, per kurį buvo sukurti vyras ir moteris, nes tiktai pasirodžius Ievai Adomas tapo tuo, kas jis yra, – Adomu, vyru. Iki tol vartojamas vienintelis žodis – „žmogus", hebrajiškai *adam*. *Adama* reiškia „raudonžemis", tad žodį *adam* lietuviškai būtų galima išversti „molinukas". Jis dar nėra įvardijamas žodžiu *zachar* – „vyras". Tai žmogus bendrine prasme – „molinukas". Taigi atrodytų, kad tas miegas, apie kurį kalba Giesmių giesmė, yra tarsi nostalgija to pirmojo, paties pirmojo žmogaus miego, iš kurio išniręs vyras, žmogus jau yra visiškai kitoks: jis nebėra nelaimingas, jam nebėra negera. Po šito miego jam pasidaro labai gera, nes jis išvysta savo paties pratęsimą ir išsipildymą. Būtų galima spėti, kad Giesmių giesmė buvo sukurta tarsi miegant tuo pradžios miegu, kuris tarsi turi tęstis, idant ši pradinio tyrumo ir visiškos asmenų vienybės meilės giesmė galėtų aplenkti nuodėmės rifus. Žinoma, Giesmių giesmė parašyta jau nuodėmės sužeisto žmogaus, tačiau atrodo, tarsi pats tas rašytojas – anot tradicijos, Saliamonas – būtų buvęs Šventosios Dvasios užmigdytas, užliūliuotas ir savotiškai grąžintas į laikus iki nuopuolio, kur jis iš naujo pakartoja ir išplėtoja šitą pirmąją Adomo giesmę: „Štai pagaliau kaulas mano kaulų ir kūnas mano kūno. Ji bus vadinama žmona, nes iš savo žmogaus buvo paimta." Giesmių giesmė irgi baigiama šituo slėpiningu miegu.

Šventajame Rašte žmonija prasideda šiuo slėpiningu Adomo miegu, iš kurio gimsta Ieva, iš kurio iškyla, išnyra Ieva, visiškai pakeisdama Adomo gyvenimą. Tai savaime suprantama, ar ne? Kiekvienas iš mūsų galime prisiminti pirmąjį savo įsimylėjimą. Aš tikiuosi, kad jūs, seselės, nors kartą gyvenime iki vienuolyno buvote įsimylėjusios, nes jeigu to nepatyrusios stojote į vienuolyną, tada tikriausiai mūsų pasiaukojimas Dievui nebuvo iki galo aiškiai ir sąmoningai suvoktas, – kokią auką, kokią brangią dovaną Dievas mums leidžia Jam dovanoti. Bet jeigu esate patyrusios, ką reiškia įsimylėti, tada žinote, kad nuo to pasikeičia visas gyvenimas – visiškai pasikeičia, radikaliai, nebesi tas pats žmogus. Taigi ir Adomas tapo visiškai kitokiu žmogumi po to, kai išvydo Ievą ir ją įsimylėjo iš pirmo žvilgsnio. Apie tokį žvilgsnį galime paskaityti Giesmių giesmės 4 skyriaus 9 eilutėje: „Tu sužavėjai mano širdį, seserie sužadėtine! Sužavėjai mano širdį vienu savo akių žvilgsniu, vienu savo karolių brangakmeniu." Dažniausiai Giesmių giesmė interpretuojama kaip santykio tarp Viešpaties ir Jo tautos, tarp Dievo ir sielos apdainavimas. Vis dėlto reikia pripažinti, jog labai įdomus ir šitas šv. Jono Pauliaus II atradimas, perspektyva, kad čia taip pat galime įžiūrėti ir tą pirmąjį santykį iki nuopuolio – nuodėmės neužkrėstą, tyrą, gražų santykį tarp pirmųjų mūsų tėvų, tarp Adomo ir Ievos, iš kurio galime suprasti, koks iš tiesų *turėtų būti* meilės santykis. Pirmiausiai jau grynai žmogiškai kalbant. O paskui ir mums patiems, pašvęstiesiems, yra lengviau suprasti, koks turėtų būti mūsų santykis su mūsų Viešpačiu, mūsų Jaunikiu, mūsų Sutuoktiniu, įsikūnijusiu Dievu.

Šventajame Rašte žmonija taip pat baigiasi miegu. Apreiškime šv. Jonui matome daugybę šventųjų, kurie užmiega – užmiega mirties miegu ir iš kurio paskui pabunda amžinajam nesibaigiančiam gyvenimui (žr. Apr 20, 4). Tas pabudimas yra lydimas dar didesnės ir gilesnės ekstazės negu Adomo, kai jis išvysta Ievą. Čia matome Adomo ekstazę Ievos akivaizdoje, o Apokalipsėje, Apreiškime šv. Jonui, mes matome priešingai – Nuotakos ekstazę, išvydus savo Jaunikį – Dievo Avinėlį, išvydus Jį veidas į veidą, akis į akį (žr. Apr 22, 4–5). Atrodytų, tarsi tas mirties miegas yra toks pat būtinas Bažnyčiai, Avinėlio Nuotakai, idant Ji pasiektų šitą ekstazę, kaip kad anas miegas buvo būtinas Adomui, kad iš jo pabudęs ir išvydęs Ievą jis galėtų patirti savąją ekstazę.

Taigi šito miego padarinys – visiškas žvilgsnio į kitą perkeitimas, pakeičiantis visą Adomo gyvenimą ir, kaip matėme, taip pat ir Nuotakos, Avinėlio Nuotakos gyvenimą. Jis yra tarsi būtinas etapas. Tuomet mums lengviau suprasti visų mūsų gyvenimuose atsitinkančių išbandymų prasmę, nes kiekvienas iš jų yra savotiškas užmigimas mirtyje, savotiška mirtis. Panašiai, kai sakome: „apsimarinti", mes ir turime *apsimarinti*, numirti sau, *quotidie morior* – „kasdien numirti" (žr. 1 Kor 15, 31).

Tas numirimas nėra tikslas pats savaime. Iš šitų dviejų Šventojo Rašto vietų – iš pradžios ir pabaigos – mes galime suprasti, jog šitos mirties tikslas yra tas, kad mes iš jos pabustume perkeisti, pabustume žvelgdami nauju žvilgsniu, ekstatiniu meilės žvilgsniu. Šitas slėpiningas miegas, iš kurio pabudimas atveria visiškai naują tikrovę, išsipildo Naujajame Adome – Kristuje, ant Kryžiaus. Ant Kryžiaus Naujasis Adomas irgi užmiega stingdančiu mirties miegu (žr. Jn 19, 30; Mt 27, 50; Mk 15, 37; Lk 23, 46), iš kurio kyla Naujoji Ieva – pats pirmasis Naujojo Adomo mirties vaisius, to miego vaisius, paimtas iš Jo šono, kaip ir iš pirmojo Adomo šono, – Nekaltai Pradėtoji, kuri yra visos Bažnyčios kaip Nuotakos provaizdis ir ikona. Joje Jėzus mato visą Bažnyčią (vadinasi, ir kiekvieną iš mūsų) – tokią, kokia Ji bus Avinėlio vestuvių dieną, tą paskutiniąją dieną, kai ir toji Nuotaka bus pažadinta iš mirties miego bei išvys savo Jaunikio, savo Sutuoktinio tikrovę – tokią, apie kokią Jinai dabar negali net įsivaizduoti.

Bet mums svarbiausia yra pasidaryti išvadą iš šitų trijų Šventojo Rašto vietų mūsų pačių praktiniam gyvenimui: iš Pradžios knygos, iš Apreiškimo šv. Jonui ir iš Jėzaus mirties ant Kryžiaus kaip mistinio miego, Naujojo Adomo mistinio miego, iš kurio kyla Naujoji Ieva. Kiekvienas toks stingdantis miegas, mirties miegas, kuris mus ištinka mūsų dvasiniame gyvenime, nėra mums pražūtingas; priešingai, jis yra dėl naujo mūsų dvasinio gyvenimo etapo, naujos gelmės, naujos mūsų santykio su Viešpačiu kokybės. Todėl turėtume atsiminti: kai mus ištinka tokie išbandymai, kai, atrodo, daugiau nebegaliu, geriau man mirti (plg. 1 Kar 19, 4), neužmirškime, kad Dievas tai leidžia dėl to, kad iš šitos mirties, iš šito miego nori padaryti kažką nauja:

„Štai aš visa darau nauja!" (Apr 21, 5). Ir kad galėtų tai padaryti, kad galėtų mus „išoperuoti", Jam reikia mus *užmigdyti*, kad mes Jam netrukdytume tos operacijos atlikti.

Kitas dalykas, į ką dar norėčiau atkreipti dėmesį, yra tai, kad Giesmių giesmėje sužadėtinis vadina savo sužadėtinę seserimi. Jau citavau 4 skyrių: „Tu sužavėjai mano širdį, seserie sužadėtine! Sužavėjai mano širdį vienu savo akių žvilgsniu" (Gg 4, 9); „Mano sesuo sužadėtinė – uždaras sodas" (Gg 4, 12)... Yra ir daugiau vietų, kur dar pasirodo šitas dvigubas posakis: „sesuo sužadėtinė" – ir sesuo, ir sužadėtinė. Šiaip jau labai keista, nes juk sesuo negali būti sužadėtinė, tai būtų kraujomaiša. Šv. Jonas Paulius II, komentuodamas šitą vietą, sako, kad iš tikrųjų pirmieji tėvai Adomas ir Ieva, prieš tapdami vyru ir žmona, tie pirmieji vyras ir moteris iš sukūrimo slėpinio, pirmiausia išnyra kaip brolis ir sesuo toje pačioje žmogystėje. Be to, mums, žmonėms po nuopuolio, užkrėstiems nuodėmės, – mūsų širdis, žvilgsnis yra užkrėsti nuodėmės, kurios išraiška yra trys geismai, apie kuriuos kalba šventasis Jonas savo Pirmajame laiške: „Kūno geismas, akių geismas ir gyvenimo puikybė" (1 Jn 2, 16), – broliška ir seseriška meilė dar nusako ir tam tikrą meilės tyrumą, kurį mes, net ir būdami užkrėsti nuodėmės, jos geismų, galime suprasti.

Mylinčio brolio žvilgsnis į seserį yra tyras; net ir nuodėmės užkrėsto žmogaus, nebent jis jau visai būtų monstras, ko, aišku, irgi būna. Bet paprastai net ir ponuopuoliniame pasaulyje brolio žvilgsnis į seserį ir sesers žvilgsnis į brolį yra tyras, tyros meilės žvilgsnis. Taip pat ir šia prasme Adomas ir Ieva, prieš tapdami vyru ir žmona, yra brolis ir sesuo. Taipogi ir Marija, nors Ji yra Jėzaus Motina, taip pat yra ir Naujoji Ieva, vadinasi, Sužadėtinė, Nuotaka, Avinėlio Nuotaka, balandėlė, apie kurią kalba Giesmių giesmė. Ji irgi pirmiausia yra sesuo, „sesuo sužadėtinė".

Juk ir į Jėzų mes žiūrime ne tik kaip į Viešpatį, į Mokytoją, į Tėvą, į Jaunikį, bet taip pat ir kaip į Brolį; ne tik kaip į Vaiką (plg. Mt 12, 50), bet ir kaip į Brolį.

Šis brolio ir sesers meilės santykis mums atskleidžia, pagilina santykio su Viešpačiu Jėzumi prasmę, kurio sutuoktinių meilės ryšys negali išreikšti iki galo. Nes sutuoktinių meilės ryšys – tai pirmiausia jų širdžių ir kūnų bendrystė, bet ji negali išreikšti to, ką išreiškia brolio ir sesers meilė. O brolio ir sesers meilė išreiškia būtent bendrystę toje pačioje prigimtyje; sakyčiau, stipriau išreiškia šitą Adomo šūksnio – „kaulas mano kaulų ir kūnas mano kūno", „kraujas mano kraujo" tęstinumą. Šita Adomo giesmė iš tiesų labiau išreiškia seseriškos ir broliškos meilės aspektą negu vyro ir žmonos meilės aspektą.

Būtent tokį meilės bendrumą toje pačioje prigimtyje, tame pačiame kaule, kūne ir kraujyje, išreiškia Jėzaus ir Marijos, kaip Naujojo Adomo ir Naujosios Ievos, santykis, o kartu – Jėzaus ir mūsų santykis, nes mes, kartoju, esame Bažnyčia, kurios kvintesencija, kurios *koncentratas* yra Mergelė Marija. Vadinasi, Jėzus į mus žvelgia ne tik kaip į nuotaką, bet ir kaip į seserį. Tad ir mūsų žvilgsnis į Jėzų taip pat turi būti ne tik kaip į Jaunikį, bet ir kaip į Brolį, – tas santykis turi būti kiek galima visapusiškesnis. Matote, kaip neįmanoma mūsų santykio su Viešpačiu įsprausti tik į vienokios žmogiškos meilės patirties rėmus, nes jis yra daug didesnis. Net ir ta stipriausia mūsų prigimtyje patirtis – santuokinės meilės ir bendrystės patirtis – nenusako iki galo viso turtingumo ir gelmės to santykio, koks turėtų būti tarp mūsų ir mūsų Viešpaties. Brolio ir sesers meilės santykis labai reikšmingai papildo mūsų santuokinio santykio su Viešpačiu Jėzumi suvokimą. Šito tikrai nederėtų pamiršti, kai kalbame, kai galvojame apie mūsų santykį su Viešpačiu Jėzumi.

Taip pat norėčiau atkreipti dėmesį į dar vieną dalyką, dar pasigilinti į Šventąjį Raštą, kur kalbama apie tą versmę, kuri trykšdavo iš žemės ir drėkindavo visą dirvos paviršių (žr. Pr 2, 6) ir kuri buvo tas, sakykime, būtinas elementas, kad Dievas galėtų nulipdyti žmogų iš žemės dulkių ir įkvėpti jam gyvybės alsavimą. Aš minėjau, kad toji versmė irgi yra meilės simbolis. Kaip matysime, atkreipkite dėmesį, kad praktiškai visose meilės istorijose, kurias toliau skaitysime Šventajame Rašte, yra versmė, šaltinis. Ta versmė, tas šaltinis yra taipogi minimas ir Giesmių giesmėje, 4 skyriuje, 12 eilutėje: „Mano sesuo sužadėtinė – uždaras sodas. Uždaras sodas, užantspauduotas šaltinis" ir 15 eilutėje: „Tu – sodo šaltinis, gyvojo vandens versmė iš Libano tekančios srovės!" Sodo šaltinis – tai, žinoma, mylimosios simbolis, reiškiantis, kad moteris vyrui visada bus slėpinys, kurio neįmanoma iki galo atskleisti. Šia prasme tai ir nuoroda į Dievą, kuris taip pat yra slėpinys, kurio neįmanoma iki galo atskleisti. Ji yra daugiau, negu sutuoktinis gali suprasti, daugiau net ir už tai, ką ji pati gali jam apie save pasakyti. Moteris savyje turi meilės pažadinimo galią Adomo atžvilgiu (mes vis dar kalbame apie tuos pirmuosius mūsų tėvus) – tokios meilės, kuri atveria jį Dievui, Dievo meilei. Moteris, Ieva, turi savyje šitą uždaro sodo ir užantspauduoto šaltinio – neprieinamumo, neišsemiamumo, nepasiekiamos gelmės – aspektą, kuris, žinoma, yra meilė, per kurią Adomas Ievos yra priartinamas prie Dievo, kuris yra Meilė (plg. 1 Jn 4, 8) ir kuris yra galutinis jos pačios šaltinis. Dievas yra šaltinis; dar tiksliau – Šventoji Dvasia yra tas Gyvybės Šaltinis, kuris perkeičia, ir labai konkrečiai perkeičia.

Šitas šaltinio simbolis ne veltui yra panaudotas Šventajame Rašte. Pas mus, Lietuvoje, gal mažiau tai matyti, kadangi nuolat vis lyja ir lyja (dėl to ji ir Lietuva, kad lyja...), bet Artimuosiuose Rytuose, Šventojoje žemėje, kai nelyja, dykuma yra plika, nuoga žemė. Kai važiuoji per Judėjos dykumą iš Jeruzalės į Jerichą, tai matai vien tik pliką, nuogą žemę, dykumą. Bet privažiavus Jerichą, kuris yra šaltinių miestas, nepaisant didžiulio karščio, kadangi tose vietose, esančiose žemiau jūros lygio, tvyro baisus, vos ne pragariškas karštis, pamatai, kad dėl trykštančių šaltinių Jerichas žaliuoja – tai nuolat žaliuojantis, gyvas miestas. Taigi ir meilės patyrimas taip pakeičia žmogaus gyvenimą, konkrečiai Adomo gyvenimą, kaip ištryškęs šaltinis pakeičia dykumą: ji ima žaliuoti, kvepėti, nešti atgaivą, brandinti vaisius – visa tai, ko nė su žiburiu nesurasi dykumoje.

Ir vėl grįžkime prie mūsų santykio su Viešpačiu: jeigu mūsų santykyje su Juo nėra šito šaltinio, tai faktas, kad mes tesame vien plika, nuoga, sausa, išdžiūvusi, suskeldėjusi dykuma, iš kurios nieko neišpeši. Tik palaistyta šituo šaltiniu, trykštančiu, tarp kitko, iš dirvos: „Tik versmė trykšdavo iš žemės" (Pr 2, 6) – iš mūsų pačių gelmių trykštančios versmės, meilės versmės, mūsų visas gyvenimas gali tapti žydinčiu sodu, kvepiančiu sodu – ir ne tik Viešpačiui, bet ir kiekvienam, kas apsilanko tame sode: mūsų seserims, broliams, kiekvienam sutiktam žmogui. Tada natūralu, kad mumyse šita meilės versmė, apželdinanti ir pažadinanti nuostabius kvapus bei nešanti puikius vaisius, traukia visus, kaip muses prie medaus. Bet jeigu tos versmės mūsų gyvenime nėra, tai irgi natūralu, kad visi bėgs nuo mūsų – nes dykumoje ilgai išbūti neįmanoma, tai mirties vieta.

Ar taip iš tikrųjų gali būti, kad mes, Dievui pasišventę žmonės, neturėdami savo gyvenime meilės, šitos gyvybės versmės, užuot nešę gyvybę, galime atnešti mirtį? Visai kaip Jėzus sakė fariziejams: „Jūs, angių išperos (šv. Jono Krikštytojo žodžiais tariant – plg. Mt 12, 34; Mt 23, 33), jūs perplaukiate jūras ir pereinate žemes, kad surastumėte nors vieną atsivertėlį, o paskui padarote jį dar baisesnį už jus pačius!" (plg. Mt 23, 15). Tai gresia ir mums, jeigu mes neturime meilės. *Corruptio optimi pessima* – geriausių dalykų sugedimas yra tai, kas blogiausia... Mes galime būti nuostabiausias sodas, bet galime būti ir baisiausia mirtimi alsuojanti dykuma. Viskas priklauso nuo to, koks yra mūsų santykis su mūsų Mylimuoju. Ar jis yra gyvojo vandens versmė, nešanti gyvybę, ar yra sausas, išdžiūvęs, formalus, „buhalterinis" ryšys? Tebus tai sąžinės apyskaitai kiekvienai iš jūsų ir man pačiam šiam vakarui. Kas aš esu? Ar uždaras sodas, užantspauduotas šaltinis savo Mylimajam? Ar esu mirtimi alsuojanti dykuma?

Na, o dabar, aptarę tą pirmąjį meilės santykio tarp vyro ir moters, kuris yra žmogystės pilnatvė dar iki nuopuolio, aprašymą, pabandysime žvilgtelėti, kiek to santykio tyrumo išlieka toliau, po nuopuolio, ir kuo bei kaip jisai yra iškreipiamas, sužalojamas. Nepaisant to iškreiptumo ir sužalotumo, kurį matysime, mums vis tiek reikės pabandyti atkapstyti kiekviename iš tų pavyzdžių, ką jis mums dar apreiškia apie mūsų santykį su mūsų Viešpačiu. Nes, kartoju, mūsų rekolekcijų pagrindinis tikslas yra atnaujinti, atšviežinti, *ištiesinti* mūsų santykį su Viešpačiu, nes nuo to paskui tvarkysis ir visa kita – ir mūsų santykis su mūsų seserimis, ir su vyresniąja, ir su savimi pačia, ir su žmonėmis, su kuriais tenka dirbti. Viskas priklauso nuo šito pamatinio, esminio santykio su Viešpačiu, dėl kurio mes ir esame susirinkę į šitas rekolekcijas.

Taigi dabar pasižiūrėkime į trijų patriarchų – Abraomo, Izaoko ir Jokūbo – meilės istorijas. Aišku, mes čia neturėsime laiko visko perskaityti. Tai labai įdomios istorijos, kurias, tarp kitko, galite irgi skaityti per šitas rekolekcijas. Pirmiausiai mes pažiūrėsime tiktai tokias emblemines vietas, kurios mums gali duoti daugiausiai naudos mūsų ieškojime. Ir pradėsime nuo Pradžios knygos 12 skyriaus, 10 eilutės.

Dievo Žodis mums nieko nesako apie Abramo, dar ne Abraomo, bet Abramo ir Sarajos susitikimą, jų meilės užuomazgas. Tik tiek tepasakyta, kad Abramas ir Nahoras vedė (žr. Pr 11, 29). Nahoras buvo Abramo brolis. Abramo žmona buvo Saraja, o Nahoro – Milka, Milkos ir Iskos tėvo Harano duktė. Saraja buvo nevaisinga ir neturėjo vaikų (žr. Pr 11, 29–30). Viskas, daugiau nieko nepasakyta apie jų santuokos pradžią. Tik tiek, kad Abramas vedė, jos vardas buvo Saraja, ir kad ji buvo nevaisinga ir neturėjo vaikų.

Bet 12 skyriuje mes išgirstame pirmąją istoriją. Nors visų tų istorijų neskaitysime, bet šitą vieną norėčiau paskaityti, nes jinai gana embleminė: Kanaano krašte, į kurį Dievas išvedė Abramą su Saraja, su visom kaimenėm, su visom avim ir jaučiais, ir tarnais, kyla badas: „Krašte kilo badas. Abromas kėlėsi į Egiptą gyventi kaip ateivis, nes badas krašte buvo nuožmus" (Pr 12, 10).

Truputėlį nukrypsime nuo mūsų rekolekcijų temos, bet verta, nes čia esama gana įdomios simbolinės šviesos, kad galėtume suprasti mūsų pačių reakciją, kai mus ištinka badas, kai dvasinis badas apima mūsų sielos kraštą. Kai mūsų sielą ištinka dvasinis badas, kai nebesulaukiame jokios paguodos, nei pakylėjimo, nei dvasinio džiaugsmo, kokia pagunda kyla? Kraustytis į Egiptą, kuris, žinoma, yra šio pasaulio simbolis. Tada mes bandome šitą dvasinį badą užkimšti kokiais nors šokoladiniais pyragaičiais arba kokiu nors linksmu filmu, arba dar kokiomis nors Egipto gėrybėmis. Taigi „Abromas kėlėsi į Egiptą gyventi kaip ateivis, nes badas krašte buvo nuožmus. Prieš pat įeinant į Egiptą, jis kreipėsi į savo žmoną Sarają: „Žinau, kokia tu graži moteris. [Žino, ką sako!] Egiptiečiai, tave pamatę, pamanys: 'Tai jo žmona.' Mane jie užmuš, o tave paliks gyvą. Tad prašyčiau sakyti, jog esi mano sesuo, kad per tave man būtų gera ir tavo dėka išlikčiau gyvas."

Abromui įėjus į Egiptą, egiptiečiai matė, kad moteris buvo labai graži. Ją pastebėję faraono dvariškiai labai išgyrė faraonui. Moteris tada buvo paimta į faraono šeimyną. Per ją Abromui gerai sekėsi. Jis įsigijo avių, jaučių, asilų, vergų ir vergių, asilių ir kupranugarių. Bet už Abromo žmoną Sarają VIEŠPATS baudė faraoną ir jo šeimyną didelėmis nelaimėmis. Faraonas pasišaukė Abromą ir sakė jam: „Ką tu padarei! Kodėl nepasakei, kad ji tavo žmona? Kodėl sakei: 'Ji mano sesuo'? Aš paėmiau ją už žmoną. O dabar štai tavo žmona! Pasiimk ir išeik!"

Faraonas davė savo vyrams nurodymų, ką daryti, ir tie išvarė jį drauge su žmona ir viskuo, ką turėjo" (Pr 12, 10–20).

Iš karto matyti, koks skirtumas tarp Adomo ir Ievos santykio bei Abramo ir Sarajos santykio. Saraja yra graži. Abramas *ryškiai* ją myli, bet vis dėlto jam labiau rūpi savas kailis. Matome pirmą labai aiškų nuopuolio padarinį žmogaus prigimtyje. Žmogus labiau rūpinasi savimi negu kitu, net jeigu tas kitas yra labai graži moteris, mylima žmona. „Mane jie užmuš, o tave paliks gyvą..." Negerai. „Tad prašyčiau sakyti, jog esi mano sesuo, kad per tave man būtų gera ir tavo dėka išlikčiau gyvas." Formaliai, tarp kitko, tai yra tiesa. Saraja buvo artima Abramo giminaitė. Hebrajų kalba brolis ar sesuo reiškia ne tik tikrus brolius ir seseris, bet ir pusbrolius, ir pusseseres arba, sakykime, to paties tėvo, bet ne tos pačios motinos vaikus.

Ir iš karto matome, kaip šitas žodis „sesuo" jau nebeturi tos prasmės, kurią jis turėjo iki nuopuolio, – bendrumo prigimtyje, kuris nebuvo priešingas jungtuviniam santykiui tarp Adomo ir Ievos. Iki nuopuolio kraujomaišos nebuvo, net jeigu Adomas ir Ieva, galima sakyti, buvo dar labiau brolis ir sesuo pagal savo prigimtį ir netgi genetinę kilmę negu dabar kokie nors brolis ir sesuo, augantys toje pačioje šeimoje, gimę iš tų pačių tėvų, nes Ieva buvo paimta iš Adomo. Vadinasi, ji buvo tiesiog Adomo sesuo dvynė. Nepaisant to, šitas brolio ir sesers santykis Adomui ir Ievai visiškai netrukdė – priešingai, papildė jų jungtuvinį santykį. Tačiau po nuopuolio, kadangi nuodėmė visur įneša susipriešinimo, pastato sienas, atskiria, atriboja, matome, kad šitie du žmogiškos meilės, žmogiško santykio aspektai yra atskiriami. Jeigu tu esi mano sesuo, tai natūraliai (ką tučtuojau supranta ir faraonas bei egiptiečiai) tu nesi mano žmona, tu negali būti mano žmona. Tarsi brolio ir sesers santykis būtų likęs lyg koks paskutinis griuvėsis iš Edeno sodo, dar to pirmykščio tyrumo, o jungtuvinis meilės santykis, atrodytų, jau negrįžtamai sugriautas, užterštas netyrumo. Šitie dalykai yra atskiriami: jeigu tu esi sesuo, reiškia, nesi žmona.

Šito pavyzdžio mes negalėtume visapusiškai pritaikyti Jėzaus ir Marijos santykiui, kadangi šis Abramo ir Sarajos santykis labai aiškiai, akivaizdžiai rodo, kaip jis yra sužeistas nuodėmės. Per tą santykį aiškiai matyti egoizmas ir melas: ne tik „kad manęs neužmuštų", bet ir kad „per tave man būtų gera". Nes jeigu aš tavo brolis, tada jei faraonas tave paima į žmonas, mane, kaip savo žmonos brolį, kaip giminaitį, apdovanoja visokiais turtais: „Jis įsigijo avių, jaučių, asilų, vergų ir vergių" ir t. t. Matome, kaip nuosavybė netgi tampa svarbesnė už meilės santykį tiesoje.

Taigi pirmojo patriarcho santykis su žmona anaiptol nėra nei įkvepiantis, nei pavyzdingas. Vis dėlto mes, nors ir negalėdami pritaikyti viso šito iškreipto, sužaloto santykio kaip provaizdžio Naujojo Adomo ir Naujosios Ievos santykiui, galime įžvelgti šiokią tokią švieselę, mąstydami apie Marijos vaidmenį mūsų gyvenime – Marijos, kaip mūsų Sesers, dėl kurios mes esame apsaugomi nuo mirties ir dėl kurios mums yra gera. Bet tai ir viskas, ką galima „išspausti" iš šitos istorijos, nieko daugiau, kadangi jinai pernelyg sužalota nuodėmės.

Su kitais patriarchais yra šiek tiek geriau, bet nedaug – tuojau pamatysime. Pasižiūrėkime dabar į Izaoko piršlybų istoriją: Pradžios knyga, 24 skyrius, nuo 10 eilutės. Abraomas prieš mirdamas rūpinasi, kad jo sūnaus, jo vienturčio, pažado sūnaus, kurio jis vos nepaaukojo Dievui ant aukuro, santuoka būtų su žmona iš tos pačios genties, iš jo paties tėvo namų. Todėl jis prisaikdina savo tarną, kad jis keliautų į Mesopotamiją pas Abraomo brolį Nahorą, ir iš ten parvestų jo sūnui Izaokui žmoną (žr. Pr 24, 1–9). Taigi nuo 10 eilutės skaitome, kaip tas tarnas iškeliauja su kupranugariais, su visokiomis rinktinėmis dovanomis ir atvyksta į Nahoro miestą Aram Naharaimus: „Jis suklupdė kupranugarius už miesto prie šulinio." Vėl matome versmę, nes šulinys Artimuosiuose Rytuose visai ne toks, kaip pas mus. Pas mus tai yra giliai iškastas, žiedų prileistas šulinys. O ten šulinys dažniausiai yra šaltinis, šulinys, iš kurio trykšta vanduo. „Diena slinko vakarop. Tuo metu paprastai moterys išeidavo semti vandens." Žiūrėkite, koks kasdieniškas, Artimiesiems Rytams būdingas pastebėjimas, kad *moterys* semia vandenį... Natūralu – pas mus irgi vandenį dažniausiai semdavo moterys. Nebent pasiųsdavo anūką parnešti vandens – aš dar atsimenu, kaip siųsdavo... Mat vanduo yra reikalingas namų ruošai, o juk moterys triūsdavo apie krosnį, tad moterys ir išeidavo semti vandens.

Bet dabar mes jau žinome vandens simboliką – kad tai yra meilės ir meilės santykio su moterimi simbolis, o moters pašaukimas yra pažadinti meilę vyro širdyje. Aš tai kalbu, ypač mąstydamas apie mūsų santykį su Viešpačiu. Mūsų pašaukimas, kaip nuotakos, yra pažadinti meilę Viešpaties Širdyje savo Nuotakai Bažnyčiai, visai Bažnyčiai. Aišku, mes, erškėčiai, ne ką tepažadinsim; ačiū Dievui, kad yra Lelija (plg. Gg 2, 2), kuri pažadina Naujojo Adomo meilę visai Bažnyčiai, kurią Ji įkūnija. Mergelė Marija įkūnija visą Bažnyčią. Ir mes esame pašaukti, kaip nuotaka, semti vandens. Matote, kaip šita eilutė staiga įgauna visiškai kitokią prasmę, skonį ir spalvą: „Tuo metu paprastai moterys išeidavo semti vandens." Ir kada gi? Dienai baigiantis, vakarop, kai užeina tamsybės, kai ima sklaidytis šviesa. Kai Bažnyčią ima gaubti sutemos, mes, pašvęstosios sielos ir pašvęstieji kūnai (neatskirkime!), mes turime eiti semti vandens, nes nuo mūsų santykio su Mylimuoju priklauso visos Bažnyčios likimas. Apie tai ypač mąstysime skaitydami karalienės Esteros istoriją, kurioje dėl to, kad ji pažadina meilę karaliaus širdyje, yra išgelbstima visa tauta.

Taigi nuėjo semtis vandens tos moteriškės. O tas tarnas meldėsi: „VIEŠPATIE, mano šeimininko Abraomo Dieve, suteik sėkmę man šiandien ir parodyk ištikimą meilę mano šeimininkui Abraomui." Aišku, čia toks ilgas rytietiškas daugžodžiavimas. „Jei mergaitė, kurios paprašysiu: 'Prašyčiau palenkti savo ąsotį ir duoti man atsigerti', atsakytų: 'Gerk, aš ir tavo kupranugarius pagirdysiu', tebūna ji ta, kurią tu paskyrei savo tarnui Izaokui. Taip aš žinosiu, kad tu parodei ištikimą meilę mano šeimininkui." Susitarė tarnas su Viešpačiu, kaip greičiau dabar išpildyti tą priesaiką, kurią jis davė Abraomui... „Vos jam baigus tarti šiuos žodžius, atėjo Rebeka, Abraomo brolio Nahoro žmonos Milkos sūnaus Betuelio duktė" – visa ilga genealogija išvardyta – „su ąsočiu ant peties". Taip ir matai žmogus rytietišką, liauną, jauną mergaitę su ąsočiu ant peties. „Mergina buvo labai graži, vyro nepažinta mergelė. Ji nusileido žemyn prie šulinio, prisipildė ąsotį ir išlipo."

Man čia dabar atmintyje iškyla toks dalykas: Nazarete yra šaltinis, kuris vadinasi Marijos šaltinis, iš kurio Marija eidavo semtis vandens. Aišku, su vaikeliu Jėzumi, paėmusi už rankos. Ant to šaltinio dabar pastatyta ortodoksų bažnyčia. Ortodoksai turi savo tradiciją, kuri sako, kad angelas Gabrielius Mergelei

Marijai pirmiausiai pasirodė prie šaltinio, reiškia, ten, kur yra jų bažnyčia. O kadangi Mergelė labai susidrovėjo, nesikalbėjo su tuo angelu prie šaltinio, tai jis antrą kartą pasirodė jau Jos namuose. Tokia ortodoksų tradicija...

Matome, kaip šita mergelė, kuri eina semtis vandens, jau yra tarsi būsimojo Mergelės Marijos ėjimo semtis vandens blykstelėjimas. Aš čia kalbu simboline prasme – semtis vandens – to meilės vandens. Na, štai, „ji nusileido žemyn prie šulinio, prisipildė ąsotį ir išlipo. Tuomet tarnas, pribėgęs jos pasitikti, paprašė: „Prašyčiau man duoti gurkšnelį vandens iš savo ąsočio." [Jis prašo gerti.] – „Gerk, mano viešpatie", – atsakė ji." Įsidėmėkite šitą atsakymą – „Gerk, mano viešpatie, – atsakė ji", – nes per kitą mąstymą mes skaitysime kitą ištrauką iš Šventojo Rašto, kur kai kas irgi prašo gerti, bet atsakymas yra: „Kaip Tu gali manęs prašyti gerti, nes Tu gi esi žydas" (plg. Jn 4, 9). Jau supratote, apie ką mes vėliau kalbėsime...

„Gerk, mano viešpatie", – atsakė ji." Štai čia tikrai yra Mergelės Marijos atsakymo provaizdis: „Tebūna man, kaip tu pasakei" (Lk 1, 38) – ne taip, kaip ta samarietė, kuri jau turėjo penkis vyrus, ir nė vienas jai nebuvo tikras (žr. Jn 4, 18). „Ir, skubiai nuleidusi ąsotį ant rankos, davė jam gerti. Jam sočiai atsigėrus, ji tarė: „Pasemsiu ir tavo kupranugariams, kad ir jie atsigertų." Skubiai išpylusi ąsotį į lovį, ji vėl bėgo prie šulinio daugiau vandens semti, kol prisėmė visiems kupranugariams. Tuo tarpu anas vyras stebėjo ją tylomis, norėdamas žinoti, ar VIEŠPATS padarė jo kelionę sėkmingą, ar ne" (Pr 24, 18–21).

Šis epizodas prie šaltinio yra labai svarbus. Tarnas prašo gerti. Atsakymas: gerk, mano viešpatie. Ir ne tik tu, bet apsčiai, su pertekliumi net ir kupranugariams tenka; ne tik tam, kuris yra jaunikio atstovas, tad simboliškai ir pačiam jaunikiui, bet ir kupranugariams, ir asilams. Kitaip sakant, nuo mūsų meilės santykio su Viešpačiu priklauso ir tai, ar gaus gerti ir kiti, ar gaus meilės tie kiti mūsų broliai ir seserys, kurie labiau yra *kupranugariai* ir *asilai* negu Nuotaka – žinoma, simboline prasme. Nes kiekvienas iš mūsų esame ne tik nuotaka, bet ir *asilas*, ir *kupranugaris*, kai einame dirbti juodo darbo – nešti nešulius kelionėje, kelionėje į Tėvo namus, į Pažado žemę.

IV mąstymas

# Prie šaltinio

Tęskime mūsų kelionę per Dievo Žodį, mėgindami atrasti, išgirsti tą pačią mūsų simfonijos temą, kuri kartojasi nuo uvertiūros iki pat jos finalo, nes pagrindinis Šventojo Rašto Autorius yra vienintelis – Šventoji Dvasia. Ir nors žmogiškieji autoriai buvo įvairūs, rašė įvairiais laikotarpiais, įvairiais stiliais, netgi įvairiom kalbom (nes žinote, kad Šventasis Raštas buvo parašytas ne viena kalba, o bent trimis, jeigu ne keturiom kalbom: hebrajiškai, graikiškai, aramėjiškai ir kai kurie gabaliukai siriškai), vis dėlto pagrindinis Autorius yra tas pats. Ir ta pati meilės simfonijos tema kartojasi netgi žodis į žodį, nors užrašymo laikas skiriasi daugiau kaip tūkstančiu metų (gal net pusantro tūkstančio ar dar daugiau), nes „diriguoja" ta pati Šventoji Dvasia, kalbanti įvairiai, įvairiomis lūpomis.

Taigi pasižiūrėjome, kaip Dievas sukuria žmogų pagal savo paveikslą ir panašumą, kaip vyrą ir moterį sukuria juos (plg. Pr 1, 27). Jau kalbėjome, kad šitas sukūrimas yra ikona atkūrimo, arba naujojo sukūrimo – Naujojo Adomo ir Naujosios Ievos, Kryžiaus slėpinio, į kuriuos mes dar gilinsimės. Matėme, kaip sukūrimo tyrumas ir tobulumas, kai vyro ir moters santykis pirmiausiai yra tyras ir gražus, tarsi brolio ir sesers, jau yra nuodėmės išardomas pirmojo patriarcho Abraomo santykyje su jo žmona Sara. Egipte jisai pakreipia įvykius taip, kad *jam* būtų gerai (žr. Pr 12, 10–16). Jis nesako netiesos, bet tiesa neteisingai suprantama. Pateikia dalykus taip, kaip jam patogiau...

Šita istorija galėtų būti pamokanti, todėl norėčiau dar trumpam grįžti prie šio epizodo. Kai mus ištinka dvasinis badas, mes tikrai esame labai gundomi „keliauti į Egiptą". Ir jeigu mes išduodame savo Mylimąjį, atiduodame Jį „Egipto faraonui" – taip, kaip Abraomas savo žmoną Sarą, – tada faraonas mums atsilygina, ir gausiai: avimis ir jaučiais, kupranugariais, nuo kurių mums darosi tik dar sunkiau, nes turtas labai apsunkina, nes turtas įkalina. Tas turtas nebūtinai yra šitos Abraomo bandos. Tai gali būti žmonių pagarba. Tai gali būti mūsų talentai, netgi mūsų dorybės. Tai gali būti visokie diplomai ir laipsniai – mes galime įklimpti kaip muselės į medų ir pradėti visai rimtai save laikyti kažin kuo, nes mūsų titulas yra daktaras ar profesorius. Tada tikrai pradedame save laikyti daktaru ar profesoriumi...

Papasakosiu vieną tikrą istoriją iš palaimintojo[1] popiežiaus Jono XXIII gyvenimo. Jis įšventino vieną kunigą vyskupu. Tas naujasis vyskupas grįžta po savaitės pas popiežių ir sako: „Jūsų Šventenybe, aš nebegaliu užmigti." – „Tai kas gi tau darosi?" – klausia Šventasis Tėvas. Sako: „Kai pagalvoju, kokia baisi atsakomybė būti vyskupu, nebegaliu užmigti!" O popiežius jam ir sako: „Žinai, man buvo panašiai, kai mane išrinko popiežiumi. Aš irgi negalėjau užmigti, kiekvieną vakarą atsiguldavau ir pagalvodavau: „Viešpatie, kokia baisi našta būti popiežiumi."

[1] Šiandien jau Šventojo (red. past.).

Trečią naktį man pasirodė mano angelas sargas ir tarė: „Andželo, kuo tu save laikai? Tu esi tik popiežius!"

Matote, kaip greitai mes galime susireikšminti, pradėti laikyti save kažin kuo. Galime praturtėti dalykais, kurie nėra mūsų savastis, nėra mūsų tapatybė, nėra mūsų esmė. Mes galime apsivelti tais dalykais, kaip tas Abraomas su savo kaimenėm, ir prarasti patį svarbiausią, esminį dalyką – santykį su mūsų Mylimuoju. Nes būtent šitas santykis nusako mūsų tikrąją, gelminę tapatybę. Jis mus išsaugo tiesoje, kad priimtume save tokius, kokie esame. Jėzui mes pirmiausia esame ne daktarai ir ne profesoriai, ir ne labai gerbiami kažkokios srities žinovai ar talentingi kalbėtojai. Jėzui pirmiausiai aš esu asmuo, kurio akivaizdoje, kurį regėdamas Jis yra ekstazėje, meilės ekstazėje: „Kaulas mano kaulų ir kūnas mano kūno" (Pr 2, 23). Jėzui pirmiausiai aš esu mylimoji. O visi šitie Egipto turtai, ne tik tiesiogine prasme, bet ir dvasine prasme, gali užstoti tą tikrąjį asmenį – pirmiausia nuo mūsų pačių. Jėzus, aišku, kiaurai mato, bet nuo mūsų pačių tai gali užstoti ir paslėpti mūsų tikrąją tapatybę. Kas mes esame Jam? Nes save mes galime pažinti tik kitame ir kito žvilgsnyje. Žvilgsnyje To, kuris mus myli ir kuris atidavė save už mus, kuris nupirko mus savo Krauju (žr. Apr 1, 5). „Kuris mus myli" (Apr 1, 5) – tokia yra Apreiškimo knygos pirmojo skyriaus žinia. Jis mus myli. Štai didžiausia mūsų tapatybės gelmė. Mes turime nuolat sugrįžti prie šio šaltinio ir nusiplauti šitas dulkes, o kitą kartą – net ir purvą, kuris gali užkimšti mūsų sielos ausis ir akis, apgauti mus apie mus pačius, mus suvedžioti, mus paklaidinti, nes Egipto faraonas yra labai gudrus.

Dabar grįžkime prie Izaoko meilės reikalų. Skaitėme, kaip Abraomo tarnas išvyksta savo šeimininko sūnui ieškoti tinkamos žmonos, ir randa labai gražią, vyro nepažintą mergelę, kuri mielai jį pagirdo – „gerk, mano viešpatie" (Pr 24, 18) – iš šaltinio. Ne tik jį, bet ir jo kupranugarius. Labai įdomu. Žinote, Šventajame Rašte nė vienas žodis nėra nereikalingas, absoliučiai kiekvienas žodis kažką apreiškia, nes tai yra Dievo Žodis. Tai yra ir žmogaus žodis, bet ir Dievo Žodis – beribis. Ir tikrai ne be reikalo pasakyta: „Jam sočiai atsigėrus" (Pr 24, 19). Šita mergelė pagirdo jį sočiai, ir vandens dar lieka net ir kupranugariams, kad ir jie atsigertų (žr. Pr 24, 19–20). Mes neskaitysime toliau visų tų įdomių istorijų. Jūs galite paskaityti, žinoma, kas ten toliau vyksta, nes tai tikrai labai įdomu ir intriguoja. Bet dabar pažiūrėkime į šitos istorijos pabaigą, dvi pačias paskutines 24 skyriaus eilutes: 66 ir 67, kai Abraomo tarnas parveda Rebeką į savo šeimininko namus ir atiduoda ją Izaokui. „Tarnas papasakojo Izaokui visa, ką buvo atlikęs. Izaokas tuomet nusivedė ją į savo motinos Saros palapinę, vedė Rebeką, ir ji tapo jo žmona. Izaokas mylėjo ją ir rado paguodos po savo motinos mirties."

Čia įdomi vieta. Iš ankstesnių Abraomo istorijos pasakojimų galime prisiminti, kad Sara buvo moteriškė su charakteriu. Jinai priverčia savo vyrą, kad per vergę Hagarą *jai* būtų duotas palikuonis (žr. Pr 16, 1–16). O paskui, kai Dievas duoda jai pačiai pagimdyti Izaoką, tas Izmaelis, pirmasis sūnus, kuris buvo per vergę pagimdytas, jau tampa „vergės sūnumi" (žr. Pr 21, 1–10). Kai Sara pamatė, kad Izmaelis žaidžia su Izaoku, liepė Abraomui išvaryti *tą vergę* ir *jos* vaiką, kad nepaveldėtų kartu su jos pačios sūnumi (žr. Pr 21, 10). Ir Abraomas tyliai daro tai, ką ta moteriškė liepia (žr. Pr 21, 14). Beje, Abraomas juk buvo ne šiaip koks nors tylus, ramus lietuvis vyras. Jis buvo Artimųjų Rytų šachas – su tarnais, su kupranugariais, su kaimenėm ir, štai, klauso tos moteriškės, nes atrodo, kad geriau su ja nesivaidyti... Reikia manyti, kad Sara ypatingai mylėjo savo vienturtėlį, lepūnėlį. Tad jos mirtis Izaokui buvo tikrai didelė netektis. Ir štai dabar Izaokas „mylėjo Rebeką ir rado paguodos po savo motinos mirties". Savotiškai atrado antrą mamytę, savo žmoną...

Tai toks būtų skaitymas per psichologijos prizmę, bet Dievas yra daugiau negu psichologas. Jis atskleidžia mums ne tik tiesą apie mus pačius, nors šitoje istorijoje mes tikrai galime labiau pažinti savo pačių žmogystę ir jos silpnumą, trapumą bei žaizdas. Dievo žodis apreiškia ir kažką daugiau. Izaokas čia visai galėtų būti mūsų Viešpaties Jėzaus provaizdis, kuris taip pat yra Ievos vaikas, tos pirmosios Ievos, *gyvųjų motinos* (*eva* hebrajiškai reiškia „gyvųjų motina"). Kadangi Jis yra žmogus, o Ieva yra visų žmonių motina, tai jos mirtis Jėzui yra didžiulio liūdesio šaltinis. Tačiau Marijoje Jis randa paguodos po savo motinos mirties, po Ievos mirties, kurią Ieva, žinoma, pati užsitraukė, nesuvaldžiusi liežuvio su klastingu pašnekovu. Bet Marijoje Jėzaus Širdis randa paguodos, nes Marija yra naujoji gyvųjų Motina, Naujoji Ieva. Šita Motina, šita Sutuoktinė, Sesuo, „sesuo sužadėtinė", kartu su Jėzumi, su Naujuoju Adomu, pereina per mirties slėnį į amžinąjį gyvenimą. Tai, ką aš čia taip poetiškai pasakiau, yra išreikšta mūsų tikėjimo dogmomis apie Jėzaus Dangun žengimą ir Mergelės Marijos Užmigimą bei Dangun ėmimą su kūnu ir siela. Šita prasme Marija yra tikra paguoda Jėzaus Širdžiai dėl jos tyros, seseriškos meilės – seseriškos ta prasme, kad Ji yra tokios pat nesuteptos žmogystės, kaip ir Jis pats. Nes juk Jėzus, kaip mes girdime šv. Mišių ketvirtojoje Eucharistinėje maldoje, „tapo į mus viskuo panašus, išskyrus nuodėmę". O Mergelė Marija yra be nuodėmės, todėl Ji iš tikrųjų yra Sesuo Sužadėtinė ir paguoda Jėzaus Širdžiai. Paguoda po pirmosios motinos Ievos, visų žmonių motinos, taigi ir Jėzaus motinos, mirties.

Dabar aš norėčiau pakviesti jus į dar vieną susitikimą, vėl prie šaltinio, – Pradžios knygos 29 skyriuje – su trečiuoju patriarchu Jokūbu. Abraomas, Izaokas ir Jokūbas. Jokūbas keliauja pas savo dėdę Labaną visai ne vestuvių reikalais, ne taip, kaip Abraomo tarnas keliavo parvesti nuotakos Izaokui. Jokūbas bėga nuo savo brolio pas dėdę, nes savo suktumu sugebėjo užsitraukti didžiulę neapykantą (žr. Pr 25, 29–34; 27, 1–45). „Jokūbas", anot populiarios etimologijos, pateikiamos pačiame Šventajame Rašte, reiškia „sukčius". Gimimo metu jis, gimdamas po savo brolio Ezavo, laikė jo kulną (žr. Pr 25, 24–26), o hebrajiškai „laikyti kulną" reiškia „būti sukčiumi". Na, ir jis tikrai pateisino savo vardą. Tarp kitko, ne be mamytės pagalbos. Atsimenate visas jų gudrybes: pirmiausiai už sriubos lėkštę Jokūbas sugebėjo nusipirkti pirmagimystę, netgi su priesaika. Ezavas prisiekė, kad tikrai atiduoda savo pirmagimystę už sriubos lėkštę (žr. Pr 25, 29–34). Na, ir paskui, kai klasta gavo palaiminimą iš jau aklo, seno, merdinčio Izaoko. Aišku, Ezavas įsiunta, ir tada Jokūbui nelieka nieko kito, kaip tiktai nešti savo kailį kuo toliau nuo brolio, kad liktų sveikas (žr. Pr 27, 1–45).

Labai puiki nuodėmės padarinių mūsų žmogiškiems santykiams iliustracija. Pažiūrėkime, kaip Dievas pasinaudoja tais nuodėmės padariniais, kad galėtų suteikti didesnę malonę. Kaip sakiau, Jokūbas gelbsti savo kailį, bet ta proga Dievas paliečia, ypatingai paliečia jo širdį ir tą širdį perkuria. (Aišku, Jokūbas ir toliau lieka suktokas žmogus, sakykime taip, nes jisai sugeba visaip manipuliuodamas iš savo dėdės Labano perimti beveik visas jo bandas (žr. Pr 30, 25–43). Bet jeigu norėsite, pasiskaitysite pačios – bus proga prisiminti visas šitas istorijas.) Dabar tad mes pasižiūrėsime į tai, kas Jokūbe yra tikra, gražu, kas yra išlikę jo širdyje iš tų laikų iki nuopuolio – kaip ir kiekvieno žmogaus širdyje.

Pirmiausia – susitikimas su Rachele. Jokūbas, bėgdamas nuo Ezavo, „vėl leidosi kelionėn ir nuėjo į rytiečių kraštą. Ten laukuose jis pamatė šulinį. Trys avių kaimenės būriavosi prie šulinio, nes iš jo buvo girdomos kaimenės. Ant šulinio angos buvo užristas didžiulis akmuo" (Pr 29, 1–2). Neužmirškime, ką reiškia avys, avių kaimenė. Prisiminkime, kad Jėzus save įvardija Geruoju Ganytoju ir kad Jo avys klauso Jo balso ir seka Jį. Tos Jo avys yra girdomos iš šaltinio, iš šulinio, kurio anga yra užrista didžiuliu akmeniu... Ar jums nieko neprimena tas užristas didžiulis akmuo? Taip, Jėzaus kapą... Jėzaus kapą, užristą akmeniu, kurį nurita Viešpaties angelas (žr. Mt 28, 1–2). Iš jo ištrykšta gyvybė, kaip mes giedame šv. Velykų rytą: „Ištryško gyvybė iš kapo, aleliuja, aleliuja!" Toji gyvybė, kuri yra vanduo avims pagirdyti.

„Tik kai būdavo ten suvarytos visos kaimenės, piemenys nurisdavo akmenį nuo šulinio angos, pagirdydavo avis ir vėl užrisdavo akmenį į vietą. Jokūbas prakalbino juos: „Mano broliai, iš kur jūs?" Tie atsakė: „Iš Harano." – „O gal pažįstate Labaną, Nahoro sūnų?" – paklausė. „Taip, pažįstame", – atsakė jie. Jis jų klausė: „Kaip jo sveikata?" – „Gera, jis sveikas", – atsakė jie, – štai jo duktė Rachelė ateina su savo avimis." [Čia matome rytietišką mandagumo etiketą, viskas pagal protokolą. Net ir ponas Arminas Lydeka nustebtų, kad tais laikais taip iki smulkmenų buvo laikomasi protokolo.] Jis tarė: „Žiūrėkite, diena dar ilga, dar ne laikas ginti gyvulius namo. Pagirdykite avis ir ginkite jas ganytis." „Negalime, – atsakė jie, – kol nesuvarytos visos kaimenės. Tik tuomet nuritame akmenį nuo šulinio angos ir pagirdome avis" (Pr 29, 3–8). Labai slėpiningas dalykas, nes šitoje istorijoje nepasakojama, kodėl būtinai visos kaimenės turi būti suvarytos vienon vieton, ir tik tada akmuo nuritamas nuo šulinio angos. Jokūbo požiūris yra labai teisingas: kam gaišti laiką, stoviniuoti, laukti, kol kiti atvyks? Geriau pagirdyti avis ir toliau jas ginti ganytis. Turėtų būti kažkokia paslaptis, kodėl visos avys turi būti girdomos iš to šulinio vienu metu.

„Jokūbui su jais tebesikalbant, atėjo Rachelė su savo tėvo avimis. Ji buvo piemenaitė" (Pr 29, 9). Čia vėl galime palyginti su Giesmių giesme – ten mylimoji domisi, kur jos mylimasis gano avis, kad ir ji galėtų atvaryti savąsias, nes jinai irgi yra piemenaitė (žr. Gg 1, 7). „Pamatęs Rachelę, savo motinos brolio Labano dukterį, ir savo motinos brolio Labano avis" (Pr 29, 10)... Matote, kaip svarbu avys ir dėdės dukra. Iškart po dukros – avys. Na, taip, tai yra turtas, bet mes žiūrėkime į simbolinę prasmę. Dukra yra, žinoma, Mergelės Marijos simbolis, o avys? Avys – tai mes.

„Jokūbas priėjo, nurito akmenį nuo šulinio angos ir pagirdė savo motinos brolio Labano kaimenę" (Pr 29, 10). Tris kartus pakartojama, kad tai jo motinos brolio Labano. „Tuomet Jokūbas pabučiavo Rachelę ir balsu pravirko. Jokūbas pasisakė Rachelei esąs jos tėvo giminaitis, Rebekos sūnus. O ji nubėgo ir pasakė savo tėvui. Išgirdęs žinią apie sesers sūnų Jokūbą, Labanas atskubėjo jo pasitikti. Apkabinęs ir išbučiavęs parsivedė jį į savo namus. Jokūbas papasakojo Labanui visa, kas buvo įvykę, ir Labanas tarė jam: „Esi iš tikrųjų mano kūnas ir kraujas!" (Pr 29, 11–14). Kaip matome, Šventajame Rašte esama daug humoro, nes kas yra tie visi dalykai, kuriuos Jokūbas papasakojo, „visa, kas buvo įvykę"? Aišku, kad Labano sesers Rebekos, su kuria bendradarbiavo ir Jokūbas, machinacijos, idant jos numylėtinis apgaule gautų tėvo palaiminimą. O Labanas sako: „Esi iš tikrųjų mano kūnas ir kraujas", ką ir patvirtins tolesnė istorija. Visa giminė sukta.

„Jokūbui išbuvus pas Labaną vieną mėnesį, Labanas pasakė Jokūbui: „Negi dėl to, kad esi mano giminaitis, turėtum man už nieką tarnauti? Sakyk, kokia bus tavo alga?" [Na, štai ir prasideda įdomiausia istorijos dalis.] Labanas turėjo dvi dukteris. Vyresnioji buvo Lėja, o jaunesnioji – Rachelė. Lėja turėjo švelnias akis, o

Rachelė buvo dailiai nuaugusi ir graži. Kadangi jau buvo pamilęs Rachelę, Jokūbas atsakė: „Tarnausiu tau septynerius metus už tavo jaunesniąją dukterį." „Mieliau ją duosiu tau negu kokiam pašaliečiui. Pasilik pas mane", – sutiko Labanas. Jokūbas ištarnavo už Rachelę septynerius metus, bet jie atrodė jam tarsi keletas dienų – taip labai ją mylėjo" (Pr 29, 14–20).

Štai šitas sakinys, man atrodo, yra svarbiausias mūsų rekolekcijoms, norint suprasti santykį tarp mylimojo ir mylimosios. Septyneri metai nėra taip jau mažai. Juk kiek visko per septynerius metus gali įvykti, ir kiek mes pasenstame per septynerius metus! O ir tarnauti nėra lengva: dirbti kitam, o ne sau. Tačiau šitas darbas ir šitas laikas Jokūbui atrodė tarsi keletas dienų, taip labai jis mylėjo Rachelę. Dabar mes galėtume sau iškelti klausimą: o kaip mums eina, na, gal ne septyneri metai, gal jau ir keturiolika ar dvidešimt šešeri, ar dar daugiau? Ar tikrai mes mylime savo Mylimąjį taip, kad tie metai yra tarsi keletas dienų? Ar visgi mes stumiame dienas, kurios niekaip nesibaigia, nuobodžiaujame nuo ryto iki vakaro ir graužiame save, kad sugadinome sau gyvenimą, o gal dar jį gadiname ir kitiems... Nes iš tiesų, jeigu mūsų širdyje nėra meilės, tai mes tikrai esame tik vergai – bjaurūs, nepaklusnūs, nepaslankūs, tingūs vergai. Dėl savo puolusios žmogiškos prigimties mes tikrai tokie esame Dievo atžvilgiu. Aišku, mes galime būti tiesiogine prasme darboholikai, bet Dievo atžvilgiu mes vis vien esame nepaslankūs ir nepaklusnūs, tingūs ir klastingi vergai. Bet Jėzus sako: „Nebevadinu Aš jūsų tarnais, nes tarnas nežino, ką daro jo šeimininkas. Jus Aš draugais vadinu, nes jums viską apreiškiau, ką esu iš savo Tėvo girdėjęs" (plg. Jn 15, 15). Tas *viskas*, ką Sūnus gauna iš Tėvo, yra Šventoji Dvasia – Meilės Dvasia, Meilės Šaltinis, kuris yra apreiškiamas vergui – tingiam, klastingam, suktam, – kad jis taptų bičiuliu. Čia mums reikia išsikelti klausimą: kas mes esame iš tikrųjų? Koks yra mūsų santykis su Jėzumi? Gal tai vergo, kuris tik ir žiūri, kaip daugiau padykinėti ir keikia savo likimą bei šeimininką, santykis? Ar, nepaisant to, kad mes objektyviai ir esame vergai (dėl savo kaip tvarinio situacijos), mes vis dėlto esame apdovanoti ypatinga Šeimininko malone ir vadinami Jo bičiuliais, kuriems yra apreikšta giliausia Šeimininko Širdies paslaptis, kurie yra pakviesti į meilės santykį su Juo?..

Toks būtų dar vienas klausimas mūsų sąžinės apyskaitai. Ne ta moraline prasme – ką padariau, ko nepadariau, kur peržengiau draudimą, ar kas buvo leidžiama. Ne pliusiukus ir minusiukus reikia susidėti, bet pažvelgti į save būtent šitos *meilės sąžinės* prasme. Ką mano širdis sako apie tą tikrąjį – ne valdišką – santykį su Dievu? Nes iš tiesų mūsų santykis gali būti *buhalterinis*, *valdiškas*, formalus, netikras. Juk jaučiame savo širdy, jog mūsų gyvenime yra tokių vietų, kur mes su Mylimuoju elgiamės ne kaip bičiulis, ne kaip mylimoji, bet kaip klastingas ir gudrus vergas, tik ir žiūrintis, kaip išpešti sau daugiau naudos. Šitą palieku, žinoma, jums išsitirti, kaip ir sau pačiam.

Taigi, peržvelgėme trijų patriarchų ir jų antrųjų pusių pasakojimus, kuriuos, aišku, galima skaityti visus, nes jie tikrai labai įdomūs, ir ypač verta juos paskaityti Giesmių giesmės fone, Giesmių giesmės šviesoje. Dabar norėčiau jus pakviesti į kitą to paties Dievo žodžio galą, į Šv. Jono Evangelijos 4 skyrių. „Jėzus paliko Judėją ir vėl išėjo į Galilėją. Jam reikėjo eiti per Samariją. Taigi Jis užsuko į Samarijos miestą, vadinamą Sicharu, netoli nuo lauko, kurį Jokūbas buvo davęs savo sūnui Juozapui [tam Juozapui, kuris buvo parduotas į Egipto vergiją (žr. Pr 37, 25–28)]. Tenai buvo Jokūbo šulinys. [Matote, vėl šulinys, vėl versmė, šaltinis.] Nuvargęs iš kelionės, Jėzus prisėdo palei šulinį. Buvo apie šeštą valandą" (Jn 4, 3–6). Pasikartosiu:

kiekviena smulkmena Šventajame Rašte yra labai svarbi. Šešta valanda, evangelisto laikų skaičiavimu, tos kultūros skaičiavimu, yra mūsų dvylikta valanda – vidurdienis, nes tais laikais dienos valandas pradėdavo skaičiuoti nuo šeštos valandos ryto. Tad mūsų septintą valandą ryto būdavo pirma valanda, trečia valanda – devintą valandą. Užtat Sekminių dieną kai kurie ima šaipytis iš apaštalų, kad „dar tik trečia valanda", – devynios valandos ryto, o jie jau prisigėrę (žr. Apd 2, 13–15). Taigi šešta valanda yra vidurdienis. Šita smulkmena yra pabrėžta ir kitur Evangelijoje: „Buvo apie šeštą valandą." Ar atsimenate kur? Tai yra Jėzaus nukryžiavimo valanda... (žr. Lk 23, 44; Jn 19, 14). Šita smulkmena bus labai svarbi šitam naujam meilės dialogui suprasti, kurį mes dabar toliau skaitome.

„Viena samarietė moteris atėjo semtis vandens. Jėzus ją paprašė: „Duok man gerti" (Jn 4, 7). Prisiminkime Jėzaus žodžius ant Kryžiaus: „Trokštu!" (Jn 19, 28). Ką reiškia „trokštu"? „Trokštu" reiškia „duok man gerti". Mes skaitėme, kaip Rebeka atsako į tokį prašymą: „Gerk, mano viešpatie" (Pr 24, 18). O šita moteriškė sako: „Kaipgi Tu, būdamas žydas, prašai mane, samarietę, gerti?" (Jn 4, 9). Matome dar vieną nuodėmės žaizdą mūsų žmogiškoje prigimtyje: štai taip kultūriniai skirtumai, atsiskyrimas, susipriešinimas gali sunaikinti mumyse, ištrinti iš mūsų širdžių paprasčiausią žmogiškumą: trokštantįjį pagirdyti. Kadangi tu žydas, o aš esu samarietė, tai yra neįmanomas dalykas. Taip statomos dirbtinės sienos, atskiriančios žmones nuo žmonių. Tokia yra tiesioginė prasmė, bet gali būti ir labai subtili dvasinė prasmė: kai Jėzus mūsų paprašo gerti, o mes atsakome: aš gi esu visiškai neverta, susirask šventesnę sielą. Kaipgi Tu, būdamas Dievas, prašai mane, tokią nuodėmingą, šitokio dalyko? Net ir labai šventos sielos taip sakė: Motina Teresė iš Kalkutos taip sakė, šv. Faustina taip sakė, šv. Kūdikėlio Jėzaus Teresėlė taip sakė... Na, ne visai taip, jinai sakė: „Jeigu Tu būtum suradęs dar mažesnę sielą negu aš, tai, aišku, būtum į ją kreipęsis." Ir tik Mergelė Marija atsakė: „Štai aš Viešpaties tarnaitė, tebūna man, kaip tu pasakei" (Lk 1, 38). Paprastai, natūraliai, be pompastikos ir *be laužymosi*. O mes dvasiniame santykyje su Dievu kartais galime būti labai komplikuoti, sudėtingi ir *išsikalinėti*, kaip šita samarietė: „Kaipgi Tu, būdamas žydas, prašai mane, samarietę, gerti?" Taip mes galime išsisukinėti nuo Viešpaties Valios, prisidengę geromis intencijomis, esą, aš nesu verta tokių malonių, kad Viešpats kreiptųsi į mane.

„(Tuo tarpu mokiniai buvo nuėję į miestą nusipirkti maisto.) Samarietė atsakė: „Kaipgi tu, būdamas žydas, prašai mane, samarietę, gerti?" (Mat žydai nebendrauja su samariečiais.)" (Jn 4, 8–9). Čia jau toks *a priori* – žydai su samariečiais nebendrauja, todėl negali būti jokių išimčių. „Jėzus jai tarė: „Jei tu pažintum Dievo dovaną ir kas yra tas, kuris tave prašo: 'Duok man gerti', – rasi pati būtum jį prašiusi, ir jis tau būtų gyvojo vandens davęs!" (Jn 4, 10).

Šis pokalbis su samariete yra ir provaizdis. Jau Rebekos istorija su Abraomo tarnu yra provaizdis šito Jėzaus pokalbio su samariete, bet šis pokalbis savo ruožtu yra provaizdis to, kas įvyksta ant Kryžiaus. Kai Jėzus ištaria: „Trokštu!", vienas kareivis, pamirkęs kempinę, duoda Jam acto (žr. Jn 19, 28–29). Jėzus paragauja perrūgusio, rūgštaus, burną sutraukiančio vyno. Šitas actas, palyginti su vynu, kuris yra malonus gerti, svaiginantis vynas, yra viskas, ką mūsų vargšė širdis gali duoti Dievui, kai Jis yra ištroškęs ir prašo mūsų gerti. Dievas, žinoma, ištroškęs ne vandens ir ne vyno, Jis yra ištroškęs meilės. Meilės Dievas yra ištroškęs meilės, savo mažyčio kūrinuko, tai yra mūsų, meilės, savo Nuotakos meilės, savo „sesers sužadėtinės" meilės. O mes patys iš savęs galime duoti tik rūgštaus acto, kurio Jėzus vis tiek paragauja, neišspjauna, neatstumia. Jis priima tai, ką mes išgalime duoti.

Tuo pačiu metu prie Kryžiaus yra ne tik tas kareivis, kuris pagirdo Jėzų perrūgusiu, rūgščiu vynu, ten taip pat stovi ir moteris. Ten „stovėjo jo motina" (Jn 19, 25). Ji šitą Jėzaus žodį, išminties, nukryžiuotos Išminties žodį „trokštu", kaip ir kiekvieną Jo žodį, nuo pat pirmojo, kurį Jis ištarė, priima į savo Širdies gelmes. Tarp kitko, bus labai įdomu sužinoti danguje, koks buvo tas pirmasis žodis, kurį Kūdikėlis Jėzus pasakė. Tikriausiai – mama! Tikriausiai... Žinoma, Mergelė Marija tą pirmąjį žodį, kaip ir šį paskutinį žodį, priima į savo Širdies gelmes ir visa Širdimi į jį atsiliepia, nes savo tikėjimu Ji žino, kad Jos Sūnus yra Jos Viešpats. Tą yra patvirtinusi ir Jos pusseserė Elzbieta: „Iš kur man tokia malonė, kad mano Viešpaties Motina mane aplanko?!" (plg. Lk 1, 43). Tad Jėzus gauna gerti dar ir kito gėrimo, kuris yra geriausias vynas – Mergelės Marijos meilės, trykštančios iš Jos Širdies, paguodos meilės, skausmingosios meilės, sopulingosios Motinos meilės, tyloje, kur tiktai žvilgsniai kalba, kur žodžiai jau nieko nebegali pasakyti.

Tai Marijoje išsipildo šitie žodžiai, kuriuos dabar Jėzus sako samarietei: „Jei tu pažintum Dievo dovaną ir kas yra tas, kuris tave prašo: 'Duok man gerti', – rasi pati būtum jį prašiusi, ir jis tau būtų gyvojo vandens davęs!" Marija iš savo Širdies vynmaišio duoda Jėzui gerti to neregimojo gėrimo – vandens, paversto vynu, kaip Kanoje (žr. Jn 2, 1–11). Už tai Ji taip pat gauna iš Dievo dovaną, kuri yra pats Jėzus, nes Jėzus yra didžiausia Dievo dovana ne tik Jai, bet ir visai žmonijai. Tai yra didesnė Dievo dovana negu pasaulio sukūrimas! Tai yra didesnė Dievo dovana negu Ievos sukūrimas Adomui. Tai yra didžiausia Dievo dovana. Marija pirmoji gauna šitą Dievo Dovaną, o per ją – ir dovaną vandens, kuris trykšta iš Jėzaus Širdies, tačiau kitokio, nei Ji pati duoda gerti Jėzui, nes tai tas Gyvasis Vanduo, apie kurį Jis kalbėjo samarietei.

Tad kas gi trykšta iš tos pervertosios Avinėlio Širdies? Nagi, Kraujas ir vanduo, pasakysite, ir tai yra gryna tiesa. Bet iš tos Širdies ištrykšta ne tik Kraujas ir vanduo. Mylimasis mokinys, kuris vienintelis iš apaštalų savo akimis tai regėjo (žr. 1 Jn 1, 1), liudija, kad ištryško ne tik Kraujas ir vanduo. Savo Pirmajame laiške jis rašo, kad „yra trys liudytojai: Dvasia, vanduo ir kraujas" (1 Jn 5, 7–8). Ir pirmiausiai – Dvasia. Dvasios tryškimą iš Jėzaus Širdies galima pamatyti tik tikėjimo akimis, Marijos akimis ir mylimojo mokinio Jono akimis. Tai ir yra tas tikrasis Gyvybės Vanduo, kuriuo mus girdo Dievo Dovana, kai ją atpažįstame tikėjimu. Jėzus mums teikia Šventąją Dvasią, amžinosios ir nenykstančios gyvybės Dvasią, amžinojo gyvenimo Dvasią.

Štai kodėl toliau Jėzus ir sako samarietei: „Kiekvienas, kas geria šitą vandenį, ir vėl trokš. O kas gers vandenį, kurį aš duosiu, tas nebetrokš per amžius, ir vanduo, kurį jam duosiu, taps jame versme vandens, trykštančio į amžinąjį gyvenimą" (Jn 4, 13–14). Dar grįžkime prie tos samarietės vis nesibaigiančio stebėjimosi, kai jinai atsiliepia: „Viešpatie, bet juk tu neturi kuo pasemti, o šulinys gilus. Iš kur tu imsi gyvojo vandens? Argi tu didesnis už mūsų tėvą Jokūbą, kuris tą šulinį mums paliko ir pats iš jo gėrė, ir jo vaikai, ir gyvuliai?!" (Jn 4, 11–12). Vienas komentatorius labai įdomiai interpretuoja šitą vietą, sakydamas, kad toji samarietė moteris su savo ąsočiu yra panaši į žmoniją su savo technika. Žmonija galvoja, kad tiktai technika gali ją padaryti laimingą – pasemti vandens. Neužmirškime, kad šaltinio vanduo yra meilės simbolis, ir iš tikrųjų – tik meilė gali padaryti žmogų laimingą. O Dievas technikos neturi. Dievas – „bejėgis"... Tad žmonija su savo ąsočiu Jam aiškina: „Viešpatie, bet juk tu neturi kuo pasemti, o šulinys gilus. Iš kur tu imsi gyvojo vandens?" O Jėzus atsako: „Kiekvienas, kas geria šitą vandenį, ir vėl trokš" (Jn 4, 13). Žmonija gali vis labiau vystyti ir tobulinti savo techniką ir technologijas, bet tai niekada nesuteiks galutinės laimės žmogui, niekada. Kas gers su technika pasemto vandens, ir vėl trokš. Visada bus per mažai: patogumo, greičio, saugumo ir dar nežinau ko, ką technika ir technologijos gali suteikti. Visada bus per mažai.

„O kas gers vandenį, kurį aš duosiu, tas nebetrokš per amžius." Ir ne tik pats nebetrokš per amžius, bet dar tas „vanduo, kurį jam duosiu, taps jame versme vandens, trykštančio į amžinąjį gyvenimą". Jėzus šitą Gyvybės Vandenį semia visai ne iš šulinio, todėl Jam ir nereikia jokio ąsočio. Tas vanduo trykšta iš Jo paties gelmių, iš Jo dieviškojo Asmens gelmių, kurias simbolizuoja Jo pervertoji Širdis, iš kurios ištrykšta Dvasia, vanduo ir Kraujas. Ir tai yra natūralu, nes Jėzus yra ir Dievas, ir žmogus. Bet kas jau nebenormalu – kad tas vanduo, trykštantis iš Jo gelmių, – Šventoji Dvasia, – mumyse, kurie geriame tą vandenį, taip pat tampa versme vandens, trykštančio į amžinąjį gyvenimą.

Kas yra amžinasis gyvenimas? „Pažinti tave, vienintelį tikrąjį Dievą, ir tavo siųstąjį Jėzų – Mesiją" (Jn 17, 3). Amžinasis gyvenimas yra Švenčiausiosios Trejybės slėpinys, pažinimo meile slėpinys, Šventąja Dvasia pažinimo, kuris esti tarp Tėvo ir Sūnaus, į kurį ir mus įtraukia toji Šventoji Dvasia, kai Jos atsigeriame. Šventoji Dvasia iš mūsų padaro Jėzų, Dievo vaiką, Dievo Sūnų, nes ir iš mūsų ima trykšti Šventoji Dvasia, taip, kaip Ji trykšta iš Jėzaus. Šventoji Dvasia kyla iš Tėvo ir Sūnaus – „kartu su Tėvu ir Sūnumi garbinama ir šlovinama", kaip mes išpažįstame Nikėjos-Konstantinopolio tikėjimo išpažinime. Tad tai, kas yra Sūnaus savastis, nuo šiol yra ir mūsų. Visa, kas yra Jo, yra ir mūsų, nes mes su Juo esame vienas Kūnas (plg. Rom 12, 5), nes mes esame Jo Nuotaka, nes mes esame Jo „sesuo sužadėtinė", sesuo tos pačios prigimties – žmogiškosios prigimties, kurią taip pat turintis dieviškasis Asmuo mus per ją įtraukia ir į savo dievišką prigimtį, per kurią mes tampame, kaip sako šventasis Petras savo Antrajame laiške, dieviškosios prigimties dalininkais (žr. 2 Pt 1, 4).

Kokia yra dieviškosios prigimties esmė? Trijų dieviškųjų Asmenų kilsmas: iš Tėvo gimstantis Sūnus ir iš Tėvo ir Sūnaus kylanti Šventoji Dvasia. Mes tampame dieviškosios prigimties dalininkais, nes ir mums yra suteikiama tai, kas priklauso tik Tėvui ir Sūnui, – Šventosios Dvasios kilsmas. Iš mūsų taip pat ima trykšti Šventoji Dvasia. Tai yra daugiausia, ką Tėvas gali duoti Sūnui, ir tai yra daugiausia, ką Sūnus gali duoti mums, nes meilės santykis, kuris yra tarp Tėvo ir Sūnaus, – Šventoji Dvasia – tampa meilės santykiu tarp mūsų ir Jo – ta pati Šventoji Dvasia. Jėzus nuo Kryžiaus myli ta pačia Šventąja Dvasia ir Tėvą, ir mus. Ta pati Dvasia ištrykšta iš Jo Širdies į amžinąjį gyvenimą – į Tėvą – ir į mus, kurie, jeigu priimame šitą Dvasią, šitą Meilę, tampame to paties amžinojo gyvenimo dalininkais, dieviškosios prigimties, kuri yra amžina, dalininkais. Kitaip sakant, mes tampame tarsi apšvitinti dieviškos „radiacijos". Tikriausiai žinote, kad jeigu įkiši kokį daiktą į branduolinį reaktorių, tai tasai daiktas pats paskui ima spinduliuoti radiaciją. Šventasis Tėvas Benediktas XVI (jeigu prisimenate Jaunimo dienas Kelne) apie Eucharistiją kalbėjo kaip apie branduolinį sprogimą, kuris mus apšvitina ir mus numarina taip, kaip Jėzus numirė ant Kryžiaus, kad gyventume visai nauja gyvybe, kad imtume spinduliuoti jau nebe savo ir ne šio pasaulio šviesą, bet Dievo šviesą. Tai yra ta pati tikrovė, apie kurią Jėzus kalba samarietei: „Vanduo, kurį jam duosiu, taps jame versme vandens, trykštančio į amžinąjį gyvenimą."

Mes dar gilinsimės būtent į Eucharistijos slėpinį, per kurį mes ir gauname Šventąją Dvasią, kuri paskui trykšta iš mūsų kaip gyvojo vandens šaltinis į amžinąjį gyvenimą, nes Eucharistija yra ne kas kita, kaip Kryžiaus slėpinio sudabartinimas. Eucharistijoje mums atsiveria tas pats Kryžiaus slėpinys, per kurį mums yra išliejami Dvasia, vanduo ir Kraujas. Bet apie tai mes pakalbėsime jau per kitą mąstymą.

V mąstymas

# Septintasis vyras

Na, štai ir įpusėjome mūsų rekolekcijas. Tikiuosi, kad su kiekviena diena užsidegimas, uolumas vis auga, o ne mąžta. Ir toliau saugokime tylą, nesilpninkime pasiryžimo susitikti su Jėzumi maldoje ir, žinoma, Giesmių giesmėje, kur vyksta svarbiausi mūsų rekolekcijų procesai.

Šį rytą toliau tyrinėsime Jėzaus susitikimą su samariete, kuris, kaip jau matėme, labai skiriasi nuo Abraomo tarno susitikimo su Rebeka, nes Rebeka buvo mergelė – panašiai, kaip Mergelė Marija. O apie samarietę tuojau išgirsime, kad jinai buvo greičiau panaši į Mariją Magdalietę... Taigi: Jėzus atsako tai moteriai, kuri stebisi, kad Jėzus, neturėdamas kuo pasemti, žada duoti gyvojo vandens: „Kiekvienas, kas geria šitą vandenį, ir vėl trokš. O kas gers vandenį, kurį aš duosiu, tas nebetrokš per amžius, ir vanduo, kurį jam duosiu, taps jame versme vandens, trykštančio į amžinąjį gyvenimą" (Jn 4, 13–14). Vanduo, kurio eina semti samarietė ir kurio atsigėrusi ji vėl trokš, taip pat yra meilės simbolis, tik žmogiškos meilės, žmogiškos draugystės, kurios niekada negana, kurios vis nepaliauji trokšti. Ir dažniausiai, kai išgeri vieną tokio vandens butelį, reikia kito, išgėrus vieną stiklinę, reikia kitos. Nelengva pasitenkinti vienu žmogumi, vieno žmogaus širdimi visą gyvenimą, todėl ypač šiais laikais, sakyčiau, „valkataujama" – nuo širdies prie širdies, nuo kūno prie kūno. Bet mes galime tą patį pastebėti tikriausiai ir mūsų pačių gyvenime, kalbant apie paprasčiausią draugystę, sąžiningą, gerą, gražią draugystę: mums neužtenka vienos draugės ar draugo, nes atsigėrę šito vandens mes ir vėl trokštame.

O Jėzus žada tokio vandens, kurio atsigėrus nebereikės trokšti per amžius. Jis žada Šventąją Dvasią, paties Dievo Meilę. Čia mums gali kilti klausimas: kodėl mums vis dar reikia trokšti kažko kito? Lyg ir pažinome Jėzų, Jo Meilę, bet vis tiek einame ieškoti dar kitų nuotykių – jausmine, emocine prasme kalbant. Galbūt reikėtų vėl per sąžinės apyskaitą šiose rekolekcijose ištirti save – ar mes tikrai atsigėrėme tos Šventosios Dvasios? Ar mes tikrai buvome apšvitinti Jo Meilės „branduolinio sprogimo"? Ar tikrai Eucharistija mums yra tas šaltinis, iš kurio atsigėrę daugiau nieko nebetrokštame? Ar, priešingai, mūsų širdis lieka uždaryta? Nors mes kiekvieną dieną einame Komunijos, gal net porą kartų per dieną, atliekame visas dvasines pratybas, bet širdis lieka uždaryta. Nors mes visi esame Dievuje – Jame mes „gyvename, judame ir esame", kaip sako šventasis Paulius (Apd 17, 28), – bet į mūsų vidų, į mūsų dvasios vidų, į mūsų širdies gelmes Dievas negali įeiti be mūsų, be mūsų sutikimo. Mes galime būti – ir esame – panardinti Dievuje, Šventojoje Dvasioje, bet reikia dar, kad Ji galėtų įsiskverbti į mūsų vidų, mus *persunkti*. O tam reikia, kad atvertume savo širdį. Ir jeigu jos niekad nesame atvėrę, tada natūralu, kad mums reikės dar kažkokių kitokių vandenų atsigerti. Mūsų troškimas nenurims... Bet jeigu esame paragavę Šventosios Dvasios, tada iš tikrųjų – kokios bebūtų pagundos, koks bebūtų jų žavesys, giliai širdyje mes žinome, kad nieko nėra geresnio už Jėzaus Meilę, nieko nėra ištikimesnio, švelnesnio, stipresnio. Giliai širdyje mes turime šitą žinojimą, šitą patirtį. Jeigu iš tikrųjų esame susitikę su Jėzumi, jeigu esame atsigėrę Jo duodamo vandens, tada jokie išbandymai nebaisūs, nes per mus veikia pati Šventoji Dvasia. Tas vanduo mumyse tampa versme vandens, trykštančio į amžinąjį gyvenimą, per mus – silpnus, trapius, aplūžusius. Mes tampame nepajudinamai, neatitraukiamai suvienyti su dangumi, jeigu mes iš tikrųjų esame įsileidę Šventąją Dvasią į savo širdis.

Ar taip yra iš tikrųjų? Kiekvienas iš mūsų turėtų iškelti sau šį klausimą Viešpaties akyse, savo širdies slaptoje. Ir jeigu pasirodytų, kad galbūt nugyvenome beveik visą gyvenimą, tačiau iki šiol taip ir nepažinome Jėzaus per Jo Meilę, kuri yra Šventoji Dvasia, tada vis dėlto nereikia pulti į neviltį, nes paskutinės valandos darbininkai gauna tą patį užmokestį, kaip ir visą dieną dirbusieji (žr. Mt 20, 8–12). Dar nevėlu atverti Jėzui savo širdies duris, kad Jis užeitų pas mus ir vakarieniautų su mumis, o mes su Juo (žr. Apr 3, 20), kad pakviestume Jį savo troškuliu, savo troškimu tos tikrosios Meilės, kurios tik šešėlis tėra žmogiška meilė, paskui kurią bėgame kaip paskui miražą, jeigu nesame paragavę tikrovės. Turime, kaip šita moteris samarietė, sušukti: „Viešpatie, duok man to vandens, kad aš nebetrokščiau ir nebevaikščiočiau semtis čionai!" (Jn 4, 15), kai mus labai traukia kokia jausminė avantiūra, emocinė avantiūra, kuri iš tikrųjų tėra miražas. Kas yra žmogus, palyginti su Dievu? Niekas – dulkė ir pelenai (žr. Sir 17, 32), ir dar mažiau. Tada reikia šauktis Jėzaus, šauktis Viešpaties: „Duok man to vandens, kad aš nebetrokščiau ir nebevaikščiočiau semtis čionai!"

Jeigu mūsų širdis dar trokšta žmogiškos meilės, vadinasi, neatsigėrėme mes Šventosios Dvasios... Tada patiriame visas šitas žmogiškos meilės pagundas – kuri yra gera, kuri yra puiki,

Dievo sukurta ir norėta, – tačiau mes esame pašaukti dar didesnei Meilei ir netgi atsiliepėme į tą kvietimą, kitaip nebūtume davę įžadų. Bet kad galėtume tikrai gyventi saugiai, apsaugoti nuo šio pasaulio meilės vilionių, mes tegalime to pasiekti tik per didesnę Meilę. Šitos pagundos įveikiamos ne stoišku *varžtų veržimu*, nes jie gali būti tiesiog perveržti. Žinote, kaip ugnikalnis – jeigu užkimši kraterį, pradės veržtis pro šoną; arba kaip vagis – uždarysi duris – per langą įlįs. Ne, meilė yra pernelyg stiprus dalykas, kad nuo jos galėtume apsisaugoti. Žmogus negali būti be meilės. Žmogus be meilės yra tik salota. O Dievas žmogų sukūrė kaip *žmogų*, o ne kaip salotą. Dievas sukūrė žmogų, kad jis mylėtų ir būtų mylimas. Jeigu žmogus nemyli ir nėra mylimas, jis nėra žmogus, jis nėra visavertis žmogus. Todėl, jeigu nemylime, mes liekame nepaprastai pažeidžiami ir trapūs, atviri bet kokiai kitai žemesnei meilei, net pačiai žemiausiai. Ir varžtų veržimas, grotų statymas nieko čia nepadės, nieko, nes, kaip Jėzus sako, „kiekvienas, kuris geidulingai žvelgia į moterį, jau svetimauja savo širdimi" (Mt 5, 28). Tas pats galioja ir moterims, kurios žvelgia į vyrą su geiduliu. Gali būti pastatytos grotos ir užveržti varžtai, bet širdyje, jeigu ji nėra kupina Šventosios Dvasios, nebus ištikimybės Viešpačiui. Ir tada tai bus ištvirkėlės širdis, apie kurią rašo pranašas Ezekielis 23 skyriuje, kurio aš nedrįsiu viešai paskaityti, bet kurį jūs galite pasiskaityti pačios. Štai kokia gali tapti mūsų širdis, jeigu ji nėra kupina meilės – stipresnės, didesnės meilės.

Kartais man tenka girdėti Dievui pasišventusių žmonių pasiguodimų: aš per daug myliu kokį nors žmogų, *per daug myliu*, sako. Bet tai yra netiesa: iš tiesų tai reiškia, kad *per mažai myli*, nes myli tiktai savo žmogiška meile. Juk mes, pašvęstieji, esame pašaukti mylėti jau nebe žmogiška meile, ne su ąsočiu samstyti vandenį, kurio atsigėrus vėl trokštama, – mes esame pakviesti patys tapti Gyvojo Vandens versmėmis, trykštančiomis į amžinąjį gyvenimą. Kitaip sakant, mylėti taip, kaip myli pats Jėzus. Vadinasi, jeigu mes „per daug" mylime kokį žmogų, tai mylime jį tik žmogiškai. Mes tą puikiai suvokiame. Juk iš tikrųjų mes mylime jį per mažai, nes nemylime jo taip, kaip Jėzus jį myli. Mes esame pašaukti mylėti taip, kaip Jėzus, mylėti ta pačia Meile – Šventąja Dvasia, Meile, už kurią nėra didesnės. Ir „nėra didesnės meilės", sako Jėzus, „kaip gyvybę už draugus atiduoti" (Jn 15, 13). Mums, pašvęstiesiems, šitos meilės išraiška – gyvybę už bičiulius atiduoti – yra mūsų pašvęstasis gyvenimas, atiduotas Jėzui. Tada mes iš tikrųjų mylime, nors ir negalima sakyti, kad pakankamai, – niekada mes nemylime pakankamai, tai yra neįmanomas dalykas. Kaip sakė šv. Bernardas, meilės saikas yra pati meilė. Bet meilė yra besaikė, todėl mes niekad negalime mylėti per daug, tai yra neįmanoma. Tačiau mes visada galime ir dažniausiai mylime per mažai, nes mes mylime ne taip, kaip Jėzus myli, kurio meilė yra atiduoti už mus gyvybę ant Kryžiaus.

Taigi, kai mumyse trūksta šitos Meilės, mes esame labai pažeidžiami ir lengvai patraukiami žemesnės, silpnesnės meilės, gal tiktai labiau apčiuopiamos, ne tokios subtilios. Iš tikrųjų, kai esi patyręs Dievo Meilę, Dievo švelnumą, bet kokia žmogiška meilė atrodo, na, tokia dramblota, *begemotiška*. Taip, žinoma, žmogus irgi gali būti subtilus, švelnus, delikatus, dėmesingas, bet ir tai tėra tik devintas vanduo nuo kisieliaus, palyginus su ta Meile, kuria Jėzus mus myli, jeigu mes esame ją patyrę, jeigu mes esame ją įsileidę į savo širdis. Kiekvienas, kas turi šitokią patirtį, gali palyginti ir tikrai sutiks su manimi. O jeigu neturime, dar negavome, tada turime šauktis, kaip ta samarietė: „Viešpatie, duok man to vandens, kad aš nebetrokščiau ir nebevaikščiočiau semtis čionai!" Jeigu mus traukia kitoks vanduo, turime prašyti: „Viešpatie, duok man to vandens, kad man nebereikėtų vaikščioti, kad nebekryptų mano akys ir mano mintys, ir mano širdis čia, prie šitos žemės šaltinio, iš kurio atsigėrusi vėl trokštu."

„Jėzus atsiliepė: „Eik, pakviesk savo vyrą ir sugrįžk čia." Moteris atsakė: „Aš neturiu vyro." [Kodėl Jėzus prašo šitą moterį atsivesti savo vyrą?!] Jėzus jai tarė: „Gerai pasakei: 'Neturiu vyro', nes jau esi turėjusi penkis vyrus, ir dabartinis – ne tavo vyras. Čia tu tiesą pasakei" (Jn 4, 16–18). Kodėl Jėzus paprašė šitos moters atsivesti vyrą? Ar tai buvo tik „politinis manevras", kad Jis tokiu būdu galėtų pasakyti, jog, nepaisant to, kad jinai gyvena jau su šeštu, nė vienas nebuvo tikras? Ne, Jėzus nėra politikas, Jis nėra demagogas. Jis yra Tiesa, Išmintis, mus mokanti ir mus vedanti. Vadinasi, šitas Jėzaus raginimas yra labai tiesus – „eik, pakviesk savo vyrą ir sugrįžk čia". Nes mes matėme, kad Dievo plane visas, užbaigtas žmogus yra tik vyras ir moteris kartu, mylintys vienas kitą. Idant Jėzus galėtų atkurti, atnaujinti, restauruoti šitą sugadintą, tarsi sieros rūgštimi apipiltą Dievo paveikslą ir panašumą, Jo šedevrą, Jam reikia viso šito paveikslo, abiejų dalių, kad galėtų jį visiškai restauruoti. Nes jeigu restauruosi vieną dalį, o kita liks nerestauruota, tai jo sugedimas, sugriuvimas tik dar labiau kris į akis. Bet pasirodo, kad šita moteriškė iš tikrųjų neturi vyro, nors jau turėjo penkis ir dabar gyvena su šeštu: „Nes jau esi turėjusi penkis vyrus, ir dabartinis", vadinasi, šeštas, – „ne tavo vyras. Čia tu tiesą pasakei."

Ji ėjo nuo šaltinio prie šaltinio atsigerti. Atsigeria ir vėl trokšta, ir vėl ieško kito šaltinio. Dabar geria iš šito šešto, ir vis tiek dar trokš. Nes ne šitas yra jos šaltinis. Iš tikrųjų visa žmonija yra tokia – samarietė yra žmonijos įvaizdis. Žmonija nebėra mergelė kaip Ieva, pirmoji Ieva. Žmonija yra ištvirkėlė, kaip Ohola ir Oholiba Ezekielio knygos 23 skyriuje. Beje, tie vyrai neatsitiktinai yra šeši, nes šeši biblinėje simbolikoje yra *žmogaus* skaičius: riboto, silpno, trapaus. Tokio žmogiško ribotumo, hermetiško užsidarymo tiktai savo horizonte „pilnatvė" yra 666. Tai skaičius, apie kurį šv. Jonas Apreiškime rašo, kad tai yra žmogaus skaičius (žr. Apr 13, 18), žmogaus, klausančio gyvatės, senosios gyvatės, velnio ir šėtono (žr. Apr 12, 9). Kaip ir šita vargšė moteris, kuri keliauja nuo vyro prie vyro, kas kartą vis labiau nusivildama, bet ir toliau klauso, kaip Ieva, pirmoji Ieva, to velnio ir šėtono, pseudoparakleto, pseudoguodėjo ir pseudoglobėjo: „Taip, vargšele, negavai, ko trokšta tavo širdis, eik, dar pabandyk ten." Ir su kiekvienu pabandymu jos širdis vis labiau sugriaunama, vis labiau sužeidžiama, vis labiau nuviliama ir vis mažiau vilties, kad atras tai, ko trokšta.

Tačiau esama ir septintojo vyro. Septyni – tai jau dieviškumo simbolis: septynios Dvasios dovanos, septyni deglai, liepsnojantys prieš Dievo sostą (žr. Apr 4, 5), septynios dorybės. Septyni yra dievystės ženklas. Tas septintasis vyras, tikrasis Sutuoktinis, stovi priešais samarietę, ir tik Jis gali duoti to vandens, kurio trokšta jos širdis. Nepamirškime, kad samarietė čia yra žmonija. Tik Dievas gali išpildyti giliausius žmonijos troškimus, tik Dievas. Mes, pašvęstieji, esame žmonijos „koncentratas", taip, kaip Mergelė Marija yra mūsų „koncentratas". Mes esame pasaulio druska (žr. Mt 5, 13), o Mergelė Marija yra tos žemės druskos druska. Taigi, pirmiausiai būtent mes ir turime atkreipti savo žvilgsnį ir širdį į tą tikrąjį Sutuoktinį, kad per mus išsipildytų Giesmių giesmės žodis, taip, kaip jį interpretavo šv. Kūdikėlio Jėzaus Teresėlė – „pasiimk mane, skubėkime, trauk mane ir bėkime" (plg. Gg 1, 4). Jeigu Jėzus patrauks mane, tai paskui mane bus patraukta ir gausybė kitų žmonių, nematomu, nesuvokiamu, dvasiniu būdu, nes, neužmirškime, visi mes esame susieti Šventųjų bendravimo slėpiniu, tad vieno iš mūsų nuopelnas priklauso visiems, kaip ir vieno iš mūsų nuodėmė taip pat krinta ant visų.

Galbūt šiais laikais pašvęstajame gyvenime mūsų santykis su Dievu yra toks sunkus ir komplikuotas ne tik todėl, kad mes ir patys esame sužeisti, labai sužeisti tos kultūros ir socialinių santykių, kurie mus supa, tos civilizacijos, kuri vis labiau tampa mirties civilizacija – ir tai atsispindi mūsų santykyje su Viešpačiu, – bet tikriausiai taip pat ir dėl to, kad žmonija, ko gero, dar niekad nebuvo tokioje nuodėmėje kaip šiandien, o visos žmonijos nuodėmė taip pat yra ir mūsų nuodėmė. Todėl ji slegia taip pat ir mus, mus tempia žemyn, traukia nuo Viešpaties. Galbūt tai irgi viena iš priežasčių, kodėl mūsų santykis su Viešpačiu yra toks sudėtingas, komplikuotas, sunkus. Vis dėlto, nepaisant šito didžiulio nuodėmės masto, kuris su kiekviena akimirka vis didėja šiame pasaulyje, vienas vienintelis grynos meilės aktas gali atsverti visą šitą mėšlo krūvą, esančią kitoje svarstyklių pusėje. Vienas vienintelis meilės aktas. Ir ne žmogiškos meilės, bet būtent dieviškos Meilės, kuri trykšta iš mūsų žmogiškos širdies, kai mylime Šventąja Dvasia taip, kaip Jėzus myli ant Kryžiaus. Mylime Tėvą ir mylime žmones, tuos savo vargšus brolius ir seseris, kurie kapanojasi tame mėšle, įklimpę iki kaklo, jeigu ne dar giliau.

Kai Jėzus subtiliai parodo samarietei, jog Jis yra jos tikrasis Sutuoktinis, tas septintasis, moteris atsiliepia: „Aš matau, Viešpatie, jog esi pranašas" (Jn 4, 19). Nepastebėjo, kad Jis yra jos Sutuoktinis. Pamanė, kad Jis yra pranašas, nes viską žino. O kadangi Jis yra pranašas, tada reikia užklausti Jo apie svarbiausius dalykus. Pranašas yra Dievo žmogus, taigi reikia klausti apie Dievo dalykus: „Mūsų tėvai garbindavo Dievą ant šito kalno, o jūs tvirtinate, kad Jeruzalė esanti vieta, kur reikia jį garbinti" (Jn 4, 20). Samarietei Jėzus – tegu ir pranašas, bet vis tiek žydas, vadinasi, samariečių priešas. Mūsų tėvai garbindavo Dievą ant šito kalno, ant Garizimo kalno Samarijoje. O jūs, žydai, sakote, kad reikia Jeruzalėje Jį garbinti... Liturginiai kivirčai, kurių buvo ir bus visais amžiais. Kaip reikia garbinti Dievą? Ar atsisukus į žmones, ar atsisukus į sieną? Į žmones ar į sieną?! Jėzaus atsakymas kupinas šviesos, nes Jis atsako, kad nei taip, nei taip, nei į žmones, nei į sieną. Reikia garbinti atsisukus į Dievą, štai kas yra svarbiausia: „Moterie, tikėk manimi, jog ateis valanda, kada garbinsite Tėvą ne ant šio kalno ir ne Jeruzalėje" (Jn 4, 21) – neatsisukus nei į žmones, nei į sieną. „Bet ateis valanda – jau dabar ji yra, – kai tikrieji garbintojai šlovins Tėvą dvasia ir tiesa" (Jn 4, 23). Garbinti reikia atsisukus į Dievą, garbinti Jį Dvasia ir Tiesa, garbinti savo širdimi, savo vidumi. Tada nebebus tiek svarbu, į kur mes būsime atsisukę, jeigu mūsų širdis bus tikrai atsisukusi į Dievą. Nes jeigu mūsų širdis neatsisukusi į Dievą, ji yra blogai atsisukusi, kad ir kur jinai besisuktų – ar į žmones, ar į sieną, – nes jinai neatsisukusi ten, kur turi atsisukti. Ne kalnas ir ne Jeruzalė yra Dievo garbinimo vieta, bet mūsų širdis – „tikrieji garbintojai šlovins Tėvą dvasia ir tiesa. Ir pats Tėvas tokių garbintojų ieško. Dievas yra dvasia, ir jo garbintojai turi šlovinti jį dvasia ir tiesa" (Jn 4, 23–24).

Ką tai reiškia – garbinti Dvasia ir Tiesa Tėvą? Tėvas, Dvasia, Tiesa... Tai reiškia – garbinti Dievą „trejybiškai". Dvasia, žinoma, yra Šventoji Dvasia, kuria Sūnus myli Tėvą. O Tiesa yra patsai Sūnus. Juk Jėzus pats taip sako: „Aš esu kelias, tiesa ir gyvenimas" (Jn 14, 6). Vadinasi, mes turime garbinti Tėvą Tiesa – Sūnumi, Sūnaus Širdimi, nes Sūnus yra Tiesa, Šviesa iš Šviesos, nesukurtoji Šviesa (plg. Jn 1, 4. 9; 8, 12; 12, 46; 1 Jn 1, 5 ir Nikėjos-Konstantinopolio tikėjimo išpažinimą). Ir turime garbinti Dvasia – kaip Nuotaka, Meile: „Ir Dvasia, ir sužadėtinė kviečia – „Ateik!" (Apr 22, 17), nes mes kartu turime būti ir Nuotaka, Sužadėtinė, ir Sūnus, kad garbintume Dvasia ir Tiesa, Tiesa ir Meile. Vien meilės neužtenka, kaip ir vien tiesos neužtenka. Turi būtinai būti ir tiesa, ir meilė.

Jeigu mūsų tikėjimas yra vien tiktai labai tikslios, aiškios, pritrenkiamai intelektualios frazės, tada tai nėra garbinimas, kokio ieško Tėvas. Kita vertus, jeigu mūsų garbinimas yra tik širdies polėkiai, neįtraukiantys mūsų proto, kuris taip pat yra Dievo sukurtas ir mums duotas pirmiausiai tam, kad Jo ieškotume, tai irgi nėra toks garbinimas, kurio ieško Tėvas. Tėvas ieško garbintojų, kurie Jį garbintų visu savimi: ir protu, ir širdimi – kaip Sūnus ir kaip Nuotaka. Šitokių garbintojų ieško Tėvas. Toksai garbinimas visiškai išsipildys tik amžinybėje, kur mes iš tikrųjų garbinsime Tėvą Dvasia ir Tiesa.

Jau minėjau, kad mumyse esama dviejų dvasinių galių – proto, kuriuo pažįstame tikrovę, tiesą, ir valios, kuria mylime gėrį, esantį toje tikrovėje. Šios yra dvasinės galios ir jos pirmiausiai skirtos dvasinei tikrovei – Dievui patirti. Bet Dievo niekas niekada nėra matęs, tik Sūnus ir tie, kam Sūnus panorės apreikšti (plg. Jn 1, 18; Lk 10, 22; Mt 11, 27; 1 Jn 4, 12). O apreiškia Jis mažutėliams: tai, kas yra paslėpta nuo šio pasaulio išmintingųjų ir gudriųjų, apreiškiama tik mažutėliams (plg. Lk 10, 21; Mt 11, 25). Tikrovę mes pažįstame per sąvoką. Susidarome sąvoką savo prote ir tada per tą sąvoką pažįstame tikrovę. Mat mūsų protas yra dvasinė galia, o mūsų pažinimas, juslės yra susijusios su medžiaga. Kad nuo medžiaginio pažinimo būtų pereita prie dvasinio pažinimo, reikia tarpininko, reikia sąvokos, kuri yra iš tos medžiaginės tikrovės ištraukta kvintesencija, ištraukta forma, grynoji forma, abstrakcija. Kalbant apie Dievo pažinimą, mes negalėsime danguje Jo pažinti per jokią sąvoką, nes Dievas nesutelpa į jokias sąvokas, Dievas yra beribis. Mėginti pažinti Dievą per sąvokas – tai tas pat, kaip sukišti dramblį į degtukų dėžutę. Pabandykite! Nieko neišeis. Vadinasi, Dievą mes galime pažinti tik Juo pačiu.

Kol esame šiame pasaulyje, Dievą pažįstame tikėjimu. Tikėjimas tarsi užima sąvokos vietą, bet tikėjimas nėra sąvoka ir tikėjimas neišliks amžinybėje. Nes kas gi yra tikėjimas? Tikėjimas – tai būti tikram dėl egzistavimo kažko, ko akivaizdumo aš neturiu. Pavyzdžiui, aš galiu būti tikras, ir aš esu tikras, kad mes pietausime šiandien, bet kol kas tai neakivaizdu. Yra labai daug šansų, kad gausime pietus, bet tai dar nėra akivaizdu. Aš tikiu, kad mes pietausime. O kai jau sėdėsiu prie stalo, man nebereikės tikėti, kad mes pietausime, tai bus akivaizdu, nes aš tiesiogiai regėsiu pietų stalą. Analogiškai yra ir su dieviškuoju tikėjimu: kol neturiu Dievo akivaizdumo, tol aš tikiu, bet kai Jį regėsiu, man tikėjimo nebereiks. Štai kodėl danguje nebebus tikėjimo. Bus regėjimas. Bet tas regėjimas bus per mūsų dvasios akis, kurios yra protas. O kadangi protas būtinai turi pažinti tikrovę per tarpininką, kuris vadinasi „sąvoka", ir kadangi bet kokia sąvoka niekaip negali aprėpti begalinio Dievo, mūsų protas pažins Dievą, sako teologai, pačiu antruoju dieviškuoju Asmeniu – Sūnumi, kuris yra Tiesa, ir kuris yra Šviesa, gimusi iš Šviesos. Kitaip sakant, vietoj sąvokos mūsų dvasiniame protė bus pats dieviškasis Asmuo – Dievo Žodis, *Logos*. Ir Juo, tuo dieviškuoju Žodžiu – *Logos'u* – mes pažinsime Dievą tokį, koks Jis yra (plg. 1 Jn 3, 2), be jokių tarpininkų, nes pažinsime Jį Juo pačiu.

Panašiai ir mūsų valia myli gėrį: kaip apie tikrovę mūsų protas susikuria sąvoką, kad per ją pažintų tą tikrovę, taip mūsų valia apie gėrį savyje irgi susidaro kažką panašaus į sąvoką, tik ne sąvoką, o, būtų galima pasakyti, tarsi kokią „paslaptį", per kurią ji myli tą gėrį. Gėris esti tikrovėje; bet net kai jo nematome, mūsų meilė tam gėriui mumyse išlieka, nes jinai „laikosi" už tos „paslapties", pavyzdžiui, kai mes savo širdyje nešiojame mylimą asmenį. Vadinasi, ir Dievą mes taip pat galime mylėti – mylėti Jį ne remdamiesi tuo žmogišku sąvokos analogu, kurį mes pavadinome „paslaptimi", bet tuo, kuo tas sąvokos analogas mūsų valioje – „paslaptis" – yra pakeičiamas, t. y. taip pat dieviškuoju Asmeniu – Šventąja Dvasia. Tada mes jau mylime Šventąja Dvasia, paties Dievo Meile. Mes pažinsime Dievą pačiu Dievu, antruoju Jo Asmeniu, Dievo Žodžiu, kuris mūsų prote užims sąvokos apie Dievą vietą. Tačiau mylėti Jį pačia dieviškąja Meile – Šventąja Dvasia, kuri užima mūsų valioje „paslapties" vietą, mes galime jau dabar. Taigi, šita dieviška Meile, kuri yra mūsų valioje, mes jau dabar pradedame mylėti, tik regėti dieviškuoju Žodžiu kol kas dar negalime. Toji Meilė substancialiai yra ta pati čia ir amžinybėje. Jeigu mes įsileidžiame į savo valią šitą „paslaptį", tada mes iš tikrųjų garbiname Dvasia ir Tiesa. Kaip sakiau, tai iki galo išsipildys amžinybėje, palaimingajame regėjime, kai mes garbinsime Dievą Dvasia, kuria myli mūsų valia, ir Tiesa, kuria pažįsta mūsų protas – Šventąja Dvasia ir Dievo Žodžiu, Dievu Sūnumi. Kitaip sakant, mes iš tikrųjų tapsime Dievo šventykla, pats Dievas gyvens mumyse (plg. 1 Kor 3, 16), mūsų dvasinėse galiose – prote ir valioje, savo dieviškaisiais Asmenimis – Sūnumi ir Dvasia, kurie pažįsta ir myli Tėvą. Per Juos ir pats Tėvas taip pat bus mumyse, kadangi Sūnus yra Tėve ir Tėvas Sūnuje, Šventoji Dvasia yra Tėve ir Sūnuje ir Jie – Šventojoje Dvasioje. Vadinasi, kai Sūnus pažįsta Tėvą, pažintasis Tėvas yra Sūnuje, ir jeigu mes pažįstame Sūnumi, kuris yra mūsų prote, Tėvas tada taip pat yra mūsų prote. Ir jeigu mes mylime Tėvą Šventąja Dvasia, kuri yra mūsų valioje, o Tėvas yra Šventojoje Dvasioje, kuri yra mūsų valioje, tada ir Tėvas yra mūsų valioje. Visa Švenčiausioji Trejybė – mumyse.

Tada nebereikės nei Jeruzalės, nei Garizimo kalno, nes mūsų širdis bus ir Jeruzalė, ir šitas kalnas. Būtent į šitokį santykį, kuris yra santuokinis, Jėzus ir kviečia šitą samarietę, šitą moterį – į santykį, kuris yra gelminis, kuris yra giliau negu emocijos, negu susižavėjimai – intelektualiniai ar jausminiai susižavėjimai – visa tai, kas negali pagirdyti žmogaus širdies ir pasotinti jo proto. Ne, mūsų dvasines galias – protą ir valią – tegali pagirdyti ir pasotinti tik patsai Dievas – Tiesa ir Meilė, Tiesa ir Dvasia, apimanti visą mūsų protą ir visą mūsų valią. Mes turime būti, sakytum, „apsėsti" Šventosios Dvasios. Štai tada mums tikrai nebereikės nieko daugiau, nes mes turėsime viską. Bet kol mes plūduriuojame paviršiuje ir kabinėjamės už emociškai juntamų ir vaizdiniais perteikiamų dalykų, faktas, kad mūsų protas bei valia alksta ir trokšta, leipsta iš troškulio ir alkio. Taip bus visada, kol netapsime garbintojais Dvasia ir Tiesa, kol neatpažinsime santuokinio, vadinasi, neišardomo ir ištikimo santykio su Dievu, kai tampame viena su Juo. Mes tampame viena su Juo savo dvasinėmis galiomis, ir ne tik jomis, bet, beje, ir savo kūnu – mes tampame Jo Kūnas: Eucharistija, kuri yra Kristaus Tėvo pažinimas ir Kristaus Tėvo mylėjimas Šventąja Dvasia ant Kryžiaus, mus perkeičia į save. Jūs šitą jau šimtą kartų girdėjote, ar ne? Kai mes valgome Eucharistiją, ne mes ją perkeičiame į save, bet ji mus perkeičia į save. Na, taip, tai yra teorija. Bet šiandien reikia taip gyventi, kad tai nustotų būti teorija, kad tai taptų mano patirtis ir mano tikrovė, jog aš iš tikrųjų esu perkeičiamas į Kristų, visas aš – mano dvasinės galios, protas ir valia; mano sielos galios, psichinės galios, mano galios mylėti – taip pat ir su aistromis, jausmais; mano vaizduotės galios ir, galiausiai, netgi mano biologinės, fiziologinės galios, skirtos meilei, kad jos būtų visiškai atiduotos Dievui. Tada aš iš tikrųjų tampu viena su Juo, tada aš iš tikrųjų esu Jo nuotaka, ir mes esame vienas Kūnas. Štai kodėl Eucharistija yra išankstinis palaimingojo regėjimo ragavimas jau šioje žemėje, kuris, žinoma, yra labai netobulas, palyginus su tuo, ką mes regėsime amžinybėje, bet esmė jau yra, substancija jau yra, tai yra ta pati tikrovė. Taip, kaip Adomo ir Ievos santykis, kūniškas santykis iki nuopuolio buvo tik jų dvasios išraiška (nes aš minėjau, kad žmogaus kūnas Dievo yra sukurtas kaip jo dvasinės sielos *monstrancija* ir išraiška), taip ir mūsų santykis su mūsų Sutuoktiniu per Eucharistiją turi būti mūsų dvasinės bendrystės išraiška. Jeigu nėra šitos dvasinės bendrystės mūsų dvasinėmis galiomis – protu ir valia, kitaip sakant, jei mes negarbiname Tėvo Dvasia ir Tiesa, tai mes meluojame savo kūnu, kai einame Eucharistijos, nes mes savo kūnu sakome tai, ko nėra mūsų dvasioje.

Štai kodėl yra taip svarbu rimtai pasirengti Eucharistijai, kad galėtume priimti Jėzų ir į savo kūną, ir į savo dvasines galias – savo protą ir valią. Jėzus ateina į mus su savo kūnu ir siela, su savo žmogyste ir dievyste – Jis ateina ne vien tik savo kūnu. Todėl ir mes turime Jį priimti ne vien tik kūnu.

Tikriausiai dar prisimenate tėvą Philippe-Marie Mossu, mano bendruomenės brolį, pirmąjį atkurtosios Vilniaus kunigų seminarijos dvasios tėvą ir rekolekcijų seserims vedėją? Anksčiau jis buvo pirmasis mano bendruomenės noviciato magistras; jis visada sakydavo: svarbiausias Eucharistijos momentas yra visai ne konsekracija, ne pakylėjimas. Ar jūs išeitumėte, seserys, per konsekraciją? Aišku, kad ne. O jisai sakydavo: svarbiausia Eucharistijos akimirka yra padėka po šventųjų Mišių. Tai yra svarbiausia. Nes tai yra tas momentas, kai iš tikrųjų realizuojasi santuokinė bendrystė tarp Jėzaus ir manęs, tarp Jo ir mano dvasinių galių, tarp Jo ir mano kūno. O per tą svarbiausią momentą mes (žinoma, aš čia ir sau pamokslą sakau) be jokių problemų galime išeiti sau kur nors prie puodų ar kokį laikraštį skaityti, ar šiaip kokį darbą dirbti. Ar mes įsivaizduotume save taip darant per konsekraciją, per pakylėjimą? Aišku, kad ne. O juk ne konsekracija yra svarbiausias dalykas. Taip, per konsekraciją Dievas ateina į duonos ir vyno pavidalus, bet Jis ateina ne tam, kad ten ir pasiliktų. Tai yra tik pirmas etapas. Jis ateina į duonos ir vyno pavidalus tam, kad per juos ateitų į mane.

Štai tada ir yra kulminacija, Eucharistijos slėpinio išsipildymas. Jeigu mes tuo metu elgiamės kaip Ohola ir Oholiba iš Ezekielio knygos 23 skyriaus, tada nenuostabu, kad taip niekad ir neparagaujame to Gyvybės Vandens, kurio atsigėrus daugiau niekas nebetrokšta per amžius.

Todėl šiandien aš ypač kviečiu, sesutės mielosios, aiškiai suprasti, kada yra svarbiausia Eucharistijos akimirka, ir tada ja iš tikrųjų gyventi, jeigu norime, kad Eucharistija būtų ne formalus ritualas, o realiai mane perkeistų į Jėzų. Kitaip mes ir toliau plauksime tik paviršiumi ir niekad neužgriebsime gelmės. Kitaip mums ir toliau reikės dar visokių kitokių šio pasaulio versmių, kurios niekad mūsų nepagirdys, nenumalšins mūsų troškulio. Bet jeigu sustosime ten, kur iš tikrųjų trykšta Gyvojo Vandens Šaltinis, tada galbūt patirsime tai, ko tikriausiai nebuvome patyrę visą savo gyvenimą... To ypač linkiu šiandien, per šias šventąsias Mišias.

VI mąstymas

# Atpirkėjas

Toliau keliausime per Dievo žodį, per Šventąjį Raštą, skaitysime ten papasakotas istorijas apie vyrus ir moteris ir mėginsime jose atrasti šviesos mūsų pačių gyvenimui, mūsų santykiui su Dievu. Šią popietę kviečiu jus pažvelgti į Rutos, kuri buvo karaliaus Dovydo prosenelė, knygą ir paskaityti porą 4 skyriaus eilučių, nuo trečios. Atsimenate Rutos istoriją? Ji buvo izraelietės Naomės marti. Pati Ruta nebuvo izraelietė, ji buvo svetimtautė – moabietė. Jos vyras buvo izraelietis, emigravęs į Moabą, ir, jam mirus, jo motina Naomė grįžo į savo tėvynę. Marti Ruta irgi nusprendė eiti kartu į jai svetimą kraštą (žr. Rut 1, 1–22). Čia atvykusi, Ruta kreipiasi į artimą vyro giminaitį, kurio vardas Boazas, kad būtų jai sutuoktinis vietoj mirusiojo pagal izraeliečių paprotį, idant pažadintų palikuonių jos mirusio vyro vardui ir kad šis neišnyktų iš po dangaus. Toks vyras yra vadinamas atpirkėju, hebrajiškai *goel*. Jau pats žodis *atpirkėjas*, žinoma, mums primena mūsų Viešpatį, kuris pats yra toks Atpirkėjas, prisiimantis Globėjo, Sutuoktinio priedermes mūsų atžvilgiu, kad mes neliktume mirties rankose, bet per Jį,

Atpirkėją, galėtume turėti gyvybę, kad Jo dėka gyvybė tęstųsi.

Tai štai, ten buvo dar vienas, artimesnis giminaitis Rutai, kuris nenorėjo būti atpirkėju. Tad Boazas pasikviečia jį į miesto vartus ir kreipiasi į tą atpirkėją: „Noomė, nūnai grįžusi iš Moabo lygumų, nori parduoti žemės sklypą, kuris priklausė mūsų giminaičiui Elimelechui. [Elimelechas hebrajiškai reiškia: „Mano Dievas yra karalius."] Pagalvojau, kad būtų svarbu apie tai pranešti tau ir pareikšti: 'Įsigyk jį čia sėdinčiųjų ir mano tautos seniūnų akivaizdoje. Jei nori atpirkti, atpirk, o jei nenorėtum atpirkti, pasakyk man, kad žinočiau, nes be mudviejų nėra kam atpirkti.'" – „Aš noriu jį atpirkti", – atsakė tas. [Žemė jam rūpi, dirva...] Bet Boazas kalbėjo toliau: „Tą dieną, kai įsigysi lauką iš Noomės rankų, taip pat privalai įsigyti ir Rūtą moabitę, mirusiojo žmoną, kad įamžintum mirusiojo vardą jo pavelde." Tas atpirkėjas tarė: „Tokiu atveju aš negaliu atpirkti žemės dėl savęs, nes pakenkčiau savo paties paveldui. Perimk mano atpirkimo pareigą, nes aš negaliu atpirkti" (Rut 4, 3–6). Mums įdomiausia ir svarbi mūsų paieškoms yra 7 eilutė: „Anksčiau Izraelyje gyvavo toks paprotys dėl atpirkimo ir mainų: patvirtindamas sandorį, žmogus nusiaudavo sandalą ir atiduodavo kaimynui. Taip Izraelyje būdavo tvirtinamas sandoris prie liudytojų. Tad anas atpirkėjas ir pareiškė Boazui: „Įsigyk pats sau!" – ir nusiavė sandalą. O Boazas tarė seniūnams ir visiems žmonėms: „Šiandien esate liudytojai, kad aš įsigijau iš Noomės rankų visa, kas priklausė Elimelechui, ir visa, kas priklausė Kiljonui ir Machlonui. Kartu aš įsigyju Machlono našlę Rūtą Moabitę kaip žmoną, kad būtų įamžintas mirusiojo vardas jo pavelde, kad nebūtų išdildytas mirusiojo vardas tarp jo brolių ir jo tėviškės vartuose. Jūs esate šiandien liudytojai!" (Rut 4, 7–10).

Tas sandalo nusiavimas, kuris mums atrodo labai keistas ir nesuprantamas paprotys, nurodo į kitą Šventojo Rašto vietą.

Gal atsimenate, kokią? Taigi, į šv. Jono Krikštytojo liudijimą apie Dievo Avinėlį. Pažiūrėkime į Evangelijos pagal Joną 1 skyrių, nuo 19 eilutės. Iš Jeruzalės atvyksta fariziejų, Rašto aiškintojų delegacija ir klausinėja, ką čia dabar tas Jonas Krikštytojas daro: „Ar tu esi Mesijas?" – „Ne!" – „Gal Elijas?" – „Ne!" – „Tai gal pranašas?" – „Ne!" (plg. Jn 1, 19–21). „Tai kam tu krikštiji, jei nesi nei Mesijas, nei Elijas, nei pranašas?" Jonas jiems atsakė: „Aš krikštiju vandeniu. O tarp jūsų stovi tas, kurio jūs nepažįstate, kuris po manęs ateis; jam aš nevertas atrišti apavo dirželio" (Jn 1, 25–27). Mes paprastai įsivaizduojame, kad šitas Jono Krikštytojo posakis – „aš nesu vertas atrišti apavo dirželio" – reiškia „aš nesu vertas net nusilenkti Jam, parpulti Jam po kojų ir atrišti Jam dirželį kaip koks vergas". Bet čia tik mes taip įsivaizduojame. Iš tikrųjų Jonas Krikštytojas yra ne lietuvis, kuris nesupranta žydų papročių, o žydas, tad tai, ką jisai sako, yra aiški nuoroda į šitą žydų paprotį, izraeliečių paprotį, kad patvirtindamas sandorį žmogus nusiaudavo sandalą ir atiduodavo kaimynui. Todėl kai tas atpirkėjas, kuris atsisako teisių į moabietę Rutą ir į dirvą kartu (deja, nieko nėra tobulo, negali gauti vieno be kito...), atiduoda sandalą, jis atiduoda atpirkėjo teisę tam kitam giminaičiui, Boazui, kad Boazas būtų sutuoktinis Rutai moabietei. Taigi, kai Jonas Krikštytojas sako, kad jis nėra vertas atrišti Jėzaus apavo dirželio, nėra vertas gauti iš Jo sandalo, reiškia, kad ne jis yra Atpirkėjas, bet Jėzus – tai Jis teisėtai avi tais sandalais, kurie reiškia, kad Jis yra Atpirkėjas ir Jo dėka Sutuoktinė nebus atiduota mirčiai, bet taps gyvybės versme mirusiajam.

Kas tas mirusysis, tas pirmasis vyras? Tai yra Adomas, mūsų pirmasis tėvas, kuris mirė. O Atpirkėjas, teikiantis gyvybę Sutuoktinei, kuriam priklauso sandalai, yra Jėzus. Ir kad tikrai kalbama apie šitokį santuokinį sandėrį, tas pats Jonas Krikštytojas šiek tiek toliau, toje pačioje Evangelijoje pagal Joną, 3 skyriuje, nuo 27 eilutės, paaiškina savo mokiniams, kurie ima pavydėti, kad visi bėga pas Jėzų krikštytis, „visi bėga pas jį" (Jn 3, 26): „Žmogus negali nieko pasiimti, jeigu nebus jam duota iš dangaus. Jūs patys galite man paliudyti, jog esu sakęs: Aš ne Mesijas! Aš siųstas būti tik jo pirmtaku. Kas turi sužadėtinę, tas sužadėtinis, o sužadėtinio bičiulis, kuris šalia stovi ir girdi, džiaugte džiaugiasi jaunikio balsu. Šiam mano džiaugsmui dabar jau nieko netrūksta" (Jn 3, 27–29), nes Sužadėtinis turi Sužadėtinę. „Jam skirta augti, o man – mažėti" (Jn 3, 30). Taigi, Jonas Krikštytojas, didžiausias iš pranašų (žr. Mt 11, 11), aiškiai įvardija Jėzų ne tik kaip Dievo Avinėlį (žr. Jn 1, 29. 36), ne tik kaip Tą, kuris krikštys Šventąja Dvasia ir ugnimi (žr. Lk 3, 16; Mt 3, 11; Mk 1, 8; Jn 1, 33), bet jis Jį įvardija ir kaip Sužadėtinį, Sutuoktinį, kuris turi Sužadėtinę (žr. Jn 3, 29), kuris yra tikrasis Atpirkėjas.

O kas tada toji Sužadėtinė? Ta Sužadėtinė, kurią Atpirkėjas, Naujasis Adomas, atperka, yra žmonija – visa žmonija, kiekvienas iš mūsų. Jėzus mus turi kaip Sužadėtinę, ir Jis pats mums yra kaip Sužadėtinis. O Sužadėtinio bičiulis, pranašas, skelbęs apie šitą įvykį, šitą Atpirkimą, šitą Santuokos atgaivinimą, džiaugte džiaugėsi Jaunikio balsu. Tai yra jo tobulas džiaugsmas, kuriam nieko nebetrūksta (plg. Jn 3, 29). Dabar Jonas Krikštytojas gali pasitraukti: „Jam skirta augti, o man – mažėti." Atpirkimas prasideda.

Taigi, matome, kad Atpirkimas, apie kurį taip dažnai girdime – ir liturgijoje, ir katechezėje, – aiškiai turi šitą santuokos spalvą ir kvapą. Tas Atpirkimas nėra koks nors vergo išpirkimas iš plėšiko, kas irgi atrodytų visai neblogai, ar ne? Piktasis yra plėšikas, paėmęs mus į vergiją, o Jėzus ateina ir atperka mus savo Krauju iš to plėšiko. Nuo šiol mes esame nebe šėtono vergai, o Dievo. Tačiau iš Šventojo Rašto Apreiškimo atrodo, kad vis dėlto tas Atpirkimas yra visai ne toks. Atpirkimas, apie kurį čia kalbama, yra moters, tapusios našle, iš naujo padarymas sutuoktine, nuotaka. Nes našlė, ir ypač bevaikė (mat tas atpirkėjo įstatymas galiojo tiktai našlėms, kurios neturėjo palikuonių, galėjusių paveldėti mirusio sutuoktinio turtą), atsiduria labai nepavydėtinoje situacijoje – ne tik ta prasme, kad socialiai ji Izraelio visuomenėje praktiškai buvo beteisė, bet dar ir dėl to, kad jos padėtis tampa ypač skurdi Dievo plano atžvilgiu. Prisiminkime Pradžios knygos žodžius: „Negera žmogui būti vienam" (Pr 2, 18)...

Žmonija yra tarsi ta našlė – tik *dalinis* Dievo paveikslas. Tam, kad ji galėtų visiškai išsiskleisti savo pašaukime, kuris yra vaisinga meilė, jai būtinai reikia santuokinio ryšio – ištikimo ir neišardomo ryšio su Atpirkėju, kuris yra Naujasis Adomas. Žinoma, jeigu tai būtų pirmas pasitaikęs žmogėnas iš visos mūsų serijos, tai jis nebūtų niekuo ypatingas, nes tik pirmasis žmogus Adomas turi šitą mirusio sutuoktinio vaidmenį, vietą, kadangi jis yra visos žmonijos tėvas. O kadangi Ieva yra visų mūsų motina, jos santykis su Adomu iš tikrųjų reiškia visos žmonijos santuokinį santykį su tuo visos mūsų žmogiškosios gyvybės šaltiniu, nes iš Adomo paimama ir pati Ieva.

Beje, tuo remiasi ir vienas iš teologinių aiškinimų, kodėl Dievo Sūnus, antrasis Švč. Trejybės Asmuo, įsikūnijo kaip vyras, o ne kaip moteris. Vyro kūnas biblinėje simbolikoje, kalbant bibline kalba, yra tarsi šaltinis, pirmasis, todėl geriau atspindi Dievo *šaltiniškumą*, jeigu taip būtų galima pasakyti, Jo pirmenybiškumą, Jo pirmumą. Tam pirmajam (jis vienintelis yra pirmasis, negali būti kelių pirmųjų) mirus, Atpirkėjas, Naujasis Adomas, turi turėti kažką, dėl ko *Jis* galėtų būti pirmas ir netgi savotiškai pirmesnis už patį Adomą. Žinoma, tas „kažkas" yra Jėzaus dieviškoji prigimtis. Kadangi Jėzus yra ne tik žmogus, bet ir Dievas, dėl to Jis ir yra pirmų pirmiausias, taigi, pirmesnis net ir už Adomą. Kai Jėzus sako: „Pirmiau, negu gimė Abraomas, Aš Esu!" (Jn 8, 58), Jis lygiai taip pat galėjo pasakyti – „pirmiau, negu Adomas buvo, Aš Esu!" Jis yra pats Pirmasis, vadinasi, ir tikrasis Sutuoktinis. Dievas – „Aš Esu" – pats Pirmasis, yra tikrasis Sutuoktinis. Jis, tapdamas žmogumi, padaro žmoniją dar tobulesniu Dievo paveikslu ir panašumu, nes Jo paties dieviškojo Asmens vienybėje įvyksta santuoka tarp dieviškosios ir žmogiškosios prigimties.

Bažnyčios Tėvai kalba apie dieviškos ir žmogiškos prigimties santuoką Jėzaus Asmenyje, dieviškajame antrajame Švenčiausiosios Trejybės Asmenyje. Šitų dviejų prigimčių santuoka Jėzuje, Jėzaus Asmenyje, išpildo santuoką tarp visos žmonijos ir Dievo. Dievas, tapdamas žmogiškosios prigimties dalininku, turėtoju, visą žmoniją sutuokia su savimi, su dieviškąja prigimtimi, todėl mes tampame dieviškosios prigimties dalininkais (plg. 2 Pt 1, 4). Susituokdami su Jėzumi, mes susituokiame su pačiu Dievu, ir tai neprieštarauja mūsų žmogiškai prigimčiai, nes Jėzus yra taip pat ir tikras žmogus. Kartu mūsų prigimtis iškeliama į tokias aukštybes, apie kokias Adomas ir Ieva net svajoti, įsivaizduoti negalėjo. Pats Dievas tampa šituo Atpirkėju, užima Sutuoktinio kaip gyvybės Šaltinio vietą, kad Nuotaka – žmonija – nemirtų bevaisė, kad ji būtų vaisinga ir kad ji būtų vaisinga Dievo vaikų. Kad tai jau nebebūtų vien žmonių vaikai kaip Jonas Krikštytojas, kuris buvo didžiausias iš žmonių vaikų, gimusių iš moters, bet kad tai jau būtų Dievo vaikai, – būtent todėl mažiausias Dangaus Karalystėje yra didesnis už Joną Krikštytoją (plg. Mt 11, 11), nes jis yra Dievo vaikas. Žinoma, toks yra ir Jonas Krikštytojas (nes net ir pirmasis Adomas yra Naujojo Adomo sūnus), tačiau chronologiškai žiūrint į Išganymo istoriją, jis, būdamas didžiausias iš tos „pirmosios santuokos", iš „žmonių vaikų", yra mažesnis už patį mažiausią iš „Naujosios Santuokos", Naujojo Adomo atpirktos ir atkurtos žmonijos. Šitie jau yra Dievo vaikai, kurie „ne iš kūno norų, ne iš vyro norų ir ne iš kraujo, bet iš Dievo yra užgimę" (žr. Jn 1, 13).

Tokiu būdu šita ištrauka iš Rutos knygos mums paaiškina Jono Krikštytojo skelbimą apie patį didžiausią įvykį žmonijos istorijoje, didesnį net už Adomo ir Ievos sukūrimą bei apgyvendinimą Edeno sode. Šitas jo skelbimas mums dabar, tikiuosi, sušvinta nauja šviesa. Vėl matome, kaip šita raudona gija – santuokos tema – driekiasi per visą Šventąjį Raštą ir atsiskleidžia visuose esminiuose Dievo žodžio momentuose.

Dabar dar paskaitykime Pirmosios Samuelio knygos 1 skyrių, Samuelio motinos Onos istoriją. Pirmiausia – istorinis įvadas: „Ramataim Cofime gyveno toks vyras, zufietis iš Efraimo aukštumų, vardu Elkana, efrato Cūfo sūnaus Tohuvo sūnaus Elihuvo sūnaus Jerohamo sūnus. Jis turėjo dvi žmonas. Vienos vardas buvo Ona, o kitos – Penina. Tas vyras kasmet eidavo iš savo miesto į Šiloją pagarbinti ir atnašauti aukų Galybių VIEŠPAČIUI. Ten du Elio sūnūs – Hofnis ir Finehasas – buvo VIEŠPATIES kunigai. Vieną tokią dieną Elkana atnašavo auką. Jis duodavo dalis savo žmonai Peninai ir jos sūnums bei dukterims, bet Onai duodavo dvigubą dalį, nes Oną mylėjo, nors VIEŠPATS ir buvo padaręs ją bevaisę. Be to, jos varžovė, norėdama įskaudinti, tyčiodavosi, kad VIEŠPATS buvo padaręs ją bevaisę. Taip būdavo kasmet: kai tik ji nueidavo į VIEŠPATIES Namus, ši taip iš jos tyčiodavosi, kad ji verkdavo ir nevalgydavo. Jos vyras Elkana ją klausdavo: „Ona, ko verki? Kodėl nevalgai? Kodėl tu tokia liūdna? Argi aš nesu tau vertesnis už dešimt sūnų?" (1 Sam 1, 1–8).

Aš visą šitą istoriją jums skaičiau dėl šio paskutinio sakinio: „Argi aš nesu tau vertesnis už dešimt sūnų?" Kūniško vaisingumo troškimas, troškimas turėti sūnų yra išraiška bet kokio vaisingumo troškimo, esančio mūsų širdyje, – nebūtinai kūniško vaisingumo, nebūtinai noro turėti biologinių vaikų. Mes visi turime vienokio ar kitokio vaisingumo troškimą: trokštame, kad iš mūsų kažkas kiltų ir pasiliktų, net jeigu tai ir ne vaikai. Tai gali būti mūsų darbai, mūsų aukos, mūsų dorybės, kažkas, kas liudytų apie mus. Ir tai yra natūrali mūsų prigimties dalis, nes mes esame taip sukurti pagal Dievo paveikslą ir panašumą. Iš angelo nieko negali kilti. O iš žmogaus gali kilti – taip, kaip iš Tėvo gimsta Sūnus, ir iš Tėvo ir Sūnaus kyla Šventoji Dvasia. Iš žmogaus – ne tik gali, bet ir turi kilti, kad jis būtų visiškas Dievo paveikslas ir panašumas.

Bet Onos istorija mums rodo vieną labai svarbų dalyką – vaisingumas negali būti pirmesnis ir svarbesnis už to vaisingumo Šaltinį, tai yra meilės, santuokinės meilės ryšį su Tuo, kuris vienintelis gali mums suteikti tą vaisingumą. Elkanos žodžiai Onai yra paguodos žodžiai mums, kai mums atsitinka liūdėti ir gal net visai *sudepresuoti* dėl to, kad mums atrodo, jog iš mūsų – jokios naudos, nes esame bevaisiai, sterilūs, gal net darome daugiau blogio negu gėrio Bažnyčiai, savo bendruomenei, savo namams, savo aplinkai. Šitie žodžiai – „argi aš nesu tau vertesnis už dešimt sūnų?" – turėtų būti dar vienas klausimas mūsų sąžinės apyskaitai. Ar tikrai Dievas yra mums svarbesnis už visą mūsų net ir labai dvasiškai vaisingą spinduliavimą – nesvarbu, ar dirbtume mokykloje, kurijoje, rekolekcijų namuose ar universitete, dar kažkur? Ar tikrai Dievas man yra svarbiausias? Ar nesu netyčia labai subtiliai slystelėjęs ir pasidavęs labai žmogiškam, natūraliam, prigimtiniam troškimui būti vaisingam?..

Faktas, kad regint savo nevaisingumą kyla baisus stresas. Baisesnis negu Onos yra Rachelės stresas, kai jinai mato, jog jos sesuo Lėja gimdo vaiką po vaiko. Rachelė tiek susinervina, kad pasako tokius žodžius Jokūbui, dėl kurių jis pasiunta, nors ir labai myli savo žmoną. Aš jums pacituosiu grynai taip, kaip parašyta, nes tai žodžiai, tiksliai atskleidžiantys, kas ir kaip: „Matydama nepagimdanti Jokūbui vaikų, Rachelė pavydėjo seseriai ir sakė Jokūbui: „Duok man vaikų, antraip aš mirsiu!" Įpykęs Jokūbas jai atkirto: „Argi aš galiu būti Dievas, kuris nedavė tau įsčių vaisiaus?" (Pr 30, 1–2). Taip pat ir mes, matydami savo nevaisingumą, galime kaip Rachelė *užpavydėti* kitiems ir sakyti savo Sutuoktiniui: „Duok man vaikų, kitaip aš mirsiu!" Aš kalbu dvasine prasme... Būtent čia mums reikėtų ištirti save: ar tikrai tas vaisingumas nėra užėmęs pirmos vietos mano gyvenime? Žinote, jeigu mes pavydime to, ką kiti ar kitos seserys gali dėl jų turimo vaisingumo, dvasinio vaisingumo, tai galbūt todėl, kad mes pačios pirmiausiai ieškome vaisingumo, o ne trokštame mylėti savo mylimąjį Sutuoktinį? Taigi mums reikėtų išgirsti tuos Elkanos žodžius, lyg juos mums sakytų pats Jėzus: „Argi Aš nesu tau vertesnis už visą garbę, kokią tik gali įsivaizduoti, už visą šlovę, visus darbus, visą vaisingumą, kuriuo tu galėtumei skleistis? Argi Aš tau nesu svarbesnis?.." Dažniausiai mes ir esame dvasiškai nevaisingi todėl, kad mums vaisingumas tampa stabu, jis mums tampa pirmesnis ir svarbesnis. Ir kol Dievas, mūsų Sutuoktinis, kol Jėzus nebus pirmoje vietoje, o mes vaikysimės vaisingumo, tol mes jo garantuotai ir neturėsime. O jeigu turėsime, tai bus tik smėlio pilys ir kortų nameliai. Galbūt padarysime net ir labai gražių dalykų, bet jie bus padaryti be meilės – štai kur slypi visa problema. Tie mūsų „dvasiniai vaikai" tada bus tiktai manekenai ir iškamšos – aš čia turiu omeny nebūtinai gyvas būtybes. Nes visa, kas yra be meilės, yra dulkės ir pelenai. Tik tai, kas yra padaryta su meile ir iš meilės Mylimajam, yra vertinga ir tvaru.

Aną dieną ugnimi bus išbandyti visi mūsų darbai, ir visa, kas bus iš medžio, šiaudų, sudegs. Liks tik tai, kas buvo pastatyta iš aukso, sidabro ir brangakmenių (plg. 1 Kor 3, 11–15), kurie, žinoma, simbolizuoja tą tikrąją meilę, kuri vienintelė išlieka (plg. 1 Kor 13, 8). Viskas praeis, net ir tikėjimas, ir viltis praeis, išliks tik meilė. Ir visi mūsų darbai praeis. Išliks tik meilė, su kuria juos padarėme. Štai kodėl net patys mažiausi darbeliai, visiškai nereikšmingi ir nematomi pasaulio akyse, bet atlikti su didele meile, žvelgiant iš amžinybės perspektyvos, iš Dievo perspektyvos, yra vaisingi amžinajam gyvenimui. Tai yra vaisius amžinajam gyvenimui. O visa kita yra tiktai butaforija, *Potiomkino kaimas*, kuris labai gražiai atrodo, bet dursi su pirštu, ir liks skylė, nieko daugiau. Kad taip nenutiktų, ypač svarbu, kad Sutuoktinis būtų pirmasis.

Beje, tai galioja ir prigimtinėje vyro bei moters šeimoje. Aš jau minėjau, kad pirmasis santuokos tikslas yra sutuoktinių bendrystė, kurios vaisius yra vaikas, bet ne atvirkščiai: ne vaikas yra pirmasis tikslas, jis yra tik vaisius ir padarinys. Taip yra ir mūsų dvasiniame gyvenime, kalbant apie mūsų dvasinio gyvenimo vaisius. Aš kalbu ne apie rezultatus, o apie vaisius. Tai nėra visiškai tas pats, nes rezultatai gali būti labai gražūs (*Potiomkino kaimas*), tačiau jie dar tėra tik medžiaga, *plastmasė*, *plastilinas*, kažkas, kas padaryta mūsų rankomis. O vaisiaus nepadarysi, nepaimsi ir nesukalsi, nesulipdysi; vaisius yra gyvybės išraiška, kylantis iš gyvo organizmo, iš gyvo vynmedžio, iš gyvos obelėlės. Vadinasi, mes turime būti ne puodžiai ar staliai, kurie kala ar žiedžia daiktus, tai yra rezultatus; mes turime būti vynmedžio šakelės, kad neštume vaisių (plg. Jn 15, 2. 4), gražiausią dieviškosios, dvasinės gyvybės išsiskleidimą. O tam reikia, kad mes būtume viena su Vynmedžiu, nes „be manęs jūs nieko negalite padaryti" (plg. Jn 15, 4–5). Be Sutuoktinio mes negalime turėti vaikų; be tų gyvybės syvų, kurie teka iš Vynmedžio į šakeles, kad jos galėtų nešti vaisių, mes negalime būti vaisingi. Todėl ištirkime savo širdį, ar tikrai mums Jėzus yra vertesnis už dešimt sūnų? Ir ar tikrai gerai ir teisingai elgiamės, kai verkiame ir rypuojame, kad esame nevaisingi? Ir ypač – ar nesistengiame užmaskuoti savo nevaisingumo rezultatais, statydami *Potiomkino kaimus*?..

Onos istorija toliau klostosi labai įdomiai, nes šitas jos troškimas turėti vaikų galiausiai stebuklingai išsipildo. Ona už gautąjį sūnų dėkoja malda, beje, nepaprastai panašia į Švč. Mergelės Marijos *Magnificat*: „Ona meldėsi, sakydama: „Mano širdis džiūgauja VIEŠPATYJE, mano jėga mano Dievo išaukštinta. Mano lūpos juokiasi iš priešų; džiaugiuosi savo pergale. [Na, ne visai taip, kaip Mergelė Marija...] Nėra kito Šventojo kaip VIEŠPATS, tikrai nėra kito šalia tavęs; nėra Uolos kaip mūsų Dievas. Liaukitės išdidžiai kalbėję, teneišeina iš jūsų lūpų įžūlus žodis. Juk VIEŠPATS yra visa žinantis Dievas, – jis nulemia veiksmus. Galiūnų lankai sulaužomi, o silpnieji apsijuosia jėga. Kadaise buvę sotūs turi tarnauti už duoną, o alkanieji daugiau nebealksta. Bevaisė pagimdė septynetą, o daugelio vaikų motina yra vieniša. VIEŠPATS dalija mirtį ir duoda gyvastį, nuveda į Šeolą ir prikelia. VIEŠPATS suvargina ir praturtina; jis nužemina ir išaukština. Jis ištraukia vargšą iš dulkių, pakelia skurdžių iš šiukšlyno, pasodina jį su didžiūnais, suteikia jam garbingą paveldo sostą" (1 Sam 2, 1–8). Visos pagrindinės idėjos yra ir Mergelės Marijos *Magnificat* maldoje, bet Jos santykis su vaisingumu yra visiškai kitoks negu Onos, reaguojančios labai natūraliai, pagal žmogišką prigimtį. Marija yra kupina laisvės, pritrenkiančios laisvės. Apie ją mes jau kalbėjome, gilindamiesi į Mergelės Marijos Pasiaukojimo slėpinį. Dar kalbėsime apie tą visišką Jos Širdies laisvę, skaitydami Apreiškimą Mergelei Marijai. Ten aiškiai matyti, kad iniciatyva kyla iš Sutuoktinio, kurį Ji myli. O čia iniciatyva kyla iš Onos – pati Ona būtinai nori vaisingumo.

Švč. Mergelė Marija nori tik vieno – patikti savo Mylimajam, patikti savo Dievui, ir būtent todėl Ji sulaukė paties didžiausio vaisingumo, koks begali būti žmogaus prigimtyje, – Ji tampa Dievo Motina, visiškai to nesiekdama ir nesitikėdama. Tai puikiausias pavyzdys, koks turėtų būti mūsų santykis su tuo mūsų prigimtiniu vaisingumo troškimu.

Pažiūrėkime į dar vieną šito santuokinio ryšio aspektą – Esteros knygos 5 skyriuje. Estera, kaip pamenate, buvo izraelitė mergaitė iš į Babiloniją ištremtų izraelitų, ja, našlaite, rūpinosi jos dėdė Mordechajus. Pirmoji karaliaus Ahasvero žmona užsitraukia nemalonę. Jinai netenka savo karališkos vietos; jos vieton karalius karaliene pastato Esterą, kurią pamilsta (plg. Est 1, 1; 2, 18). Tai yra pirmosios Ievos ir antrosios – Naujosios Ievos – provaizdis. Karalienė Vaštė netenka savo karališkumo, kadangi nepaklūsta karaliui. Mes dabar nesigilinsime, ar tas karalius teisingai pasielgė, tačiau ji nepaklūsta karaliaus žodžiui, karaliaus valiai ir todėl netenka savo karališkosios vietos. Jos vieton stojasi nauja karalienė – Estera. Bet jos tautai gresia mirtinas pavojus. Taigi – ir jai pačiai, kadangi jos tautos priešas, kurio vardas Amanas, yra gavęs iš karaliaus leidimą išžudyti visus žydus (žr. Est 3, 6–15). Iš Mordechajaus sužinojusi šitą naujieną, karalienė Estera ryžtasi eiti pas karalių, rizikuodama savo gyvybe. Estera atsako Mordechajui: „Visi karaliaus dvariškiai ir net žmonės karaliaus valdose žino, kad turi būti nubaustas mirties bausme, jeigu kas nors, vyras ar moteris, nebūdamas pašauktas, drįstų eiti pas karalių į vidinį kiemą. Tik jeigu karalius ištiestų jam aukso skeptrą, jis gali likti gyvas. O aš nebuvau pašaukta pas karalių jau trisdešimt dienų" (Est 4, 11). Mordechajus į tai atsako: „Nemanyk, kad karaliaus rūmuose būsi saugesnė negu kiti žydai!" (Est 4, 13).

Švč. Mergelė Marija, nepaisant Jos Nekaltojo Prasidėjimo malonės, yra lygiai taip pat *išstatyta* piktojo puolimams, kaip ir mes visi. Netgi niekas kitas taip nebuvo dvasiškai puolamas, kaip Mergelė Marija. Ne todėl, kad Ji buvo Nekaltasis Prasidėjimas, Ji būtinai turėjo būti apsaugota nuo visų pagundų ir piktojo puolimų. Taip, Ji buvo apsaugota nuo vidinio savo valios „sąmokslo", „suokalbio" su pagunda, bet nuo pikto priešo puolimų ir pagundų Ji nebuvo apsaugota – priešingai, Ji buvo labiausiai gundoma, nes šėtonas aiškiai matė, kad šita mergiotė yra kažkokia įtartina, nes niekaip nepasiduoda nė menkiausioms, net pačioms subtiliausioms, pagundoms. Ir, aišku, tada jau visas pragaras buvo sukeltas prieš Ją. Ji nebuvo nuo to apsaugota. Ji nėra apsaugota, nors ir turi šitą karališką vietą, Naujosios Ievos vietą.

Taigi, „trečią dieną Estera, apsivilkusi karališku apdaru, atsistojo vidiniame kieme priešais karaliaus rūmus, karaliui sėdint sosto menėje karaliaus soste priešais rūmų tarpdurį. Kai tik jis pamatė karalienę Esterą, stovinčią kieme, ji rado malonę jo akyse. [„Nebijok, Marija, tu radai malonę pas Dievą!" (Lk 1, 30). Matote, netgi to paties Autoriaus – Šventosios Dvasios – tie patys posakiai mums aiškiai nurodo į Mergelės Marijos slėpinį, kurį išreiškia Esteros istorija.] Karalius ištiesė Esterai aukso skeptrą, kurį laikė rankoje. Priėjusi prie jo, Estera palietė skeptro galą" (Est 5, 1–2). O apie tai, ko Estera prašė iš karaliaus, mes pakalbėsime rytoj.

VII mąstymas

# Karalius

Toliau skaitysime Dievo žodį. Tikiuosi, kad skaitote ir pavieniui, tyloje, ir kad jis šitose rekolekcijose jums skamba naujai ir labai asmeniškai. Tęsiame Esteros knygos skaitymus apie karalienę, karaliaus nuotaką ir jos įtaką karaliaus širdžiai. Ji yra Švč. Mergelės Marijos, o kartu ir visos Bažnyčios provaizdis, vadinasi, ir kiekvieno, kiekvienos iš mūsų, ypač Dievui pasišventusiųjų.

Taigi Estera ryžtasi eiti pas karalių, kad užtartų žūčiai pasmerktą savo tautą. „Trečią dieną Estera, apsivilkusi karališku apdaru, atsistojo vidiniame kieme priešais karaliaus rūmus, karaliui sėdint sosto menėje karaliaus soste priešais rūmų tarpdurį. Kai tik jis pamatė karalienę Esterą, stovinčią kieme, ji rado malonę jo akyse. Karalius ištiesė Esterai aukso skeptrą, kurį laikė rankoje. Priėjusi prie jo, Estera palietė skeptro galą. Tada karalius tarė jai: „Kas atsitiko, karaliene Estera? Ko tu prašai? Net jeigu tai būtų ir pusė mano karalystės, bus tau suteikta." – „Jeigu karaliui patinka, – atsakė Estera, – prašyčiau karalių ir Hamaną ateiti šiandien į puotą, kurią esu suruošusi." Karalius įsakė: „Skubiai atveskite Hamaną, kad įvykdytume, ko Estera nori" (Est 5, 1–5). Tai ištrauka iš hebrajiškosios Esteros knygos versijos. Norėčiau paskaityti ir graikiškąją, kad pamatytume, kiek ten visokių *nėrinių* aplink visą šitą susitikimą.

Graikiškosios Esteros knygos 4 skyriaus D dalis: „Trečią dieną, baigusi melstis, ji nusivilko atgailos apdarą ir apsirengė puikiausiais drabužiais. Tada, didingai išsipuošusi, pasimeldusi visa matančiam Dievui ir Gelbėtojui, pasiėmė su savimi dvi tarnaites. Į vieną ji grakščiai rėmėsi, o kita sekė iš paskos, nešdama jos drabužių valktį. Ji visa švytėjo pačiu grožio žydėjimu ir atrodė laiminga tarsi mylimoji, bet širdis buvo apmirusi iš baimės.

Praėjusi pro visas duris, ji atsistojo priešais karalių. Jis sėdėjo karaliaus soste, apsirengęs visu savo didybės apdaru, tviskančiu auksu ir brangakmeniais. Karalius buvo baisiai gąsdinantis! Pakėlęs didybe spindinčią galvą, jis pažvelgė į ją, degdamas pykčiu. Karalienė susvyravo, pabalo, apalpo ir, remdamasi galva į pirma jos ėjusią tarnaitę, sukniubo. Tada Dievas permainė karaliaus dvasią į švelnumą. Susijaudinęs jis pašoko nuo sosto ir laikė ją glėbyje, kol ši atsipeikėjo. Drąsindamas ją raminančiais žodžiais, jis tarė jai: „Kas atsitiko, Estera? Aš tavo brolis. Nebijok! [Atkreipkite dėmesį: karalius, sutuoktinis ir brolis kartu.] Tu nemirsi, nes mūsų įsakas skirtas tik valdiniams. Eikš arčiau!" Pakėlęs aukso skeptrą, jis palietė juo Esteros kaklą ir apkabinęs tarė: „Kalbėk!" Ji tarė jam: „Pamačiau tave, mano viešpatie, tarsi Dievo angelą, užtat mano širdį apėmė tavo didybės baimė. Juk tu nuostabus, mano viešpatie, ir tavo veidas sklidinas malonės." Tai pasakiusi, ji vėl nualpo ir sukniubo. Dabar karalius dar labiau susijaudino, o visi dvariškiai stengėsi ją drąsinti" (Est(g) 4 D 1–16).

Matote, kaip smulkiai nupasakotas šitas susitikimas, kuris yra kupinas ir meilės, ir baimės, ir pykčio – visų tų dalykų, kurie mums nusako Dievo tikrovę. Dievas yra deginanti ugnis, teisingumo ugnis, bet taip pat ir gailestingumo, meilės ugnis (plg. Iš 24, 17). Visa tai yra atspindima šiuo karaliaus aprašymu. Turėtume atkreipti dėmesį į vieną svarbų dalyką – karalienė nepuola iš karto prašyti karaliaus, kad apgintų ją ir jos giminę nuo mirties, nuo priešo, sumaniusio juos pražudyti. Ji pirmiausia kviečia karalių į puotą ir tik paskui, puotos metu, pokalbis tęsiasi: „Geriant vyną puotos metu, karalius klausė Esterą: „Ko tu nori? Tai bus tau suteikta! Ko prašai? Nors tai ir pusė karalystės būtų, bus įvykdyta!" – „Štai koks mano noras ir prašymas, – atsakė Estera, – jei susilaukiau karaliaus malonės ir jei jam patiktų suteikti, ko noriu, ir įvykdyti mano prašymą, prašyčiau karalių ateiti rytoj su Hamanu į puotą, kurią jums suruošiu. Rytoj padarysiu, kaip karalius sako" (Est 5, 6–8). Dar viena puota, bet Estera vis dar nesako, ko nori. Čia galėtume pasimokyti, jog nereikėtų iš karto pulti kažko prašyti iš Viešpaties, bet pirmiausiai turėtume surengti puotą Jam savo širdy, duoti Jam gerti meilės vyno, ir tai turėtų būti daroma net ne vieną kartą, kol galėtume drįsti prašyti malonės. Estera paprašo septintajame skyriuje (hebrajiškojoje versijoje): „Taigi karalius ir Hamanas nuėjo puotauti su karaliene Estera. Antrą dieną, per puotą geriant vyną, karalius klausė Esterą: „Ko tu nori, karaliene Estera? Tai bus tau suteikta! Ko prašai? Nors pusė karalystės tai būtų, bus įvykdyta!" (Est 7, 1–2). Vadinasi, visų mūsų prašymų pateikimas turėtų būti ne kaip pirklio derybos su tiekėju, bet kaip karalienės puota karaliui, sutuoktinės vakarienė prie žvakių, iškilminga vakarienė. Tai turi būti meilės dialogas, o ne reikalų tvarkymas, kai pateikiame sąrašą dalykų, kuriuos reikia sutvarkyti, padaryti. Ne, mūsų santykis turi būti meilės santykis. Kitaip nėra ko stebėtis, kad Karalius neatsako. Karalius nėra pirklio tiekėjas, Jis yra Karalius ir mylintis Sutuoktinis. O jeigu mes į Jį kreipiamės kaip į verslininką, tai smarkiai klystame!

„Atsakydama karalienė Estera tarė: „Jeigu susilaukiau tavo malonės, karaliau, ir jeigu patinka karaliui, tebūna man suteikta mano gyvastis – tai mano noras – ir gyvastis mano tautos – tai mano prašymas. Mano tauta ir aš esame parduoti, kad būtume sunaikinti! Nužudyti ir išnaikinti! Jeigu būtume buvę parduoti kaip vergai ir vergės, aš būčiau tylėjusi. Bet mūsų priešas negalėtų atitaisyti žalos, padarytos karaliui mūsų žūtimi" (Est 7, 3–4). Iš šito karalienės atsakymo vėl turėtume pasimokyti, kokia turėtų būti mūsų malda. Ji nesako – taip ir taip, reikia nugalabyti Hamaną. Ne, jinai prašo su sąlyga – „jeigu susilaukiau tavo malonės, karaliau, ir jeigu patinka karaliui, tebūna man suteikta mano gyvastis" (Est 7, 3). Vadinasi, visi mūsų prašymai būtinai turi prasidėti ar baigtis su tokia sąlyga: jeigu tokia Tavo Valia, jeigu Tau taip patinka, jeigu susilaukiau Tavo malonės... Čia turi būti Jo sprendimas, Jo Valia. Estera tai ir pabrėžia: karaliaus valia, ne mano. Ir aš prašau esminio dalyko: tebūna man suteikta mano gyvastis, taip pat gyvastis mano tautos.

Kas yra Švč. Mergelės Marijos, Karalienės, Nuotakos, gyvastis? Kas yra Jos tautos – Bažnyčios – gyvastis? Šventoji Dvasia. Jeigu Kristaus mistinis Kūnas – Bažnyčia – yra tikras kūnas, tada jis, žinoma, turi ir sielą: to kūno siela yra Šventoji Dvasia. Kai sakoma, kad mūsų kūnas yra Šventosios Dvasios šventovė, pirmiausiai ir labiausiai tai tinka Mergelei Marijai, nes tai Jos kūne Šventoji Dvasia pradėjo Aukščiausiojo Sūnų (plg. Lk 1, 30–35). Būtent Šventoji Dvasia – Meilės Dvasia – teikia gyvybę. Ne biologinę, fiziologinę, o dvasinę gyvybę, kuri yra Meilė. Kad mes tikrai gyventume dvasinį gyvenimą, būtume dvasiškai gyvi, mes būtinai turime mylėti, kitaip mes tiktai vegetuojame, gyvaliojame, bet negyvename. Tik mylėdami mes iš tikrųjų tampame gyvi.

Prisiminkime, kaip Jėzus moko, kaip reikia melstis: jūs, būdami angių išperos (šv. Jono Krikštytojo žodžiais tariant –

plg. Mt 23, 33), sugebate duoti savo vaikams gerų dalykų ir duodate duonos, o ne akmenį, duodate kiaušinį, o ne skorpioną ar gyvatę, – tai kaip tada jūsų Tėvas, esantis danguje, neduos Šventosios Dvasios tiems, kurie Jį prašo (žr. Lk 11, 11–13)? Tie simboliai – duona, kiaušinis, akmuo, skorpionas – Jėzaus vartojami neatsitiktinai. Duona teikia gyvybę: jeigu neturi duonos, tai ir negyvensi, mirsi; akmuo yra šaltas ir negyvas, be to, jis neša mirtį – Izraelyje mirties bausmė dažniausiai būdavo vykdoma užmėtant akmenimis. Jėzus yra Duona, kuri mums teikia gyvybę. Kodėl? Todėl, kad Jis mus myli, mus myli pačia didžiausia meile, kuri yra gyvybę už draugus atiduoti (žr. Jn 15, 13). O tas, kuris mūsų nemyli, yra akmuo, į kurį galima dantis nusilaužti ir kurio laižyk nelaižęs, vis tiek neprilaižysi, nes jame nėra gyvybės. Kai mes nemylime, duodame savo vaikams akmenį vietoj duonos ir skorpioną ar gyvatę vietoj kiaušinio. Kiaušinis visose religijose yra gyvybės simbolis, nes iš kiaušinio išsirita kas nors gyva, pavyzdžiui... krokodiliukas! O skorpionas ir gyvatė yra mirties simboliai, nes tai mirtį nešantys gyvūnai, ypač gyvatė, kuri simbolizuoja tą pirmąjį gundytoją, per kurį į šį pasaulį atėjo mirtis. Ir kiekvieną kartą, kai mes neatleidžiame, kai mes nekenčiame, mes duodame skorpioną ar gyvatę, kurie nuodija, žudo. O kai duodame kiaušinį – duodame gyvybę, jos užuomazgą. Kai atsakome su meile, kantrybe, nuolankumu, geranoriškumu, kai mūsų atsakyme slypi rūpestis kitu, – tada tai yra meilės gyvybės užuomazga – kiaušinis. Bet svarbiausia šitame Jėzaus pamokyme yra tai, kad jeigu jūs, būdami nelabi, sugebate duoti duonos ir kiaušinį, o ne akmenį ir skorpioną ar gyvatę, tai jūsų dangiškasis Tėvas juo labiau negali neduoti Šventosios Dvasios tiems, kurie Jį prašo. Vadinasi, tai, ko mes turime prašyti maldoje, yra Šventoji Dvasia – Gyvybė, Meilės Dvasia. Taip, kaip Estera prašo: tebūnie man suteikta mano gyvastis ir gyvastis mano tautos. Tebūna mums suteikta šita Dieviška Gyvybė – Meilės Dvasia. Šito mes visada turime prašyti savo maldoje – sau ir visai mūsų tautai, Dievo tautai, kad būtume *gyvi*. Prašydami neapsiribokime, pavyzdžiui, tuo, kad gautume pinigų bažnyčiai restauruoti, arba kad sulauktume daugiau pašaukimų. Taip, reikia ir šito, bet tai nėra patys svarbiausi dalykai. Man tai primena vieną atsitikimą: kaip žinote, sakoma, jog per Pirmąją Komuniją vaikai gali visko prašyti iš Viešpaties, ir kad Jis tikrai suteiks. Taigi, atsimenu vieną vaiką, kurio po Pirmosios Komunijos šventės paklausiau: „Na, ar ko nors prašei iš Viešpaties Jėzaus?" – „Taip, taip, jau ir gavau", – sako. Klausiu: „Ir ko gi tu prašei?" – „Aš prašiau penkių litų"...

Tai štai, ir mes, prašydami pinigų remontams ir pašaukimų, elgiamės kaip tas vaikas, kuris iš Jėzaus prašo penkių litų. O juk pirmiausiai turime prašyti, maldauti Šventosios Dvasios – sau ir visai Bažnyčiai, visai žmonijai, prašyti šitos Amžinosios Gyvybės, prašyti Meilės, be kurios esame tik salotos, o ne Dievo paveikslas ir panašumas (žr. Pr 1, 26) – nes Dievas yra Meilė (žr. 1 Jn 4, 8; 1, 16). Tai yra pats svarbiausias dalykas maldoje, kartu su šita sąlyga – jeigu tokia Tavo Valia, jeigu taip patinka karaliui, tebūna man tai suteikta (plg. Est 7, 3).

Kaip žinote, karalius mielai suteikia Esterai tai, ko ji prašo (žr. Est 8, 1–17). Hamanas, kuris norėjo pražudyti visą žydų tautą, pats pražūva (žr. Est 7, 10). Jis, žinoma, yra piktosios dvasios simbolis: piktasis išsilaužė dantis, bandydamas perkąsti šitą kietą riešutėlį – Bažnyčią. Tarp kitko, atsimenate tą Evangelijos vietą, kur Jėzus sako Petrui: „Tu esi Petras – [uola], ant tos uolos aš pastatysiu savo Bažnyčią, ir pragaro vartai jos nenugalės" (Mt 16, 18)? Keistai skamba tas posakis – „ir pragaro vartai jos nenugalės", tiesa? Atrodytų, tarsi vartai turi ateiti ir kovoti, pulti Bažnyčią. Bet iš tikrųjų graikiškai, originalo kalba, yra ne „pragaro vartai jos nenugalės", bet „pragaro vartai prieš ją neatsilaikys". Vadinasi, yra atvirkščiai – ne Bažnyčia puolama pragaro vartų, bet Bažnyčia puola pragaro vartus, ir prieš Bažnyčią pragaro vartai neatsilaikys. Senovėje, viduramžiais karuose būdavo naudojamas taranas, toks ant grandinių pakabinamas rąstas, kurį įsiūbavus ir juo smūgiuojant į miesto vartus, po kelių smūgių šie išvirsdavo. Štai tas taranas ir yra Bažnyčios simbolis. Bažnyčia yra šitas baisus ginklas, kuris išverčia pragaro vartus, prieš kurį jie neatsilaiko ir pražūva – dvasine prasme; jie ne tik nenugali Bažnyčios, bet patys sugriūva.

O dabar tęskime mūsų kelionę per santuokinę temą Šventajame Rašte ir paskaitykime Izaijo pranašystę, 61 skyrių, nuo 10 eilutės: „Visa širdimi džiaugsiuosi VIEŠPAČIU, džiūgausiu savo Dievu, nes jis mane aprengė išganymo drabužiais [Tai Atpirkimo drabužiai – Atpirkimu Atpirkėjas mane vėl padaro nuotaka.] ir apsupo teisumo skraiste lyg jaunikį, besipuošiantį vainiku, lyg nuotaką, besidabinančią vėriniais. Kaip žemė išaugina savo ataugas, kaip sodas suželdina savo sėklas, taip Viešpats DIEVAS suželdins teisumą ir šlovę visų tautų akivaizdoje.

Dėl Siono aš netylėsiu, dėl Jeruzalės nenurimsiu, kol jos teisumas nesušvis kaip aušra ir jos pergalė nesuliepsnos kaip deglas. Išvys tuomet tautos tavo teisumą, o visi karaliai – tavo šlovę. Tu būsi vadinama nauju vardu, kurį tau suteiks pats VIEŠPATS. Tu būsi puošni karūna VIEŠPATIES rankoje, karališka diadema savo Dievo dešinėje. Tavęs daugiau nebevadins „Paliktąja", tavo šalies – „Nuniokotąja", bet būsi vadinama „Ji mano žavesys", o tavo šalis – „Ištekėjusia", nes VIEŠPATS žavisi tavimi, už jo yra ištekėjusi tavo šalis. Kaip tuoktųsi vaikinas su mergele, taip tavo Statytojas susituoks su tavimi. Kaip nuotaka džiaugiasi jaunikis, taip tavimi džiaugsis tavo Dievas" (Iz 61, 10–62, 5). Vėl santykis tarp Dievo ir Jo tautos nusakomas santuokiniais terminais. Ypač aiškiai parodoma, kad ta nuotaka yra miestas – Jeruzalė. Vadinasi, tai yra žmonių bendrija, bendruomenė. Mes visi kartu esame Jėzaus Nuotaka. Žinoma, ir kiekvienas iš mūsų asmeniškai turime tokį santuokinį savo širdies santykį su Viešpačiu. Vis dėlto šitas bendruomeninis aspektas yra nepaprastai svarbus. Kadangi taip, kaip vyras pats savaime nėra visas žmogus, nėra visiškas Dievo paveikslas ir panašumas, kaip moteris pati viena nėra visas žmogus, visiškas Dievo paveikslas ir panašumas, taip ir aš pats vienas ar pati viena nesu Nuotaka: aš esu Avinėlio Nuotaka tik kartu su kitais, ir tai iš esmės keičia mano žvilgsnį į kitus. Mes nesame haremas, kur visi esame atskiros vienintelio Karaliaus nuotakos, kurias Jis gali pasišaukti kada panorėjęs. Ne, mes esame viena vienintelė Nuotaka – bet tik visi kartu. Ir todėl tai keičia mūsų požiūrį į kitus. Nebėra pavydo ir konkurencijos: „Ak, kodėl Jisai šiandien į ją pasižiūrėjo, o ne į mane?!" Taip atrodytų pavydo scena hareme. Jeigu skaitėte knygų ar girdėjote pasakojimų iš tų šalių, kur esama haremų, tai galite įsivaizduoti, koks pragarėlis yra tas haremas. Deja, bet mūsų bendruomenės irgi gali virsti tokiais pragarėliais, jeigu, kaip hareme, kiekviena nuotaka reikalautų dėmesio tik sau, o Karaliui pažvelgus į kitą kiltų skandalas. Ne, mūsų bendruomenė yra viena Nuotaka. Todėl mes esame kviečiami žvelgti vieni į kitus kaip į vieną kūną ir į vieną sielą, kaip į vieną Nuotaką, kuri vedama pas Karalių (plg. Ps 44(45), 15). Visa mūsų bendruomenė – ne aš vienas ar viena.

Taip vėl grįžtame ir prie Šventųjų bendravimo slėpinio – visa, kas yra mano, yra ir mano brolių bei seserų, o visa, kas yra mano seserų bei brolių, yra ir mano: visos malonės, tie nėriniai ir vėriniai, kuriais dabinasi Nuotaka (plg. Iz 61, 10), visos tos malonės yra ir mano, tačiau taip pat ir visos nuodėmės, visos kekšystės, apie kurias dar skaitysime, irgi yra mano. Todėl labai svarbu, kad aš gyvenčiau šituo mistiniu, vadinasi, pačiu realistiškiausiu žvilgsniu į savo brolius ir seseris, į savo bendruomenę. Mes esame viena. Tai ypač akivaizdu, simboline kalba kalbant, per Eucharistiją, kai kunigas, ištiesęs rankas virš atnašų, prašo Šventosios Dvasios, kad tos atnašos „mums taptų Tavo mylimojo Sūnaus, mūsų Viešpaties Jėzaus Kristaus Kūnu ir Krauju" (I Eucharistinė malda). Tos atnašos, turinčios tapti Jėzaus Kristaus Kūnu ir Krauju, yra ne tik duona ir vynas. Tai ir visa bendruomenė, susirinkusi į apeigas. Kunigas rankas ištiesia ne tik virš duonos ir vyno – jis ištiesia jas virš visų atnašų, vadinasi, ir virš visos bendruomenės, virš kiekvienos iš jūsų, susirinkusių į Bažnyčią, prašydamas Šventosios Dvasios jus perkeisti į Kristaus Kūną ir Kraują.

Atkreipkite dėmesį – pirmiausia maldoje mes prašome, kad Šventoji Dvasia tas atnašas (daugiskaita!) paverstų į vieną Kristaus Kūną ir Kraują, kad iš atskirų žmonių surinkta bendruomenė taptų viena tikrove, taptų Kristaus Kūnu ir Krauju. Kodėl tai yra Kristaus Kūnas ir Kraujas? Nes Nuotaka ir Jaunikis yra vienas Kūnas, nebe du, kaip sakoma Pradžios knygoje: nuo šiol jie bus nebe du, bet vienas (žr. Pr 2, 24), kaip pakartoja apaštalas Paulius Laiške efeziečiams: „*Todėl žmogus paliks tėvą bei motiną ir glausis prie savo žmonos, ir du taps vienu kūnu.* Tai didis slėpinys, – aš tai sakau apie Kristų ir Bažnyčią" (Ef 5, 31–32). Paulius taip sako apie Kristų ir Bažnyčią: „Ir du taps vienu kūnu." Štai kodėl tai yra Kristaus Kūnas, nors tikrai ir Nuotaka – surinktoji Bažnyčia. Todėl kiekvienas susiskaldymas Bažnyčioje ir bendruomenėje yra tarsi Nuotakos išniekinimas – Jos veido, Jos kūno sukruvinimas, sužeidimas.

O pabaigti norėčiau palygindamas mūsų skaitytą pranašo Izaijo ištrauką su Apreiškimo knygos 21 skyriumi, kur šv. Jonas irgi kalba apie Jeruzalę, apie naująją Jeruzalę: „Aš regėjau naują dangų ir naują žemę, nes pirmasis dangus ir pirmoji žemė išnyko, ir jūros taip pat nebeliko. Ir aš išvydau šventąjį miestą – naująją Jeruzalę, nužengiančią iš dangaus nuo Dievo; ji buvo išpuošta kaip nuotaka savo sužadėtiniui" (Apr 21, 1–2). Matote, naujoji Jeruzalė, tas naujasis miestas, bendruomenė irgi yra Nuotaka, ir ne išsipuošusi, atkreipkite dėmesį, bet išpuošta. Ji pati neturi kuo pasipuošti, nes yra nuoga, plika ir kraujuose spurdanti, kaip rašoma pranašo Ezekielio pranašystėje (žr. Ez 16, 22). Iš tikrųjų Ji yra išpuošta, Ji yra nuplauta Avinėlio Krauju (plg. Apr 7, 14). Ji yra aprengta baltu Jo pergalės linu, yra išpuošta Jo nuopelnų brangakmeniais, vėriniais, auskarais ir apyrankėmis. „Ji buvo išpuošta kaip nuotaka savo sužadėtiniui." Ir ta naujoji Jeruzalė nužengia iš dangaus, nuo Dievo: Ji kyla ne iš mūsų prigimties, kurios malonė, tiesa, nepanaikina; vis dėlto Ji remiasi mūsų prigimtimi, kurioje stipriausia yra santuokinė patirtis; šita naujoji Nuotaka ateina iš dangaus, nuo Dievo.

Jeigu prisiminsime, kad dangus ir žemė Biblijos kalba reiškia dvasinį ir medžiaginį pasaulį, regimąją ir neregimąją visatą, kuri mumyse reiškiasi kaip mūsų neregimoji siela ir regimasis kūnas, tada naujasis dangus ir naujoji žemė bus mūsų kūno prisikėlimas ir mūsų sielos perkeitimas, pašlovinimas, kad ji imtų spindėti dar skaisčiau, negu pats Jėzus spindėjo ant Taboro kalno Atsimainymo metu (žr. Mk 9, 2; Mt 17, 2; Lk 9, 29). Naujoji Jeruzalė nužengia iš dangaus, nuo Dievo – vadinasi, kyla iš mūsų sielos gelmių. Iš to dangaus nužengia Naujoji Jeruzalė, Avinėlio Nuotaka – nuo Dievo, nes Dievas gyvena mūsų sielos danguje. „Tėve mūsų, kuris esi danguje..." Kuris esi mūsų sielos gelmėse ir iš kur trykšta tas mūsų naujumas, malonė būti Avinėlio Nuotaka, toji malonė, kuri nepanaikina mūsų žmogiškos prigimties, jos nesužaloja. Mūsų pasišventimas, mūsų celibatas, neturtas, klusnumas mūsų nesužaloja, bet mus patraukia į dar didesnę meilės ir santuokos platybę, nes santuoka vien tik mūsų prigimties prasme yra gana siaura. O naujoji Santuoka ir buvimas naująja Nuotaka mūsų širdį išplečia kone iki begalybės. Taip yra todėl, kad mes visi kartu esame Nuotaka to vienintelio ir begalinio Sutuoktinio, dar labiau begalinio negu visa Nuotaka, nors ir Ji nesuskaičiuojama – tūkstančių tūkstančiai ir miriadų miriadai...

„Ir išgirdau galingą balsą, skambantį nuo sosto: „*Štai* Dievo *padangtė* tarp žmonių. Jis apsigyvens pas juos, ir jie bus jo tauta, o pats Dievas bus su jais" (Apr 21, 3). Nuotaka, Bažnyčia, Naujoji Jeruzalė yra toji Dievo padangtė tarp žmonių. Dievo namai tarp žmonių – tai toji padangtė, kurią Mozė buvo pastatęs dykumoje, izraeliečių stovykloje, ir kuri reiškia Dievo buvimą kartu su izraeliečiais (žr. Iš 40, 34). Taip ir Nuotaka-Bažnyčia žmonijoje yra Dievo padangtė, per kurią Jis apsigyvena pas juos, kad jie būtų Jo tauta. Vadinasi, kad visa žmonija taptų Jo tauta, Jo Nuotaka, ne tik Bažnyčia, nes „pats Dievas bus su jais. *Jis nušluostys kiekvieną ašarą* nuo jų akių; ir nebebus mirties, nebebus liūdesio nei aimanos, nei sielvarto, nes kas buvo pirmiau, tas praėjo" (Apr 21, 3–4). „Jis nušluostys kiekvieną ašarą nuo jų akių" – kaip tas atpirkėjas, kuris paguodžia našlę (plg. Rut 2, 20), – „ir nebebus mirties, nebebus liūdesio nei aimanos, nei sielvarto." Našlės gedulas baigtas, vėl grįžta vestuvių džiaugsmas. „Kas buvo pirmiau, tas praėjo..."

„Sėdintysis soste tarė: „Štai aš visa darau nauja!" Ir sako: „Rašyk, nes šitie žodžiai patikimi ir tikri." Ir jis man atsakė: „Įvyko! Aš esu Alfa ir Omega, Pradžia ir Pabaiga. Trokštančiam aš duosiu dovanai gerti iš gyvojo vandens šaltinio. Tai paveldės nugalėtojas, ir *aš būsiu jam Dievas, o jis bus man sūnus*" (Apr 21, 5–7). Čia nuotakos analogija papildoma sūnaus analogija, kad mes nesuklystume ir nebandytume suprasti santykio su Dievu apsiribodami tik viena siaura sąvoka. Tai neįmanoma, reikia bent kelių sąvokų, ir vis tiek net visos įmanomos mūsų turimos sąvokos negali aprėpti mūsų santykio su Dievu visumos, įvairovės ir pilnatvės. Visos analogijos, ypač šitos dvi – sūnaus ir nuotakos – nuolat viena kitą papildo. Mes esame Nuotaka ir kartu Sūnus. Ir netgi lytis jose yra skirtinga (nuotaka yra moteris, o sūnus – vyras), kad mes suprastume, jog tai nėra lytiškumo klausimas, kad pirmiausia kalbama apie dvasinį meilės santykį. Tai yra ir vieno, ir kito santykio esmė. „Trokštančiam aš duosiu dovanai gerti iš gyvojo vandens šaltinio." Pagrindinė Nuotakos ir Sūnaus charakteristika – kad Jie trokšta: Nuotaka trokšta Jaunikio, Sutuoktinio, o Sūnus – Tėvo. Jeigu mes netrokštame, jeigu mes esame kaip ta kekšė Babelė, kuri sako: „Aš gedulo nematysiu, aš nesu našlė, sėdžiu kaip karalienė ir man visko užtenka" (plg. Apr 18, 7), kuri nebeturi jokio troškimo ir yra patenkinta vien savimi – tai yra baisiausia, kas gali atsitikti sutuoktinei, baisiausia, kas gali atsitikti sūnui – užsidaryti, susikoncentruoti vien į save. Tai meilės mirtis, nes pasitenkinama vien savimi.

Mes negalime savimi pasitenkinti. Tai prieštarauja pačiai meilės prigimčiai, nes meilę gali patenkinti tik kitas, kito širdis, kurio mylėdamas trokštu. O jeigu aš nebetrokštu – aš nebemyliu. Tačiau jeigu aš trokštu, Tėvas ir Sutuoktinis žada: „Trokštančiam aš duosiu dovanai gerti iš gyvojo vandens šaltinio" – iš savo, kaip Sutuoktinio, Širdies, iš savo, kaip Tėvo, Širdies aš duosiu gerti Gyvojo Vandens (plg. Jn 4, 14) – Šventosios Dvasios, kuri jungia Tėvo ir Sūnaus Širdį; Šventosios Dvasios, kuri taip pat jungia ir Sutuoktinio, ir Nuotakos – Bažnyčios – Širdį (plg. Jn 7, 38–39). Kitaip sakant, mūsų santykis su Dievu yra tas pats santykis, kuris yra tarp Tėvo ir Sūnaus, ir tas santykis yra Šventoji Dvasia. Mes esame įtraukiami į Švenčiausiosios

Trejybės slėpinį kaip Sūnus ir kaip Nuotaka – kaip Sūnus, antrasis Švenčiausiosios Trejybės Asmuo, ir kaip Nuotaka, kas jau labiau atitinka mūsų prigimtį.

O dabar norėčiau grįžti prie Izaijo pranašystės, kur Jeruzalė – nuotaka – yra Viešpaties džiaugsmas, džiaugsmas visa širdimi (plg. Iz 61, 10). Dievas džiaugiasi savo Nuotaka, ir Nuotaka džiaugiasi savo Sutuoktiniu: „Visa širdimi džiaugsiuosi VIEŠPAČIU, džiūgausiu savo Dievu, nes jis mane aprengė išganymo drabužiais" (Iz 61, 10), papuošė mane vestuviniais, santuokiniais aprėdais ir „apsupo teisumo skraiste" (Iz 61, 10), Jis mane pasirinko. Aš esu pasirinkta kaip nuotaka... Pagalvokime apie žmogiškos meilės patirtį, kai savo širdimi pajuntame, jog nebegalime gyventi be kito žmogaus. Tai ir didis džiaugsmas, svaigulys, bet ir baisus nerimas: o kas, jei jis ar ji manęs nemyli? Didžiulė įtampa. Ir paskui, kai ji ar jis sužino, kad jį irgi myli, ir ne tik myli, bet visada nori būti kartu – štai tas didžiulis džiaugsmas, kad esu mylimas ar mylima, kad esu pasirinktas ar pasirinkta to, kuris mane myli ir kurį aš myliu. Pabandykime remtis paprasčiausia žmogiška patirtimi, kad lengviau galėtume kalbėti ir apie šitą dvasinį santykį – kai Dievas pasirenka mus, mūsų didžiausiam džiaugsmui. Ar dar būna, kad džiaugiamės dėl to, jog Viešpats mus pasirinko?.. O gal jau esame apsipratę ir žiūrime į savo Sutuoktinį kaip į baldą namuose, kuriuos reikia sutvarkyti? „Pasislink, nes aš čia turiu prašluoti." Būna, kad žmona tiesiai sako: „Eik lauk, nes aš dabar tvarkau kambarį." Kaip kokiam nereikalingam baldui. Deja, bet toks apsipratimas gresia ir mūsų dvasiniam gyvenimui – Viešpats netgi gali tapti „trukdžiu": „Klausyk, Viešpatie, Tu jau nesupyk, bet šiandien aš nesimelsiu, nes reikia padaryti šitą skubų ir svarbų darbą. Pasitrauk, aš dabar kambarius tvarkau. Tu esi tiktai daiktas, ir šiandien nereikalingas, netgi trukdai." Pasižiūrėjus objektyviai, jeigu mūsų santykis su Dievu yra toks, tai jau tikrai baisu. Todėl rekolekcijos yra puikiausia proga grįžti prie pirmosios meilės.

Neužmirškime, ką Viešpats Apreiškimo knygoje sako Efezo bažnyčiai: „Tačiau turiu šį tą prieš tave. Aš turiu prieš tave, kad tu palikai savo pirmąją meilę" (plg. Apr 2, 4), kad tavo širdis tapo kaip akmuo, kad tu man rankoje tiesi skorpioną ir gyvatę, o ne duoną ir kiaušinį... O Giesmių giesmė turėtų atgaivinti mumyse šitą pirmosios meilės džiaugsmą: „Visa širdimi džiaugsiuosi Viešpačiu, džiūgausiu savo Dievu, nes Jis mane išdabino lyg nuotaką vėriniais, nes Jis iš mano širdies, kuri buvo dykuma, padarė sodą, kuris želdina savo sėklas, želdina teisumą ir šlovę visų tautų akivaizdoje" (plg. Iz 61, 10–11). „Teisumą ir šlovę" – atkreipkite dėmesį, kad Naujoji Jeruzalė spindi Dievo šlove (žr. Apr 21, 11), kurią Jis suželdina mūsų uždarame sode (plg. Gg 12, 4), mūsų širdyje. Ten nebe dykuma, o vešlus žydintis sodas, jeigu mes leidžiame Gyvojo Vandens versmei jame trykšti, jeigu neužritiname ant jos didžiulio akmens, kad niekas negalėtų iš jos atsigerti – nei patys, nei kiti. „Tu būsi vadinama nauju vardu, kurį tau suteiks pats VIEŠPATS" (Iz 62, 2). Koks tas vardas? – Tu esi mano žmona, tu esi mano sutuoktinė, tu nebesi šiaip kažkokia eilinė mergina, tu esi mano karalienė... „Tu būsi puošni karūna VIEŠPATIES rankoje, karališka diadema savo Dievo dešinėje" (Iz 62, 3). Dėl santuokos su Karaliumi mes, vergai, baudžiauninkai, tampame karališkos kilmės, karališko kilnumo, dieviškosios prigimties dalininkai (plg. 2 Pet 1, 4; Ef 3, 6; Žyd 3, 14) – net jeigu mūsų ištakos ir lieka baudžiavinės, būriškos, nes ir toliau esame tik žmonės. „Tavęs daugiau nebevadins „Paliktąja" [...]. Bet tu būsi vadinama „Ji mano žavesys", o tavo šalis – „Ištekėjusia" (Iz 62, 4).

Ar mes rūpinamės patikti Viešpačiui, kad būtume Jo žavesys? Ar mums rūpi, kad visa, ką darome, pirmiausia darytume dėl Mylimojo? Tai labai skiriasi nuo to santykio, kai Jisai yra tarsi daiktas, kurį reikia pastumti, nes trukdo dirbti. Priešingai, Jis yra centre, viskas daroma dėl Jo, kad Jis galėtų manimi žavėtis, taip, kaip Jis žavėjosi Švč. Mergele Marija, Jos nuolankumu, tyrumu, Jos skubėjimu tučtuojau vykdyti Dievo – Mylimojo – Valią. Meilės skuba... „Kaip nuotaka džiaugiasi jaunikis, taip tavimi džiaugsis tavo Dievas" (Iz 62, 5). Ar tikrai taip yra tarp Dievo ir mūsų? Ne tik tarp Dievo ir mūsų kaip asmens, bet tarp Dievo ir mūsų kaip bendruomenės, mūsų vienuolijos? Ar tikrai „kaip nuotaka džiaugiasi jaunikis, taip tavimi džiaugsis tavo Dievas"?.. Palieku šį klausimą sąžinės apyskaitai, kurią darysime, kai skaitysime kai kurias Ezekielio knygos 16 skyriaus ištraukas. Ten pranašas labai kietai ir atvirai kalba apie paleistuvaujančią žmoną. Todėl tebus šis klausimas mūsų sąžinės apyskaitai – ar mes esame ištikima Nuotaka, ar kekšė?

VII mąstymas

# Kekšė

Norėčiau pradėti šį mąstymą viena istorija iš popiežiaus pal. Jono XXIII[1] gyvenimo. Nesu tikras, kad tai iš tikrųjų įvyko, nes apie jį daug visko pasakojama, bet aš vis dėlto ją papasakosiu. Taigi, kai Jonas XXIII buvo išrinktas popiežiumi, jis jau gal tą patį ar kitą vakarą persirengė paprasto kunigo sutana ir išėjo į Romą pasivaikščioti. Na, ir ėjo jis pro tokį kiemelį, kur buvo prisėdusių italių *mamma*, tokių pagyvenusių plepučių, kurios šnekėjo apie naujus popiežiaus rinkimus. Viena ir sako: „Ar girdėjote, išrinko popiežiumi tokį storą, seną ir negražų?" O jis eina pro šalį ir girdi, tada atsisuka į tas *mamma* ir sako: „Ponios, konklava – tai ne grožio konkursas..." Kodėl pasakoju šitą istoriją? Nes panašiai, noriu pastebėti, ir rekolekcijos – nėra kinas arba cirkas, kad būtų įdomu. Rekolekcijos nebūtinai turi būti įdomios, nes ne tai yra svarbiausia rekolekcijose. Per rekolekcijas net gali būti labai sunku, kaip per gimdymą – naujo žmogaus gimdymas yra sunkus. Juk gimdyti moteris važiuoja į

[1] Šiandien jau Šventojo (red. past.).

ligoninę, o ne į kokį nors koncertą, kur linksma. Prisiminkime, kur ir ko mes atvažiavome. Tikrai ne į cirką; aš nesu cirkininkas. Todėl dabar sutelkime visą savo dėmesį į tikslą, dėl kurio čia esame Viešpaties surinkti. Juo labiau kad šitas mąstymas bus nelengvas, gal net atgrasus, tačiau jis yra būtinas. Jeigu kalbėtume vien tik apie tai, kaip Dievas mumis žavisi, mus myli ir džiaugiasi mumis kaip Jaunikis savo Nuotaka, bet nepakalbėtume apie tai, ką rašo Ezekielis apie Jeruzalę, tai mes būtume kaip tie netikri pranašai, kurie sako: „Ramybė, ramybė – nors nėra ramybės" (žr. Jer 6, 14), nors Jeruzalę supa sunaikinimas ir suspaudimas. Ir jeigu pranašas sako (aišku, aš nepretenduoju į jokius pranašus, aš tik juos cituoju): „Vargas tau, Jeruzale" (Jer 13, 27), – tai ne todėl, kad norėtų jos pražūties, o todėl, kad jis trokšta jos išgelbėjimo, jos atsivertimo. Apie tai ypač daug rasime kito pranašo – Ozėjo – raštuose.

Taigi pasigilinkime dabar į tą Ezekielio knygos 16 skyrių, iš kurio ne viską skaitysiu. Ko neperskaitysiu, palieku jūsų asmeninei sąžinės apyskaitai. „Mane pasiekė VIEŠPATIES žodis: „Žmogau, parodyk Jeruzalei jos bjauriuosius nusikaltimus ir sakyk: 'Taip kalba Viešpats DIEVAS Jeruzalei. Tu kilusi ir gimusi iš kanaaniečių krašto; tavo tėvas buvo amoritas, o motina – hetitė. [Kitaip sakant, *žemas lygis*, prastos kilmės, pagonys. Tavo tėvas yra nusidėjėlis ir motina tokia pati – Adomas ir Ieva.] Tau gimus, tą dieną, kai gimei, tavo bambagyslė nebuvo nupjauta, tu nebuvai nei apiplauta vandeniu, kad būtumei švari, nei ištrinta druska, nei suvystyta vystyklais. Jokia akis neparodė tau gailesčio, kad padarytų ką nors iš šitų dalykų iš užuojautos tau, ir tu buvai išmesta laukan po atviru dangumi, nes tavimi pasibjaurėta tą dieną, kai gimei'" (Ez 16, 1–5). Tai yra aliuzija į tais laikais gyvavusį paprotį: išmesti nereikalingus vaikus į šiukšlyną, kaip darydavo pagonys. Iš tikrųjų ir visa žmonija buvo išmesta „laukan po atviru dangumi" iš Edeno sodo. „Nes tavimi pasibjaurėta tą dieną, kai gimei" – nes gimei ne tokia, kokie buvo tavo tėvai iki nuopuolio, tu gimei nuodėmėje.

„Ėjau pro šalį ir mačiau tave spurdančią savo kraujuose. Tau gulint savo kraujyje, aš tariau: 'Gyvenk! Auk kaip laukų augalas!'" (Ez 16, 6). Tai pirmasis Dievo Gailestingumas mums, kad gyvename, nes nėra taip jau lengva išlikti gyvam šitame pasaulyje. Aišku, kūdikių mirtingumas (kalbu tiesiogine prasme) šiais laikais labai sumažėjęs, bet jis nėra galutinai panaikintas, ir jis, deja, visada bus, nes toks jau yra šis pasaulis. Tad tikrai Dievo malonė, Jo Gailestingumas, kad mes galime gyventi. Mes dažnai net nesusimąstome, kokią dovaną turime, kad galime gyventi. Tai yra pati pirmoji Viešpaties dovana.

„Tau gulint savo kraujyje, aš tariau: 'Gyvenk! Auk kaip laukų augalas!' Tu užaugai, tapai didelė, subrendai tikra moterimi, jau buvo iškilusios tavo krūtys, suvešėję plaukai, tačiau vis dar buvai visiškai nuoga. Ėjau vėl pro šalį ir vėl mačiau tave; tu buvai pasiekusi meilės amžių. Išskleidžiau virš tavęs savo skverną ir pridengiau tavo nuogumą. Daviau tau priesaiką, suėjau į sandorą su tavimi, – tai Viešpaties DIEVO žodis, – ir tu tapai mano" (Ez 16, 6–8). Tas nuogumas iki nuopuolio buvo Dievo sukurto šedevro grožio spindesys, bet po nuopuolio nuogumas reiškia trapumą, pažeidžiamumą, silpnumą ir gėdą. Mes iš tikrųjų esame tokie – nuogi. Apie šį nuogumą ir šv. Jonas rašo Apreiškime vienai iš bažnyčių, Laodikėjos bažnyčiai: „Tu juk sakai: „*Aš esu turtingas ir pralobęs* ir nieko nebestokoju," – o nežinai, kad esi skurdžius, apgailėtinas, beturtis, aklas ir plikas [t. y. nuogas]. Aš tau patariu pirkti iš manęs ugnyje išgryninto aukso, kad pralobtum, baltus drabužius, kad apsirengtum ir nebūtų matoma tavo nuogumo gėda, ir tepalo pasitepti akims, kad praregėtum" (Apr 3, 17–18). Mes galime dangstyti savo nuogumą iliuzijomis, kad esame stiprūs, protingi, galingi, tačiau Dievo akyse mes esame nuogi, trapūs ir pažeidžiami. Ir tik Jis vienas gali mus ir mūsų nuogumą pridengti.

Dar daugiau – Jis ne tik pridengia mūsų nuogumą, bet dar ir duoda mums priesaiką: „Daviau tau priesaiką, suėjau į sandorą su tavimi, – tai Viešpaties DIEVO žodis, – ir tu tapai mano." Tai yra antroji Dievo Gailestingumo malonė, kurią mes visi čia esantys esame iš Jo gavę. Po gyvybės, gyvenimo malonės, mes esame gavę sandoros, pašaukimo malonę. Tai labai reta ir tikra iš Dievo gauta dovana. Mes tapome Jo, Jo sutuoktiniai. „Išmaudžiau tave vandenyje, nuploviau nuo tavęs kraują ir patepiau aliejumi. Aprengiau tave išsiuvinėtais drabužiais, daviau tau brangios odos sandalus, sujuosiau tave lino juosta ir apgaubiau šilko skraiste. Papuošiau tave brangiomis puošmenomis, užmoviau tau ant rankų apyrankes, o ant kaklo – karolius, įvėriau tau žiedą į nosį ir auskarus į ausis, uždėjau ant tavo galvos gražų vainiką. Tu buvai papuošta auksu ir sidabru, tavo drabužiai buvo iš puikaus lino, prabangaus šilko ir išsiuvinėto audeklo. Geriausi miltai, medus ir aliejus buvo tavo maistas. Tu tapai nepaprastai graži, tinkama būti karaliene. Tavo vardas išgarsėjo tarp tautų dėl tavo grožio, nes jis buvo tobulas mano spindesiu, kurį tau suteikiau, – tai Viešpaties DIEVO žodis" (Ez 16, 9–14). Mes gal net nesusimąstome, kaip labai esame Dievo išpuošti, apkabinėti brangakmeniais – Jo malonėmis, Jo dovanomis, maitinami geriausiais miltais, medumi ir aliejumi, nors pasaulyje žmonės valgo visokių koncentratų, stipriklių, dažiklių ir kitokių priedų pilną maistą – kalbu dvasine prasme. Mes esame maitinami geriausiais miltais, medumi ir aliejumi. Jis mus padarė nepaprastai gražią, tinkamą būti karaliene. Vis dėlto mes su tuo apsiprantame, kaip tie izraelitai dykumoje su mana, ir niurname Viešpačiui: „Atsibodo mums šitas maistas, bloga darosi, galėtum duoti mėsos" (plg. Sk 11, 4–6). Mes nebepastebime viso to gėrio, nes dėl savo žmogiškos prigimties labai greitai priprantame prie gerų, patogių dalykų ir priimame juos kaip normą. O kuo daugiau ir geriau turi, tuo mažiau tai vertini ir tuo didesnių kaprizų kyla. Kaip toje pasakoje apie auksinę žuvelę. Atsimenate, buvo tokia sena boba, kuri sėdėjo prie suskilusios geldos ir svajojo, kaip būtų gerai turėti naują geldą. Bet ją gavusi, jau užsigeidė trobos, po trobos – būti bajoriene, paskiau nebenori būti bajoriene, jau nori būti cariene ir pagaliau netgi vandenynų karaliene – ir kad pati auksinė žuvelė jai tarnautų! Galiausiai jinai atsiduria vėl prie savo senos suskilusios geldos. Taip ir mes, dvasine prasme kalbant, galime priprasti prie šitų ypatingų Dievo malonių, kuriomis esame lepinami. Mes tikrai esame dvasiškai lepinami; tačiau, nepaisant to, paskui iki beprotybės pradedame norėti to, kas mums netinkama.

Štai tada, kai Dievas mums yra davęs tiek visokių malonių: gyvenimo malonę, pašaukimo malonę ir per tą pašaukimo malonę mus dvasiškai išpuošęs gražiausiais savo brangakmeniais, maitinęs geriausiais miltais, medumi ir aliejumi – gali atsitikti (aš nesakau, jog taip *yra*, bet taip *gali* atsitikti), kad šitas žodis, kurį dabar skaitysiu, yra skirtas ir mums. „Bet tu, pasitikėdama savo grožiu, elgeisi su savo vardu kaip kekšė" (Ez 16, 15). Kelias eilutes praleisiu ir skaitau toliau: „Darydama visus savo bjauriuosius nusikaltimus ir kekšaudama, neatminei savo jaunystės dienų, kai buvai visiškai nuoga, spurdanti savo kraujuose" (Ez 16, 22). Ir dar toliau: „Kokia ligota tavo širdis! – tai Viešpaties DIEVO žodis. – Darei visus šiuos dalykus kaip įžūli kekšė" (Ez 16, 30).

Kodėl turtingoms ponioms, ištekėjusioms už turtingų, mylinčių vyrų, prisireikia meilužių? Kodėl taip yra? Ar ne *iš gero gyvenimo*? O jeigu savęs paklaustume, kodėl mums amžinai kažko vis stinga iš Viešpaties? Kodėl mums vis reikia kažkokių ypatingų patirčių? Ar nebus tas pats atsakymas – *iš gero gyvenimo*? Kalbu apie patirtis, kurių mes trokštame, tačiau nebūtinai apie neteisėtas patirtis. Apie kekšavimą ne aš, o pranašas kalba – apie tai, kas peržengia bet kokias santuokos ribas. Kodėl žmonai prireikia meilužių? Todėl, kad jinai nebepatenkinta savo vyru, savo sutuoktiniu. O kodėl jinai juo nebepatenkinta? Todėl, kad su juo nebebendrauja, todėl, kad ima rūpintis tik savimi, savo komfortu, savo grožiu ir savo malonumais, o nebe vyru. Tada vyras pasirodo per prastas, tada reikia meilužių.

Šita perdėm žmogiška patirtis yra aiški alegorija, kuria pranašas kalba apie dvasinius dalykus. Šiandien ji yra paties Viešpaties klausimas mums, kuriuos Jis yra pasirinkęs, su kuriais yra sudaręs sandorą, kad taptume Jo, kuriuos yra papuošęs ir pamaitinęs, – ar mes tikrai esame ištikima sutuoktinė? O gal mes ieškome visokių meilužių? Tie meilužiai, žmogiškai žiūrint, gali atrodyti visai geri dalykai, bet jie švaisto mūsų vyro, mūsų Sutuoktinio turtą. Žiūrėkite, ką ji daro: „Tu pasiėmei ir gražiąsias mano aukso bei sidabro puošmenas, kurias buvau tau davęs, pasidarei vyriškų atvaizdų ir kekšavai su jais. Tu pasiėmei savo išsiuvinėtų drabužių jiems apdengti ir dėjai priešais juos mano aliejų ir smilkalus. Ir maistą, kurio tau daviau, geriausius miltus, medų ir aliejų, kuriais tave maitinau, tu dėjai priešais juos kaip malonaus kvapo atnašas. Štai ką tu darei!" (Ez 16, 17–19) Ar ir mes viso to, ką esame gavę iš Dievo – talentus, išsilavinimą, galų gale laiką, kuris yra brangiausias turtas, – nešvaistome visokiems „meilužiams", įvairiems stabams? Juk tai nėra mūsų turtas – tai yra mūsų Sutuoktinio turtas. Pabandykite, pavyzdžiui, per savo sąžinės apyskaitą surašyti, ką veikiate per savo dvidešimt keturias paros valandas? Kur, kiek, ko vidutiniškai skiriate? Ar tikrai šita ar kita valanda yra Viešpačiui skirta? Gal ji skirta kekšavimui? Tai gali būti kompiuteris, gal romanas. Aš nesakau, kad mums nereikia atsipalaiduoti. Tačiau visa klausimo esmė – koks yra vienos ar kitos veiklos tikslas? Ar tai yra dėl Mylimojo, ar dėl manęs? Jeigu dėl manęs, tada aš esu kekšė!

„O dabar, kekše, klausykis VIEŠPATIES žodžio! Taip kalba Viešpats DIEVAS. [...] Atiduosiu tave jiems [tiems meilužiams] į rankas. Jie išardys tavo pakylą ir nugriaus tavo aukštumų alkus, nuvilks nuo tavęs drabužius, atims tavo gražiąsias puošmenas ir paliks tave visiškai nuogą. Paskui jie atves minią, kad muštų tave akmenimis ir kapotų kalavijais. Jie degins tavo namus ugnimi ir įvykdys tau teismą, žiūrint daugeliui moterų. Taip padarysiu galą tavo kekšavimui ir tu nebemokėsi daugiau kekšės užmokesčio. [...] Kadangi tu neatminei savo jaunystės dienų ir įerzinai mane visais šitais dalykais, aš ir sukroviau tavo darbus tau ant galvos, – tai Viešpaties DIEVO žodis. – Argi tu nesielgei ištvirkusiai, darydama visus savo bjauriuosius nusikaltimus?" (Ez 16, 35–43).

Mūsų Dievas yra pavydus Dievas. Jis nori visko; Jis nenori tik gabaliuko mūsų širdies – Jis nori jos visos. Ką mes bedarytume – budėtume ar miegotume, dirbtume ar melstumės, valgytume ar ilsėtumės, – Jis nori, kad mes visada būtume su Juo ir dėl Jo. Jeigu taip nėra, tada mes daromės kekšės, o ne sutuoktinės, ne mylinčios nuotakos. Tada visi tie „meilužiai", pas kuriuos mes einame, – kompiuteris, romanas, laikraštis, televizorius – atsisuks prieš mus, nuvilks drabužius, atims gražiąsias puošmenas ir paliks visiškai nuogus, muš akmenimis ir degins namus ugnimi. Jeigu šitaip esate kekšavę, tai puikiai žinote, kaip greitai paskui mus užvaldo baisus nuobodulys, lėkštumas ir tuštumas, kokie tampame iškamšos, nes esame pilni melo, o ne tiesos.

Dabar paskaitykime Apreiškimo knygos 17 skyrių, kur šv. Jonas pasakoja apie miestą – tik šįsyk ne apie Jeruzalę, o Babelę: „Tuomet atėjo vienas iš septynių angelų, turėjusių septynis dubenis, ir užkalbino mane: „Eikš, aš tau parodysiu teismą didžiosios ištvirkėlės, sėdinčios ant didžių vandenų. Su ja ištvirkavo žemės karaliai, ir jos ištvirkimo vynu pasigėrė žemės gyventojai" (Apr 17, 1–2). Taip, kaip mūsų meilės vynu gali būti apsvaiginti visi žemės gyventojai, visa Dievo tauta (prisiminkime, kaip šv. Kūdikėlio Jėzaus Teresėlė interpretuoja Giesmių giesmės žodžius „Pasiimk mane! Skubėkime!" – Gg 1, 4), kaip mūsų ištikimybė tiesiogiai lemia visos krikščionijos ištikimybę Dievui, taip ir mūsų ištvirkavimas nugirdo ištvirkimo vynu visus žemės gyventojus, nukreipia juos nuo Viešpaties, nes čia veikia vis tas pats Šventųjų bendravimo slėpinys ir žmogiškosios prigimties solidarumas. Mes per retai susimąstome, kokia nepaprastai svarbi, netgi strateginė yra mūsų vieta Bažnyčioje. Prisiminkime, kaip šv. Faustina rašė savo *Dienoraštyje*, kad pašvęstųjų sielos danguje spindi tokiu skaistumu, kaip mėnulis, palyginti su žvaigždėmis. Bet jeigu mūsų šviesa yra tamsi, – kokia tada baisi ta tamsuma, sako Viešpats (žr. Mt 6, 23). *Corruptio optimi pessima*... Jeigu Jeruzalė tampa Babele, tada jinai savo ištvirkimo vynu nugirdo ir kitus žemės gyventojus.

„Ir jis dvasios galia nusinešė mane į dykumą. Ten aš išvydau moterį, sėdinčią ant skaisčiai raudono žvėries, pilno piktžodžiavimo vardų, turinčio septynias galvas ir dešimt ragų" (Apr 17, 3). Jeruzalė yra Avinėlio Nuotaka, o Babelė yra skaisčiai raudono žvėries, šėtono sugulovė. Skaisčiai raudona čia yra neapykantos, pykčio spalva. Žvėris buvo pilnas piktžodžiavimo vardų ir turėjo septynias galvas – tobulą protą (septyni yra tobulumo simbolis), nes tai protingiausias Dievo sukurtas angelas, – ir dešimt ragų, kurie reiškia galybę – bet galybės daugiau negu proto! Nebėra harmonijos tarp jo galybės ir proto... „Moteris buvo apsivilkusi purpuru ir raudonu drabužiu, išsipuošusi auksu [Purpuras ir raudonas drabužis, aukso papuošalai yra karališki apdarai.], brangakmeniais ir perlais. Ji laikė rankoje aukso taurę, pilną ištvirkimo šlykštybių ir nešvarumų. Ant jos kaktos buvo užrašytas vardas, slėpinys: „Didžioji Babelė, ištvirkėlių ir žemės šlykštybių motina" (Apr 17, 4–5).

Mes esame sielų motinos kartu su Švč. Mergele Marija, Bažnyčios Motina, kuri sąrėmiuose gimdo Dievui vaikus (plg. Apr 12, 1–2). O kekšė yra ištvirkėlių ir žemės šlykštybių motina. Jinai irgi gimdo vaikus, tik ne Dievui. Prisiminkime, kaip Jėzus karčiai ir kietai priekaištauja fariziejams, kad šie perplaukia jūras ir pereina žemynus, kad laimėtų nors vieną atsivertėlį, o paskui iš jo padaro dar blogesnį už juos pačius (žr. Mt 23, 15). Ta pati logika galioja ir įveliančiųjų į bet kokią nuodėmę atveju. „Mačiau tą moterį, girtą nuo šventųjų ir Jėzaus liudytojų kraujo. Ją matydamas, aš labai stebėjausi. O angelas man tarė: „Ko stebiesi? Aš tau atskleisiu slėpinį moters ir ją nešančio žvėries, kuris turi septynias galvas ir dešimt ragų" (Apr 17, 6–7). Mes neturėtume apgaudinėti savęs, bet labai aiškiai suprasti, kad jeigu mes nesame ištikima nuotaka savo Sutuoktiniui, mes tada kekšaujame, ir ne su šiaip kuo nors, bet su labai konkrečiu žvėrimi, kuris turi septynias galvas ir dešimt ragų.

Paskui angelas sako: „Jie [žemės karaliai] turi vieną sumanymą ir savo galybę bei valdžią atiduoda žvėriui [šio pasaulio kunigaikščiui]. Jie kovos su Avinėliu, bet Avinėlis juos nugalės, nes jis yra viešpačių Viešpats ir karalių Karalius, ir su juo visi pašauktieji, išrinktieji ir ištikimieji." Angelas toliau man sako: „Vandenys, kuriuos regėjai, kur sėdi ištvirkėlė, yra žmonės, minios, tautos ir kalbos. Tie dešimt ragų, kuriuos matei, ir žvėris, – jie ims nekęsti ištvirkėlės, nuplėš jos drabužius ir paliks ją nuogą, ės jos kūną ir ją pačią sudegins ugnyje" (Apr 17, 13–16). Angelas nusako Babelės likimą lygiai taip pat, kaip Ezekielis tos ištvirkėlės Jeruzalės, kurią jos buvę meilužiai irgi palieka pliką, nuplėšia jos drabužius, sumuša akmenimis ir sudegina jos namus (žr. Ez 16, 39–41). Mums gali atrodyti, kad nieko čia tokio truputėlį atsiimti iš tos dovanos – savo gyvenimo, – kurį aš Viešpačiui atidaviau: gyvenu truputėlį sau, savo malonumui, o tą malonumą man suteikia jau minėti „meilužiai": televizoriai, kompiuteriai, romanai, nelabai sąžiningos draugystės, nereikalingi pliurpimai telefonu... Visi tie dalykai paskui atsisuka prieš mus pačius ir mus drasko, ėda mūsų kūną, mus degina. Tie mūsų „meilužiai" mus griauna. Tai akivaizdi bet kokios nuodėmės charakteristika: nuodėmė mus traukia savo pseudomalonumu, bet paskui tas malonumas taip šleikščiai atsirūgsta... Bet įdomiausia, kad mes vis nepasimokome. Žinome, kad už slieko yra kabliukas ir vis tiek užsikabiname, vėl ir vėl. Vienintelis būdas neužkibti už to kabliuko, netapti plėšomam ir draskomam tų „meilužių" – tai ištikimybė pirmajai meilei, mūsų Sutuoktiniui.

Dabar siūlau paskaityti iš kito pranašo, Ozėjo, knygos, nes paskaičius Ezekielį iš tikrųjų gali apimti baisi neviltis. Juk tikrai kiekvienas, ir aš pirmasis, esame savo gyvenime buvę neištikimi, esame iššvaistę mūsų Sutuoktinio lobių, turtų ir brangenybių „meilužiams". Bet Ozėjas, kuris konstatuoja lygiai tą patį faktą, vis dėlto mums atneša didžiulę viltį. Pranašas savo knygos 2 skyriuje kreipiasi į savo dukrą ir sūnų, kurie simbolizuoja Izraelio vaikus. Dukros vardas yra Lo Ruhama – „Ta, Kurios Nepasigailima", o sūnaus – Lo Ami – „Ne Mano Tauta". Pranašas Viešpaties vardu sako: „Maldaukite savo motiną, maldaukite, nes ji nėra mano žmona, o aš nesu jos vyras! Tepašalina ji nuo savo veido kekšystę ir nuo savo krūtų svetimavimą. Antraip aš ją išrengsiu nuogai, paliksiu, kokia ji buvo gimimo dieną, padarysiu ją panašią į dykumą, paversiu ją tyrlaukiais ir leisiu jai mirti nuo troškulio. Nė jos vaikų nepagailėsiu, nes tai kekšystės vaikai. Taip! Jų motina buvo kekšė, ta, kuri juos pradėjo, gėdingai elgėsi. 'Eisiu paskui savo meilužius, – sakė ji, – nes gaunu iš jų duonos ir vandens, vilnų ir linų, aliejaus ir gėrimo.' Todėl, tikėk manimi, erškėčiais aptversiu jos kelią ir prieš ją pastatysiu sieną, kad ji nebegalėtų rasti savo takų. Ji vis bėgs paskui savo meilužius, bet nepasivys, ieškos jų, bet neras" (Oz 2, 4–9). Tikrai taip, nes visi tie ištvirkavimai negali pasotinti gelminio mūsų širdies troškimo, tikros, ištikimos meilės troškimo, įskaitant ir jos teikiamą dvasinį malonumą: „Tavo dešinėje – malonumai, amžina linksmybė", sako psalmininkas (plg. Ps 16 (15), 11). Ne, šis pasaulis negali pasotinti mūsų širdžių. Negali! Ypač jeigu bent kartą paragavome Viešpaties Meilės.

„Tuomet ji tars sau: 'Eisiu, grįšiu pas savo pirmąjį vyrą, nes anuomet man buvo geriau negu dabar.' Ji nežinojo, kad tai aš daviau jai grūdų, vyno ir aliejaus, apipyliau ją sidabru ir auksu, o jie tai išleido Baalui. Todėl atsiimsiu savo grūdus jų laiku ir savo vyną jo metu; atimsiu savo vilnas ir linus, duotus jos nuogumui pridengti. Dabar aš atidengsiu jos gėdą jos meilužių akyse, ir iš mano rankų niekas jos neišgelbės. Padarysiu galą visam jos džiaugsmui, jos šventėms, jaunatims, šabams ir visoms iškilmių dienoms. Nuniokosiu jos vynmedžius ir figas, apie kuriuos ji sakė: 'Tai mano atlygis, kurį man davė meilužiai.' Paversiu juos brūzgynais, ir laukiniai žvėrys juos nuės" (Oz 2, 9–14). Viena iš galimų priežasčių, kodėl mus ištinka dvasios sausros, tamsa, neviltis ir depresija, – mūsų neištikimybė, nusigręžimas nuo To, kuris mus pasišaukė ir kuris sudarė su mumis sandorą, kad būtume Jo, o mes nebuvome Jo (plg. Ez 16, 8). Todėl tikrai ne Jį reikia kaltinti, kad mums sausa, nuobodu, beprasmiška, tuščia ir kyla depresinių minčių. Ne, reikia kaltinti savo neištikimybę. „Taip bausiu ją už iškilmių dienas Baalams, kuriomis ji degino jiems smilkalus; išsidabinusi auskarais ir puošmenomis, ji ėjo paskui savo meilužius ir pamiršo mane, – tai VIEŠPATIES žodis" (Oz 2, 15).

O dabar prasideda vilties žodžiai: „Todėl dabar ją viliosiu, išvesiu į dykumą ir prašnekinsiu jos širdį. Ten atiduosiu jai vynuogynus, o Achoro slėnį padarysiu vilties durimis. Ten ji atsilieps man kaip savo jaunystės dienomis, kaip tą dieną, kai išėjo iš Egipto žemės" (Oz 2, 16–17). Vienas iš rekolekcijų tikslų yra sugrįžti prie pirmosios meilės, prie to pirmojo meilės įkarščio, su kuriuo mes atėjome į vienuolyną, palikę viską ir pasiryžę niekad nebegrįžti prie tų paliktų dalykų. „Ten ji atsilieps man kaip savo jaunystės dienomis." Tos jaunystės dienos nėra amžinai praėjusios, jos gali ir turi sugrįžti. Štai todėl ir reikia skaityti Giesmių giesmę, nes tai yra mūsų širdies jaunystės eliksyras, dvasinės jaunystės eliksyras, atgaivinantis pirmąją meilę. „Tą dieną, – tai VIEŠPATIES žodis, – ji vadins mane 'Mano vyras' ir niekuomet nebevadins manęs 'Mano viešpats Baalas'" (Oz 2, 18). *Baal* reiškia „šeimininkas". „Mano vyras" – o ne „Mano šeimininkas". Mums reikia atsiversti iš požiūrio, kad mes esame Dievo daiktai, Dievo vergai, atsiversti į meilės sandorą, į santuokinę sandorą. „Ji nebevadins manęs ‚Mano viešpats Baalas', ji vadins mane ‚Mano vyras'." Štai kokios mūsų širdies laikysenos laukia Viešpats.

„Nuo jos lūpų pašalinsiu Baalų vardus, ir vardais jų nebebus daugiau šaukiamasi. Sudarysiu tą dieną sandorą su laukiniais žvėrimis, padangių paukščiais ir žemės ropliais" (Oz 2, 19–20). Kas yra tie laukiniai žvėrys, padangių paukščiai ir žemės ropliai, sukurti pirmosiomis pasaulio sukūrimo dienomis? Esu minėjęs, kad tas pasaulio sukūrimas gali būti suprastas ne tik kaip mūsų medžiaginio pasaulio, visatos, kurioje gyvename, sukūrimas, bet ir kaip mūsų sielos, mūsų kūno, mūsų pačių būtybės sukūrimas. Laukinių žvėrių, padangių paukščių ir žemės roplių sukūrimas turi simbolinę prasmę: laukiniai žvėrys galėtų reikšti aistras; padangių paukščiai, dangaus sparnuočiai – mintis, nes mintis yra dvasinis dalykas, o dangus reiškia dvasinę visatą šitame sukūrimo pasakojime. Kas yra žemės ropliai? Galbūt instinktai?.. Visi šitie žvėrys, paukščiai ir ropliai po nuopuolio darosi nebesuvaldomi, ištrūksta iš žmogaus valdžios, kovoja su juo; kaip žmogus kovoja su Dievu, taip ir gamta bei prigimtis sukyla prieš jį. Mūsų kūnas atsigręžia prieš mus, mūsų aistros, mūsų mintys ir mūsų instinktai tampa sunkiai suvaldomi.

„Darau blogį, kurio nenoriu, bet nepajėgiu daryti gėrio, kurio trokštu" (plg. Rom 7, 19) – tai šv. Pauliaus, vieno iš didžiausių Bažnyčios šventųjų, žodžiai. Kas išdrįstų pasakyti, kad jam taip nėra, kaip buvo šv. Pauliui? Matome, kad tie laukiniai žvėrys, padangių paukščiai ir žemės ropliai nebevaldomi. Ir tikrai – kai mes bandome susikaupti maldai, mūsų „padangių paukščiai" tuoj šast ir nuskrenda į kokią „Maximą", pavyzdžiui, arba į sesers piktą žodį, kai jinai „grybštelėjo dantimis", praeidama pro šalį... Tada ir mumyse pabunda laukiniai žvėrys, visokie tigrai. Na, ir visą maldos laiką mes siuntame, užuot buvę su Viešpačiu, ant tos sesers arba ant to klebono, kuris kažką ne taip pasakė. Gal ir tikrai ne taip pasakė... Bet Viešpats žada: „Sudarysiu tą dieną sandorą su laukiniais žvėrimis, padangių paukščiais ir žemės ropliais. Sunaikinsiu krašte lanką, kalaviją ir karą, suteiksiu jiems ramų ir saugų poilsį" (Oz 2, 20). Štai kur yra mūsų ramybė, mūsų minčių, mūsų aistrų, mūsų instinktų ramybė – sandora su Viešpačiu. Tik Jis gali nuraminti visą šitą Babelės turgų, kuris verda mūsų širdyje ir prote, mūsų vaizduotėje ir jausmuose. Tik Jis gali atnešti tą ramybę: „Suteiksiu jiems ramų ir saugų poilsį. Susižadėsiu su tavimi amžinai, susižadėsiu su tavimi teisumu ir teisingumu, ištikima meile ir gailestingumu. Susižadėsiu su tavimi ištikimybe. Tuomet tu žinosi, kas yra VIEŠPATS" (Oz 2, 20–22).

Viešpaties pyktis nėra betikslis ir beprasmis įniršio išliejimas. Net ir Viešpaties pyktis yra Jo Meilės išraiška. Jeigu Viešpats pyksta ant mūsų, tai todėl, kad myli. „Aš baru ir ugdau tuos, *kuriuos myliu*" (Apr 3, 19) – tai Jo žodžiai Laodikėjos bažnyčiai, kuri laikė save praturtėjusia, tokia, kuriai jau nieko nebereikia, o iš tikrųjų ji buvo skurdeiva, akla ir plika. Jis jai pataria pirkti iš Jo aukso, drabužių ir miros. Ir iškart po šitų žodžių Jisai sako: „Nes Aš baru ir ugdau tuos, kuriuos myliu" (žr. Apr 3, 17–19). Jeigu mums atsitinka patirti tokį Viešpaties pyktį mūsų dvasiniame gyvenime, tai ne tam, kad pultume į neviltį. Priešingai, tai yra vilties ženklas, kad Viešpats mus vis dar myli, jeigu taip pyksta dėl mūsų. Ir po to pykčio Jis man iš naujo siūlo tai, ko tikrai trokšta mano širdies gelmė, – „teisumo ir teisingumo, ištikimos meilės ir gailestingumo, ir ištikimybės" (plg. Oz 2, 22). Didžiausias dalykas, ko trokšta žmogaus širdis, – ištikimybė meilėje. Ko gero, tai yra pats gražiausias ir didžiausias dalykas, koks gali būti mūsų prigimtyje, – ištikima meilė. Ne šiaip meilė, bet būtent – *ištikima meilė*. Nes ištikimybė jau kvepia amžinybe, ji spindi amžinybe, Meile, kuri niekada nesibaigia (plg. 1 Kor 13, 8), Meile, kuri yra nuolatinė, nekintanti, tokia, kokios mes trokštame.

„Tą dieną atsiliepsiu, – tai VIEŠPATIES žodis, – atsiliepsiu dangums [mūsų dvasinei sielai], o jie atsilieps žemei" (Oz 2, 23). Tada mūsų dvasinė siela, prakalbinta Viešpaties, pakeis ir mūsų kūną. Malda tikrai gali nuraminti visus tuos žvėris, paukščius ir roplius. Tikrai! Ne vienam šventajam taip atsitiko. Šv. Tomas Akvinietis, pavyzdžiui, nebeturėjo jokių kūniškų pagundų. Šv. Faustina kiekvieną kartą po Šventosios Komunijos prašydavo, kad Viešpats suteiktų jai širdies tyrumo ir skaistumo, ir gavo tą malonę. Buvo prijaukinti žvėrys, paukščiai ir ropliai. „Atsiliepsiu dangums, o jie atsilieps žemei. Žemė atsilieps javais, vynu ir aliejumi" (Oz 2, 23–24) – vaisingumu. Tada mes spindėsime, spinduliuosime paties Viešpaties Meilę ir Jo Ramybę, kuriomis galės sotintis kiekvienas žmogus, besiartinantis prie mūsų, maitintis tais javais, vynu ir aliejumi, kuriais mes patys esame maitinami Viešpaties. Taigi po audros, po pavydo scenos Viešpats vėl kalbina mano širdį – „grįžk ir būk mano" (plg. Oz 12, 7; 14, 2). Linkiu, kad išgirstume šitą mūsų širdžiai skirtą Jėzaus žodį.

IX mąstymas

# Meilės vynas

Šiandien pažiūrėkime, ką pats Jėzus kalba apie savo santykį su mumis, santykį kaip santuoką. Tokių vietų Evangelijoje nėra labai daug. Jėzus apie tai kalba ne tik savo mokymu, bet ir ženklais, savo veiksmais. Pirmiausiai kviečiu jus dar kartą apmąstyti vestuves Galilėjos Kanoje, aprašomas tik vienoje vietoje – antrame Evangelijos pagal Joną skyriuje: „Trečią dieną Galilėjos Kanoje buvo vestuvės. Jose dalyvavo Jėzaus motina. Į vestuves taip pat buvo pakviestas Jėzus ir jo mokiniai. Išsibaigus vynui, Jėzaus motina jam sako: „Jie nebeturi vyno." Jėzus atsakė: „O kas man ir tau, moterie? Dar neatėjo mano valanda!" Jo motina tarė tarnams: „Darykite, ką tik jis jums lieps." Ten buvo šeši akmeniniai indai žydų apsiplovimams, kiekvienas dviejų trijų saikų talpos. Jėzus jiems liepė: „Pripilkite indus vandens." Jie pripylė sklidinus. Tuomet jis pasakė: „Dabar semkite ir neškite stalo prievaizdui." Tie nunešė. Paragavęs paversto vynu vandens ir nežinodamas, iš kur tai (nors tarnai, kurie sėmė vandenį, žinojo), prievaizdas pasišaukė jaunikį ir tarė jam: „Kiekvienas žmogus pirmiau stato geresnio vyno, o kai svečiai įgeria, tuomet prastesnio. O tu laikei gerąjį vyną iki šiolei." Tokią stebuklų pradžią Jėzus padarė Galilėjos Kanoje. Taip jis parodė savo šlovę, ir mokiniai įtikėjo jį. Paskui jis su savo motina, broliais ir mokiniais nukeliavo į Kafarnaumą. Ten jie pasiliko kelias dienas" (Jn 2, 1–12). Atkreipkite dėmesį, kad paragavęs vynu paversto vandens stalo prievaizdas pasišaukia jaunikį ir jam sako: „Kiekvienas žmogus pirmiau stato geresnio vyno, o kai svečiai įgeria, tuomet prastesnio. O tu laikei gerąjį vyną iki šiolei." Vadinasi, vyną statydavo jaunikis. Vestuvės tęsdavosi visą savaitę, joms ruošiantis, reikėdavo sukaupti pakankamai vyno, kad tik jo nepritrūktų, nes kitaip būtų didžiulė gėda. Tuo rūpindavosi jaunikis. Ir štai, šitam žmogui – jaunikiui pritrūkus vyno, jo parūpina Jėzus. Vadinasi, tikrasis Jaunikis yra Jis. Ir pastato ne šiaip kokio vyno, o tokio, kokio dar niekas niekada negėrė ir nebegers, didžiausiam degustatorių pavydui!

Tad šitos vestuvės, per kurias tikrasis Jaunikis stato vyno, aiškiai yra *ženklas*. Tai ne šiaip papasakota istorija apie Jėzaus padarytą stebuklą. Ne, tai yra mūsų santykio su Viešpačiu, su tuo Jaunikiu, kuris yra pakviestas kaip Svečias į mūsų gyvenimą, į mūsų gyvenimo šventę, vestuvinę puotą, – ženklas. Kas yra vestuvės? Tai – gyvybės, meilės šventė; juk žmogaus gyvenimo viršūnė, gražiausias žiedas yra meilė ir gyvybė, gyvybės žydėjimas. Iš pradžių Jėzus yra tarsi mūsų gyvenimo Svečias, o kai tame gyvenime pritrūksta džiaugsmo, meilės svaigulio, kai pasirodo, kad žemiškasis jaunikis nepajėgus nugirdyti mūsų širdies savuoju vynu, tada Jėzus (ne be Marijos pagalbos!) ir atskleidžia, kas Jis iš tikrųjų yra mūsų gyvenime. Jis nėra vien tik labai brangus, į pirmą vietą sodinamas Svečias. Ne – Jis yra svarbiausias mūsų gyvenimo puotos Asmuo, Jis yra Jaunikis. Ir Jis mums duoda gerti vyno – to vyno, apie kurį mes jau skaitėme Esteros knygoje (žr. Est 5, 5–6; 7, 2), to vyno, apie kurį kalba ir Giesmių giesmė (žr. Gg 5, 1).

Vis dėlto tasai vynas nėra vien Jo dovana – dar reikia ir mūsų bendradarbiavimo. Aišku, mes vyno iš niekur nepaimsime, kai jo trūksta, nes patys turime tik vandens. Vanduo čia reiškia mūsų gerą valią, mūsų troškimą mylėti. Net jeigu mums ir atrodo, kad mūsų širdis, kaip tie akmeniniai žydų apsiplovimams skirti indai, yra kieta, šalta ir tuščia. Bet Jėzus iš mūsų ir neprašo meilės vyno, nes puikiai žino, kad mes negalime jo patys iš savęs patiekti. Jis prašo tiktai, kad mes tuos šaltus, tuščius akmeninius indus pripildytume vandens – savo geros valios, savo troškimo. Tarnai pripildo juos sklidinus. Štai ką mes turėtume savo gyvenime daryti: savo širdį, nors ją jaučiame kaip akmeninę, šaltą ir tuščią, sklidinai pripildyti troškimo, nors ir skausmingo. Jėzus sako: „Dabar semkite ir neškite stalo prievaizdui", kad šis paragavęs dalintų kitiems; kitaip sakant, Jėzus mus ragina mylėti, Jis mums įsako mylėti: „Aš jums duodu naują įsakymą, kad jūs vienas kitą mylėtumėte; kaip aš jus mylėjau" (Jn 13, 34), kad jūs girdytumėte vienas kitą tokiu vynu, kokio tik Aš galiu duoti. Nors mes turime tiktai vandens, pakanka jį nešti, kaip tie tarnai, kurie sėmė vandenį ir nešė, t. y. rodyti gerą valią, troškimu artintis prie brolių ir seserų, dalyvaujančių tose pačiose vestuvėse, tame pačiame gyvenime, gyvybės žydėjime, meilės puotoje. Be meilės žmogaus gyvenimas yra ne vestuvės, o laidotuvės, kiekvieną dieną vis niūresnės, nes mirtis vis arčiau... Mes tiesiog turime nešioti vieni kitiems vandenį, pasemtą iš tų šaltų akmeninių mūsų širdžių, bet nebe tuščių, o sklidinų geros valios, kad įvyktų Jaunikio stebuklas: tai, ką mes atnešame kaip vandenį broliui ar seseriai, pasirodo, yra geriausias vynas! Tik kaip tai įvyksta, mums nelemta suvokti.

Evangelijoje nepaaiškinama, kurią akimirką vanduo tapo vynu, akivaizdu tik tai, kad tarnai sėmė vandenį. O stalo prievaizdui nunešti vandens – tai visiškai apsišaukti! Vis dėlto jie pasitiki, tiki Jėzumi. Mes irgi turėtume taip pasitikėti, užuot stresavę, kad nemylime. Bet jeigu trokštu ir paklūstu Jėzui – „semkite ir neškite", – toliau jau nebe mano reikalas, kaip brolis ar sesuo priims tą iš mano širdies pasemtą prėską vandenį. Tai jau Viešpaties reikalas, kas bus toliau. O kokiu būdu tas vanduo – troškimas tampa realia, apčiuopiama meile, mes suprasime tik suvokę, įžvelgę, jog šitos Kanos vestuvės yra tikrųjų Avinėlio vestuvių, kurios yra Kryžius, provaizdis ir pranašystė.

Jėzus Motinai sako: „Dar neatėjo mano valanda..." Jis kreipiasi į Ją „moterie" – kaip, beje, ir ant Kryžiaus: „Kas man ir tau, moterie, dar neatėjo mano valanda!" Jėzus dar ne kartą šitoje Šv. Jono Evangelijoje kalba apie savo valandą (žr. Jn 7, 30; 8, 20; 12, 23; 13, 1; 17, 1) kaip ateinančią ar jau atėjusią, ypač per Paskutinę vakarienę: „Atėjo valanda..." Įdomu tai, kad Jėzus lygina save ir mokinius su gimdyve: atėjus moters valandai, jinai prislėgta liūdesio, bet gimus naujam žmogui, ji užmiršta tą skausmą ir liūdesį iš džiaugsmo, kad pasauliui gimė žmogus (žr. Jn 16, 21). Kiekvieną kartą, kalbėdamas apie valandą, Jėzus iš tikrųjų nurodo į Kryžių, į Kryžiaus valandą. Ten Jėzus ir lieja tą naująjį vyną, ten Jis teikia gyvybę naujam mumyse, mūsų širdyje gimstančiam žmogui. Ant Kryžiaus Jis gimdo mus tam naujajam gyvenimui, kuris yra Jo paties gyvenimas. Vadinasi, jeigu Kryžius yra tikrosios Avinėlio vestuvės, kur jau visiškai akivaizdžiai Jaunikis yra Jėzus, nes ant Kryžiaus yra Jis, tai mūsų dalyvavimas tose vestuvėse, per kurias mes gauname gerti vyno, kurio šis pasaulis nepažįsta, neišvengiamai vyksta per Kryžių.

Kaip minėjau, mūsų žmogiškasis gyvenimas – gyvybės žydėjimas – yra tarsi vestuvės, bet jeigu žmogaus gyvenime nėra meilės, tada tas gyvenimas, deja, yra laidotuvės. Objektyviai vertindami, ko žmogaus gyvenime yra daugiau – džiaugsmo ar skausmo, liūdesio ar laimės, šviesos ar tamsos, tikriausiai matysime, kad žmogaus gyvenimas yra labiau laidotuvės negu vestuvės. Ir būtent tai Jėzus perkeičia savo Kryžiumi: tamsą Jis perkeičia į šviesą, liūdesį – į džiaugsmą, kančią – į meilę. Vadinasi, kiekvieną kartą, kai mes savo gyvenime susiduriame su kryžiumi, su išbandymu, su kančia, skausmu, esame kviečiami tikėjimu atpažinti, jog tomis valandomis susitinkame su Jaunikiu, esame Avinėlio vestuvėse. Jose kančios vanduo tampa meilės vynu. Tokiu būdu mūsų santuokinis ryšys su Mylimuoju įsikūnija būtent per Kryžių.

Pati regimiausia mūsų santuokos su Avinėliu vieta yra Kryžius. Kaip sakė šv. Hugonas Semiurietis, Kryžius yra vestuvinis guolis. Kiekvieną kartą, kai mums tenka patirti kryžių, jeigu mes tikėjimu jį priimame, mes galime suprasti, atpažinti, kad tai Jaunikis kviečia mus į vestuvinį guolį, idant taptume vienu kūnu su Juo, kartu su Juo kentėdami kančią, kuri tampa nebe mūsų kančia, bet Jo kančia ir kuri iš vandens tampa vynu – meile. Visa tai tampa įmanoma, jei tik mes kenčiame kartu su Juo. Kai kenčiame patys vieni, esame kaip tas blogasis plėšikas, kuris nusibaigia savo kančiose, įžeidinėdamas ir keikdamas Jėzų (žr. Lk 23, 39; Mk 15, 32; Mt 27, 44). Bet jeigu kenčiame šitoje santuokinėje vienybėje su Jėzumi ant Kryžiaus, būdami prikalti kartu su Juo, tada šita kančia yra perkeičiama iš vidaus. Ji tada mus padaro adekvačius, mus *sukonfigūruoja* pagal patį Jėzų, mus daro panašius į Jėzų, padaro, kad esame vienas Kunas ir viena Širdis (kas yra dar svarbiau, nes kūnas yra tik mūsų širdies, mūsų dvasinės sielos išraiška, *monstrancija*). Tada būtent ten, kur paprastai žmogui savo iltis iššiepia giltinė, mirtis, pražūtis, mums nusišypso gyvybė ir aukščiausia jos forma – Meilė. Bet tam mums reikia dar didesnio tikėjimo negu tiems tarnams, kurie nešė vandenį stalo prievaizdui, – kad mūsų kančia ir skausmas gali tapti Meile – tokia, kokios šiame pasaulyje neragausi, tokiu vynu, kokio niekas dar nebuvo gėręs.

Štai koks pats didžiausias iššūkis mums – gyventi tokiu tikėjimu. Bet kadangi mūsų tikėjimas yra per silpnas, tose vestuvėse dalyvauja ir Jėzaus Motina, kurioje mes esame Nuotaka. Švč. Mergelė Marija yra Bažnyčios-Nuotakos ikona ir išsipildymas, Ji Bažnyčioje yra pati iškiliausia. Marija yra Dievo šedevras, nuostabesnis už visus angelus ir šventuosius, bet taip pat Ji yra ir savotiškas visos Bažnyčios modelis bei archetipas. Panašiai, jeigu imtume kokią Egipto piramidę, tai pati jos viršūnė, smailė, yra visos piramidės modeliukas – sumažinta piramidė. Tokia yra ir Švč. Mergelė Marija Bažnyčioje. O kadangi Marija turėjo tokį tikėjimą, kuris galėjo pereiti per didžiausias kančios ir neturto tamsybes, tik Jos remiami ir padedami mes galime tikėti, kad kančioje, skausme ir išbandymuose Dievas mus ne baudžia, bet ateina mūsų pabučiuoti; kad tai yra ne rimbo kirčiai, ne lazdos smūgiai, bet Mylimojo glamonės. Tačiau be tikėjimo tai yra neįmanoma: jeigu mes neturime tikėjimo, tada tai ir lieka vanduo, o ne vynas.

Pažvelkime į šventųjų gyvenimus: jie būtent taip ir išgyveno kančią, kurią Dievas leido jų gyvenime, – kaip didžiausios vienybės su Nukryžiuotuoju Viešpačiu vietą ir būdą. Popiežius Jonas Paulius II savo Laiške ligoniams ir seneliams yra kvietęs juos vienyti savo kančią su Jėzumi ant Kryžiaus. Tad ir aš tik pakartoju tai, kas yra nuo seniausių laikų Bažnyčios tradicijoje, kas yra mūsų tikėjimo kraitis. Jeigu mes to realiai neišgyvename savo gyvenime, jeigu mes ir toliau į kančią žiūrime kaip į prakeikimą, Dievo bausmę, Jo nusigręžimą nuo mūsų, tada mes esame pagonys, o ne krikščionys, tada mums stinga tikro krikščioniško tikėjimo. Nes Jėzus yra tarsi koks stebuklingas bravoras, kuris iš vandens daro vyną, iš kančios daro Meilę ir šitaip nugali blogį iš vidaus. Iš išorės blogio nugalėti neįmanoma, nes taip kovojant, blogio tik daugėja. Blogį tėra įmanoma nugalėti iš vidaus – nugalėti Meile, tikėjimu perkeičiant jį į Meilę. Tai įmanoma tik kartu su Jėzumi, nes tik Jis, Naujasis Adomas, ir pagrindžia pasaulį visiškai nauju principu: *Meilė nugali blogį, nugali mirtį.*

Žinoma, mes esame silpni, todėl, susidūrę su kančia, su blogiu, visada galime pradėti maištauti ir šiepti nasrus prieš Dievą, pradėti urgzti ant Jo, jeigu ne loti. Psichologiškai žiūrint, tai yra neišvengiama, bet labai svarbu, kad tada, kai šiek tiek atlėgsta, kai atgauname sveiką protą, mes tikėjimu pažvelgtume į tai, kas buvo ar dar bus, ir pasakytume: Viešpatie, Tu nekreipk dėmesio į tai, kad kai Tu imsi mane į savo glėbį, į vestuvinį guolį ant Kryžiaus, aš vėl išsiepsiu nasrus ir pradėsiu urgzti; Tu tada atsimink šią akimirką, kai aš, visiškai laisvas ar laisva, renkuosi atsiliepti į Tavo Meilės kvietimą. Laikyk šitą mano pasiryžimą ir pasirinkimą tikruoju sutikimu mylėti Tave taip, kaip Tu nori. Nes juk tai ir yra didžiausia Meilė – gyvybę už draugus atiduoti (plg. Jn 15, 3). Per kančią ir išbandymą mes taip pat atiduodame savo gyvybę Jėzui, o Jėzus atiduoda mums savo gyvybę per Kryžių. Mes apsimainome gyvybėmis – Jis miršta, o aš esu įvedamas į gyvenimą, į Dievo gyvenimą, į amžinąjį gyvenimą, Meilės gyvenimą. Jam – mirtis, o man – gyvybė... Ir tai įvyksta per mirtinas kančias, kurios iš tikrųjų yra gimdymo naujam gyvenimui kančios.

Pirmoji šituo keliu, žinoma, žengė Švč. Mergelė Marija, nes Ji pirmoji po Kryžiumi savo tikėjimu patyrė, kaip kartu su Jėzumi kančia ir skausmas tampa Meile, dieviška gyvybe, atleidimu. Kai Jėzus ant Kryžiaus tarė: „Tėve, atleisk jiems, nes jie nežino, ką darą" (Lk 23, 34), manau, galime būti absoliučiai tikri, kad ir Marija tą patį tučtuojau pakartojo savo Širdyje. Tada ir įvyko pirmoji pergalė prieš blogį: Marija nepuolė smaugti ar kandžioti tų budelių, kaip elgtųsi siaubo ir isterijos apimta motina, matydama, kad jos sūnų kankina. Ji, kaip ir Jėzus, atleidžia budeliams. Motinos širdžiai atleidimas yra vandens perkeitimas į vyną. Atleidimas yra pirmoji pergalė.

Mes esame kviečiami taip gyventi absoliučiai kiekvieną dieną: nuo pat ryto tikėjimo akimis žvelgti ir matyti, kur Jėzus mane kviečia į santuokinį aktą, į tapimą vienu Kūnu su Juo vestuvių guolyje, kuris yra Kryžius. Jeigu mintyse perkratysime bent porą paskutinių savaičių šitoje šviesoje, mes pamatysime, kiek daug malonių mes nepriimame, kiek daug Dievo malonių nuteka nuo mūsų kaip vanduo nuo žąsies plunksnų, nes jų neįsileidžiame tikėjimu. Tada nepriimta malonė, užuot mus perkeitusi, mus tik dar labiau užkietina, padaro dar kartesnius, labiau surūgusius ir dar labiau prasmirdusius mirtimi. Paradoksalu, bet kiekviena malonė, jeigu mes ją priimame, mus perkeičia, bet jeigu atstumiame, mus dar labiau užkietina. Jėzus apie tai kalba Evangelijoje, cituodamas pranašo Izaijo žodžius: „Jie regėti regės, bet nematys, klausyti klausys, bet negirdės; jų širdis užkietėjo, kad jų neatversčiau ir neišgydyčiau" (plg. Mt 13, 13–15).

Pavyzdžiui, pažeminimas, žmogiškai žiūrint, yra blogis, kančia, ir mes tučtuojau į jį reaguojame – „akis už akį, dantis už dantį!" (plg. Iš 21, 24). Šventajame Rašte dar parašyta: „Žaizda už žaizdą ir mėlynė už mėlynę" (plg. Iš 21, 25)... Tačiau žinokime, kad didžiausia mūsų problema yra puikybė, o nuo jos mus išgelbėti gali tik nuolankumas, kurio dažniausiai nebūna be pažeminimų. Tad jeigu mes tą pažeminimo malonę įsileidžiame į savo širdį ir padėkojame už ją, ji iš vidaus kaip dinamitas išsprogdina mūsų akmeninę širdį, išgriauna puikybės uolą. Jeigu jos neįsileidžiame, ji nuteka paviršiumi, o mes dar labiau užkietėjame. Taip yra su absoliučiai visomis nuodėmėmis, kurios mums sukelia skausmo, kančios, išbandymų. Jeigu mes kančią priimame su Jėzumi, ji mus daro panašius į Jėzų ant Kryžiaus. Jeigu mes jos nepriimame, ją atmetame, mes tampame kaip tas blogasis plėšikas, kuris miršta visiškai užkietėjęs, prakeikęs ir Dievą, ir žmones.

Taip gali atsitikti ir mums, vienuolėms, Jėzaus nuotakoms, pasižadėjusioms gyventi Kryžiaus Išmintimi, jeigu mums stinga tikėjimo, jeigu galvojame, kad vanduo yra tik vanduo ir iš jo niekad nebus jokio vyno. Todėl ypač šiandien, penktadienį, kai prisimename Viešpaties vestuvinę, santuokinę Meilę mums ant Kryžiaus, pabandykime bent kartą per dieną *kitaip* išgyventi tą praktiškai kasdien patiriamą suspaudimą. Prašau tik pabandyti ir tik vieną kartą, nes turiu vilties, kad paragavusios šito vyno, kitokio daugiau nebenorėsite...

X mąstymas

# Karalaičio vestuvės

Per šį mąstymą norėčiau pakviesti jus paskaityti dvidešimt antrą Šv. Mato Evangelijos skyrių. Šiame pasakojime apie Karalaičio vestuves kalbama ne apie santykį tarp Nuotakos ir Jaunikio, bet apie pakviestuosius į vestuves, kas tokie jie yra. Ir tai bus mums proga atsigręžti į artimą, nes mus visus (kadangi esame vienas Kūnas, bendruomenė kaip Nuotaka) būtinai turi jungti ta pati Meilė ir ta pati mintis – kaip per visus kūno narius srūva tas pats kraujas, padarantis kūną gyvą.

Taigi „Jėzus vėl ėmė kalbėti palyginimais: „Dangaus Karalystė panaši į Karalių, kuris kėlė savo sūnui vestuves. Jis išsiuntė tarnus šaukti pakviestųjų į vestuvių pokylį, bet tie nepanorėjo eiti. Tuomet jis vėl siuntė kitus tarnus, liepdamas: 'Sakykite pakviestiesiems: štai aš surengiau pokylį, mano jaučiai ir penimi veršiai papjauti, ir viskas surengta. Ateikite į vestuves!' Tačiau kviečiamieji to nepaisė ir nuėjo kas sau: vienas lauko arti, kitas prekiauti, o kiti tarnus nutvėrę išniekino ir užmušė. Tuomet karalius užsirūstino ir, nusiuntęs kariuomenę, sunaikino anuos žmogžudžius ir padegė jų miestą" (Mt 22, 1–7). Į vestuves pirmiausiai yra kviečiami rinktiniai žmonės, šio pasaulio galingieji ir išmintingieji, kurie atsisako Dievo Išminties ir Galybės (plg. 1 Kor 1, 24; Lk 10, 21; 11, 49). Jiems daug labiau rūpi lauką arti arba prekiauti, o kiti netgi į vestuves kviečiančius tarnus išniekina ir užmuša. Tai yra mūsų žmogiškosios civilizacijos įvaizdis, kuriai svarbiausi dalykai yra darbas, prekyba, finansai. Geriausiu atveju, jie nekreipia dėmesio į kvietimą į vestuves, bet yra tokių, kurie netgi *duoda per galvą* kviečiantiesiems. „Tuomet karalius užsirūstino ir, nusiuntęs kariuomenę, sunaikino anuos žmogžudžius ir padegė jų miestą." (Prisiminkime, ką jau skaitėme Apreiškime šv. Jonui apie Babelę, kuri yra ištvirkusi Jeruzalė, kekšė, ir kuri yra sudeginama.) Vadinasi, visa žmonija yra Nuotaka, net jeigu iš pradžių jinai kviečiama į puotą kaip viešnia. Šita ištrauka yra simetriška tai, kurią mes skaitėme apie vestuves Galilėjos Kanoje, kur Jėzus iš pradžių yra Svečias, o paskui pasirodo, kad Jis yra tikrasis Jaunikis. Taip ir čia – kviečiami svečiai (šį kartą jau į Karalaičio vestuves; juos kviečia Tėvas, Karalius), ir jie yra pašaukti tapti Nuotaka. Bet jeigu jie atsisako, juos ištinka kekšės galas, Babelės galas.

Paskui Karalius sako tarnams: „'Vestuvės, tiesa, surengtos, bet pakviestieji nebuvo verti. Todėl eikite į kryžkeles ir, ką tik rasite, kvieskite į vestuves.' Tie tarnai išėjo į kelius ir surinko visus, ką tik sutiko, blogus ir gerus. Vestuvių menė buvo pilna sėdinčių už stalo" (Mt 22, 8–10). Šv. Lukas prideda, kad tarnams surinkus visokius aklus, raišus ir paralyžiuotus vis tiek dar liko vietos, tad Karalius paliepė dar per prievartą sutempti visus, kuriuos tarnai bus radę patvoriuose (žr. Lk 14, 21–23). Taigi matome, kad tikrasis Bažnyčios turtas iš tiesų yra vargšai, kaip sakė šv. diakonas Laurynas Romos imperatoriui, pareikalavusiam atiduoti Bažnyčios turtus (tais laikais diakonai tvarkydavo visus Bažnyčios išteklius). Jis atvedė minią elgetų ir pasakė:

„Štai Bažnyčios turtas." Iš tikrųjų būtent tie neturtėliai – ne šio pasaulio galingieji, išmintingieji ir gudrieji, o mažutėliai (plg. Lk 10, 21) – yra kviečiami į vestuves. Tie pakviestieji svečiai ir yra Karalaičio Nuotaka – taip, kaip ir Jėzus Kanoje buvo pakviestas lyg Svečias, bet galiausiai pasirodė, kad Jis yra tikrasis Jaunikis.

Jeigu vargšai yra Bažnyčios turtas, vadinasi – paradoksaliai – kuo daugiau mūsų bendruomenėse yra vargšų ar vargšių (žinoma, ne vien medžiagine prasme), tuo turtingiau ta Nuotaka yra išpuošta Karalaičio vestuvėms. Kuo daugiau pelenių, tuo karališkesnė Nuotaka! Kad galėtume tinkamai tą skurdą – savo ir kitų – vertinti, pirmiausiai reikia vertikalaus paties Jaunikio, Karalaičio žvilgsnio į Nuotaką, mums prieinamo tik tikėjimu: atpažinti, kad tai yra Karalaičio Nuotakos perlai ir brangenybės. Atpažinti tikėjimu, nes kitaip neįmanoma – tik tuo pačiu tikėjimu, kuriuo atpažįstame, kad Kryžius – tai bučinys, o ne bausmė. Reikia to paties *išprotėjusio* tikėjimo, nesutelpančio į jokias šio pasaulio logikos normas ir ribas. Šituo tikėjimo žvilgsniu žvelgdami, mes suprasime, kad mūsų bendruomenė yra brangi Viešpačiui būtent todėl, kad jinai yra skurdi, žvaira, šleiva, priekurtė ir dar ne visai protinga. Kuo labiau mumyse matyti nuodėmės padariniai, nuodėmės žaizdos, tuo labiau jos išprovokuoja Avinėlio Širdį, Jaunikio Širdį, Karalaičio Širdį didesniam Gailestingumo, kuris yra beribis, pasireiškimui. Kiekvienas skurdas, kuris yra mumyse ir mūsų seseryse, mūsų bendruomenėse, potencialiai yra didžiulio Dievo Gailestingumo mūsų bendruomenei, mums ir mūsų seserims versmė. Bet tik potencialiai. Dar reikia, kad mes mokėtume pasinaudoti tuo skurdu ir neturtu, kad iš tikrųjų, aktualiai priimtume Dievo Gailestingumą mums, seserims ir visai bendruomenei.

Panašiai kalbėjome apie malones: sakysim, pažeminimo malonė – jeigu mes jos nepriimame, ji mus tik dar labiau užkietina, bet jeigu priimame, ji daro mūsų širdį romią ir nuolankią, panašią į Jėzaus Širdį. Taip ir šitas mūsų ir mūsų seserų, mūsų bendruomenės skurdas: jeigu mes jį priimame su gailestingumu, paties Jėzaus Gailestingumu, Jėzaus akimis ir Jėzaus Širdimi (nes juk esame viena su Mylimuoju – vienas Kūnas ir viena siela, vadinasi, vienos akys ir viena Širdis), tada tas skurdas tampa mums patiems didžiulių malonių, didžiulės ramybės ir pasitikėjimo Dievo Apvaizda ir ypač dalyvavimo Dievo gyvenime šaltiniu, gyvenime, kuris yra ne kas kita, o Gailestingumas – beribis Gailestingumas. Bet jeigu mums stinga tokio žvilgsnio, dieviško tikėjimo žvilgsnio ir Gailestingumo žvilgsnio – tiek į save, tiek į seseris, tiek į bendruomenę, – tada padariniai yra priešingi, tada viskas tik blogėja. Tada mes ir save, ir kitus, ir visą mūsų bendruomenę matome ne Jaunikio žvilgsniu, kuris regi brangenybes ant savo Mylimosios kaklo, ausyse ir nosyje (plg. Ez 16, 11–12), bet vieni į kitus žiūrime mūsų brolių kaltintojo akimis, kuris kaltina mus Dievui dieną ir naktį (žr. Apr 12, 10). Tada mes visą skurdą, trūkumus, žaizdas matome kaip teisingumo pažeidimą. Tai, beje, yra tiesa, nes būdami skurdūs, esame nepajėgūs ir neįgalūs, o būdami neįgalūs, mes negalime padaryti to, ką turėtų padaryti sveikas žmogus. Aišku, tada bendruomenėje nėra tvarkos – tos formalios, kareiviškos tvarkos, nes juk vienuolynas – tai Dievo kariuomenė, todėl jame turi būti kareiviška tvarka: teisingumas, tobulumas, – mes juk siekiame tobulumo, tiesa?.. O jo nėra. Ir drįstu sakyti, kad jo niekada ir nebus. Seserys, turiu jums baisią naujieną: mūsų bendruomenės niekada nebus tobulos šioje žemėje. Tai neįmanoma. Žinote, kodėl? Todėl, kad Jėzus sau susirenka visokius tokius raišus, luošus, aklus ir kurčius (plg. Lk 14, 21). Su tokiais tobulos bendruomenės nesukursi. Tad jeigu mes desperatiškai ieškosime teisingumo ir tobulumo, mes tik vis labiau grimsime į nuoskaudas, į pykčius, ir mūsų sąskaitos, kas ko nepadarė, vis ilgės ir mus vis labiau slėgs. Tada mūsų bendruomenės bus ne vestuvių menė, bet morgas, nes tokie dalykai *užmuša*. Mes vieni kitus *užmušinėjame* šitokiu šėtono žvilgsniu, kaltintojo, ieškančio tobulumo ten, kur jo nėra, žvilgsniu.

Bet jeigu mes suvokiame, kad tas netobulumas yra nuostabi galimybė augti Gailestingumu, reikšti Gailestingumą, tada mes iš tikrųjų savo širdimi panašėjame į Jaunikį, į Jaunikio Širdį, į Avinėlio Širdį. Antraip mes esame vilkas, nors galbūt avies kailyje (plg. Mt 7, 15): kadangi reikia būti tobulai, tai aš stengiuosi būti tobula, kaip avelė, bet iš tikrųjų mano širdis yra vilko, arba dar blogiau, liūto – ne Judo Liūto (plg. Pr 49, 9; Apr 5, 5), bet to, apie kurį rašo apaštalas Petras: „Velnias *kaip riaumojantis liūtas* slankioja aplinkui, tykodamas ką praryti" (1 Pt 5, 8). Mes irgi galime tapti tokiais liūtais, tik ir tykančiais, kas ką ne taip padarys. Tas mūsų bendruomenių, mūsų pačių ir mūsų seserų netobulumas, kuris yra neišvengiamas, gali tapti arba mūsų pražūtimi, visiška dvasine mirtimi, arba Gyvojo Vandens šaltiniu – priklausomai nuo to, ar mes sugebėsime tikėjimu pažvelgti į šitas žaizdas kaip į didžiulį turtą. O prieš žvelgdami į savo bendruomenės ar savo seserų netobulumą, pirmiausiai mes šitaip turėtume pažvelgti į savo pačių netobulumą, nes Dievo įsakymas – „mylėk artimą kaip save patį" (žr. Mk 12, 31; Gal 5, 14) – yra neįmanomas, kol aš nemyliu savęs paties. Jeigu aš savęs nekenčiu arba save kaltinu, tai aš ir kitą galėsiu tik kaltinti arba jo nekęsti.

Būti gailestingam sau yra sunkiausia. Aš kalbu ne apie ištižėlišką psichologinį savęs gailėjimąsi, nuo kurio dar labiau ištyžtu: „Mano vargšeli, tave visi skriaudžia, niekas tavęs nemyli... Na, geriau jau tada mirti..." Tai irgi yra akligatvis, irgi kelias į mirtį. Kalbu ne apie tokį savęs gailestį, kuris naikina. Kalbu apie tą Gailestingumą, Dievo žvilgsnį į mane, kuris augina ir stato, – nes ne aš savo jėgomis kažką savyje keičiu ar galiu pakeisti, bet „mano Statytojas yra mano Viešpats ir Atpirkėjas" (plg. Iz 62, 5), kaip sako pranašas. Jis yra mano Statytojas. Bet aš turiu Jį įsileisti – ir Jo Gailestingumo sroves. Turiu išdrįsti pakelti akis nuo savo nešvarios bambos ir pasižiūrėti į Jo akis, kupinas Gailestingumo. Tai Jo Gailestingumas man teikia viltį, teikia stiprybę. Tik tada galėsiu ir aš tokiu pat Gailestingumo žvilgsniu žvelgti į savo artimą, į visą bendruomenę, kuri yra Avinėlio Nuotaka. Kuri, ko gero, būtent todėl, kad yra raiša, žvaira ir priekurtė, ir pasirinkta būti tinkama vieta Dievo Gailestingumui reikštis, nes sveikiesiems Gydytojas nereikalingas. Juk ne sveikiesiems reikia Gydytojo, bet ligoniams, ir ne teisiesiems reikia Gailestingumo, bet nusidėjėliams (plg. Mk 2, 17; Lk 5, 31). Todėl visoks mūsų skurdas ir trūkumai yra didžiulis dvasinis potencialas, jeigu tik žvelgiame į jį su tikėjimu. Tai labai ambivalentiška – arba tai bus mūsų kelias į šventumą, arba tai bus mūsų kelias tiesiai į pražūtį, net nelaukiant pragaro. Pragarėlis užsikurs čia pat ir dabar, esant štai tokiems pragariškiems santykiams, kai trūkumai, skurdas ir žaizdos yra suvokiami taip, kaip suvokia šis pasaulis – kaltintojo akimis: „Taip neturi būti!" Tačiau yra taip, kaip yra, o ne taip, kaip turi būti. Ir jeigu Dievas leidžia blogį, tai tik dėl didesnio gėrio, o tas didesnis gėris yra būtent tai, kad mes augtume Gailestingumu mūsų bendruomenėse. Tik todėl Jis leidžia, kad tokių visokių šleivų, kreivų, luošų ir žvairų būtų pririnkta į šitas vestuves (plg. Lk 14, 21–23).

Dažnai pasakoju apie vieną mūsų bendruomenės brolį, kuris dabar jau iškeliavęs į amžinybę. Jis visą gyvenimą buvo benediktinas ir visą gyvenimą prašė savo vyresniųjų, kad leistų jam būti atsiskyrėliu, eremitu. Kai jis jau buvo įkopęs į šeštą dešimtį, šv. Kalėdų išvakarėse, vienuolyno abatas jį pasišaukė ir sako: „Jeigu nori būti atsiskyrėlis, gali sau keliauti, bet tavęs čia turi nelikti iki rytojaus ryto, iki šv. Kalėdų Mišių." Ir tėvas Emanuelis – toks buvo jo vardas – susirinko viską ir išėjo vidury Kalėdų nakties, vidury žiemos į Alpes gyventi kaip atsiskyrėlis. Paskui jisai susitiko su mūsų bendruomenės broliais, tarp jų užsimezgė dvasinis ryšys, ir tėvas Emanuelis galiausiai tapo mūsų broliu. Šalia jo ermitažo buvo pristatyta namukų mūsų novicijams, kurie vasarą ten atvažiuoja paragauti atsiskyrėlio gyvenimo (per noviciatą mūsų bendruomenėje broliai du mėnesius gyvena „dykumoje" – tyloje ir vienumoje, įskaitant ir laiką ermitaže). Tėvas Emanuelis pasakodavo tokią istoriją: sykį sapnuoja jis (ne tik sapnuose, bet ir tikrovėje visokių stebuklų vykdavo jo gyvenime), jog Viešpats Jėzus ateina ir sako jam: „Tėve Emanueli, aš noriu, kad tu steigtum naują bendruomenę, naują vienuoliją" – ir atveda būrį jaunikaičių. Sako, „išsirink katruos nori savo vienuolijai." Ir tėvas Emanuelis pasakoja: aš išsirinkau pačius protingiausius, stipriausius, doriausius, na, su kuriais tikrai galima sukurti šventą bendruomenę. O paskui Jėzus jam ir sako: „Ką gi, Emanueli, aš tada pasiimu visa, kas lieka..." Jėzaus bendruomenė yra *visa, kas lieka*, tai, ko daugiau niekas nebenori. Tad jeigu mūsų bendruomenės – Jėzaus, tada visai natūralu, kad pas mus nėra visokių baisiai dorybingų, protingų, tobulų ir dar kažkokių, kokių šiaip jau pasaulyje išvis nebūna.

Bet grįžkime prie Evangelijos, nes čia dar ne viskas. Surinkus visus tuos blogus ir gerus (atkreipkite dėmesį – *blogus ir gerus*), kai vestuvių menė jau buvo pilna sėdinčiųjų už stalo, „Karalius atėjo pasižiūrėti svečių ir pamatė ten žmogų, neapsirengusį vestuvių drabužiu. Jis tarė jam: 'Bičiuli, kaip čia įėjai neturėdamas vestuvių drabužio?' Tasai tylėjo. Tuomet Karalius paliepė tarnams: 'Suriškite jam rankas ir kojas ir išmeskite jį laukan į tamsybes. Ten bus verksmas ir dantų griežimas'"

(Mt 22, 11–13). Atrodytų, koks vis dėlto nenormalus, net sadistiškas tas Karalius: pirmiausiai išžudo tuos, kuriuos pirmus kvietė, paskui liepia tarnams sutempti visokius blogus ir gerus, o tada pats dar stebisi, kodėl vienas iš jų neapsirengęs taip, kaip pridera, ir išvaro jį lauk į tamsybes. Žinokit, kuo mažiau logikos Jėzaus palyginimuose, tuo didesnis slėpinys po tais žodžiais ir ta nelogika slepiasi. Kuo labiau mus šokiruoja, stebina Dievo žodis, tuo labiau susikaupus reikia *knistis* ir ieškoti tos giliosios paslėptos jo prasmės. Taigi – vestuvių drabužis. Reikia manyti, kad jeigu tik vienas buvo netinkamai apsirengęs, tai visi kiti buvo apsirengę kaip reikia, nes jie liko vestuvių menėje. Tačiau faktas, kad ne jis vienas tarp svečių buvo toks jau neturtingas, kad net neturėtų kuo apsirengti. Vadinasi, kiti buvo iš kažkur gavę tą reikiamą drabužį, net ir būdami neturtingi, skurdžiai. Taigi dabar jau visai logiškai galėtume pasidaryti išvadą, kad jeigu Karalius suorganizavo tas vestuves savo Karalaičiui ir reikėjo masinėms scenoms svečių, tai, žinoma, Jis pats juos ir aprengė, iš savo kišenės. Bet štai, atsirado vienas toks, kuris atėjo su kombinezonu, nes jam akivaizdžiai buvo svarbiau prikimšti gūžį, pasinaudoti proga, o ne dalyvauti vestuvėse.

Man rodos, kad šitą neapsirengimą vestuvių drabužiu ir pasilikimą su savo kombinezonu galėtume interpretuoti kaip mūsų rėmimąsi savo jėgomis. Mes turime savo drabužį, ir nereikia jokių kitų, nors aišku, kad mūsų skarmalai niekada negalės būti karališkų vestuvių vertu aprėdu. Tokį aprėdą mes galime gauti tik iš paties Karaliaus rankų. Tačiau dar reikia, kad jį priimtume. O mes to drabužio nepriimame tada, kai aiškiname visiems, pradedant Viešpačiu, baigiant vyresniąja, kad esame neverti, kad iš mūsų nieko nebus ir apskritai visos tos mistikos yra tiktai pilstymas iš tuščio į kiaurą. Mes jo nepriimame tada, kai netikime, kad Dievo malonė, nepaisant mūsų nevertumo, mūsų skurdo ir žaizdų, nepaisant to, kad esame raiši ir luoši, gali mus padaryti tikrais vestuvių dalininkais. Ir ne tik vestuvių dalininkais, bet net ir pačia Nuotaka. Nes tie svečiai – aprengti, išpuošti paties Karaliaus vestuviniu drabužiu – juk ir esame mes. Tos brangenybės ir perlai yra būtent mūsų žaizdos, bet žaizdos kaip Gailestingumo versmė. Jeigu mes to nepriimame ir matome tik *savo* žaizdas, ribotumą, netobulumą, tada mes ir liekame su savo kombinezonu. Bet jeigu mes priimame *iš Viešpaties* savo žaizdas, ribotumą ir netobulumą kaip brangenybes, kaip vestuvių drabužį, tada tampame verti dalyvauti tose Karalaičio vestuvėse. Ir dalyvauti kaip Nuotaka, išpuošta būtent tais karoliais iš mūsų vočių ir žaizdų – ne kaip tokių, bet kaip Gailestingumo versmių. Tai yra brangenybės: pirmiausiai Dievo Gailestingumo mūsų pačių atžvilgiu, mūsų vočių ir žaizdų atžvilgiu, bet taip pat ir vienas kito bei savo paties atžvilgiu. Šia prasme šitas aprėdas tampa brangus; jis tampa vestuviniu papuošalu Nuotakai. O jeigu mes to nepriimame, atsiduriame nebe vestuvių menėje, bet tamsybėse, surištomis rankomis ir kojomis, kur yra tik verksmas ir dantų griežimas. Ir tai nebūtinai reiškia pragarą, amžinąją mirtį. Tai gali reikšti ir mūsų pačių dvasinę būklę, kai mes, nepriimdami Dievo malonės, nepriimdami nei savo, nei mūsų seserų žaizdų, nei mūsų bendruomenės netobulumo, tampame it surištomis rankomis ir kojomis: „Nieko čia negalima pakeisti ir nėra čia ko keisti, viskas yra blogai, ir bus tik blogiau, ir tuoj bus dar blogiau." Tada esame lauke, o ne viduj: mes lyg ir priklausome bendruomenei, kongregacijai, su amžinaisiais įžadais, gal net vyresnieji esame, tačiau širdimi nesame vestuvėse. Mes esame lauke ir tamsybėse, kur nėra jokios šviesos. Ir, aišku, tada telieka tik verksmas ir dantų griežimas.

Tad patikrinkime savo sąžinę: ar mes nesame lauke, griežidami dantimis, surištomis rankomis ir kojomis? Ar tikrai mes esame Avinėlio vestuvių menėje? Išpuošti (ne pasipuošę, bet *išpuošti*) galimybe gyventi Gailestingumu, išpuošti mūsų pačių žaizdomis ir netobulumais?

Toliau paskaitysime dvidešimt penktą Šv. Mato Evangelijos skyrių, kur Jėzus kalba apie Dangaus Karalystę kaip apie vestuves. Bet ten Dangaus Karalystė bus panaši į dešimtį mergaičių, kurios, pasiėmusios žibintus, išėjo pasitikti Jaunikio. Penkios iš jų buvo paikos, o penkios protingos. Paikosios pasiėmė žibintus, bet nepasiėmė alyvos. Kas tai yra? Žibintai yra forma, o alyva yra turinys, prasmė, tikslas – tai, dėl ko žibintas šviečia. Jos pasiėmė žibintus, bet nepasiėmė alyvos. O protingosios kartu su žibintais pasiėmė induose ir alyvos. Kad žibintas galėtų šviesti, jam reikia alyvos, tačiau alyva pati savaime be žibinto irgi negalės šviesti. Jaunikiui vėluojant, visos ėmė snausti ir užmigo (žr. Mt 25, 1–5). „Vidurnaktį pasigirdo balsai: „Štai Jaunikis! Išeikite pasitikti!" Tuomet visos mergaitės atsikėlė ir taisėsi žibintus. Paikosios sakė protingosioms: 'Duokite mums alyvos, nes mūsų žibintai gęsta'. Protingosios atsakė: 'Kad kartais nepristigtų ir mums, ir jums, verčiau nueikite pas prekiautojus ir nusipirkite'" (Mt 25, 6–9). Labai krikščioniškas patarimas, ar ne?.. Bet labai protingas, dėl to jos ir yra protingos, o ne paikos – kad kartais nepristigtų jums ir mums, tai eikit ir nusipirkit. Joms beeinant pirkti, vidury nakties (tikrai paikos...), atėjo Jaunikis (žr. Mt 25, 9–10). „Kurios buvo pasiruošusios, įėjo kartu su juo į vestuves, ir durys buvo uždarytos. Vėliau atėjo ir anos mergaitės ir ėmė prašytis: 'Viešpatie, Viešpatie, atidaryk, čia mes!' O Jis atsakė: 'Iš tiesų sakau jums: aš jūsų nepažįstu!'" (Mt 25, 10–12). Aš jūsų nepažįstu... Taigi, jeigu žibintas yra forma, o alyva yra turinys, esame įspėjamos ir mes, vestuvių mergaitės. Vėl proga mūsų sąžinei patikrinti: kurios mergaitės esame mes? Ar tos, kurios pasiėmusios tik žibintus – labai uoliai *atkalbame* visą brevijorių, sukalbame Rožinį, atliekame visas pareigas – nieko neprikiši? Nelabai tikiu, kad taip yra, bet taip gali būti, taip gali atsitikti. Žibintas yra, bet dar reikia alyvos, kad tas žibintas šviestų: kad mūsų brevijoriaus, Rožinio malda, kad visos mūsų pareigos *šviestų*, mums reikia Meilės alyvos. Kitaip tas žibintas yra tuščias, tamsus ir šaltas. Žibintas yra, bet jis nešviečia ir nešildo, nes trūksta alyvos. Spindesį, Dievo šlovės spindesį mūsų vienuoliško gyvenimo formai suteikia tik Meilė. Viena pati forma nieko negali, kaip ir žibintas pats savaime negali šviesti. Tačiau ta forma reikalinga, kad galėtų šviesti Meilė. Dabar jau darosi aiškiau, kodėl tos protingosios mergelės sakė: „Eikite ir nusipirkite alyvos iš prekiautojų." Nes taip, kaip aš negaliu pavalgyti už savo brolį ar seserį, negaliu išsimiegoti už jį ar ją, taip negaliu ir mylėti vietoj jo ar jos. Kad mylėtum, reikia nusipirkti alyvos iš prekiautojų – štai iš tų vargšų, luošų ir aklų, kuriuos mums Viešpats duoda kaip alyvos prekiautojus. Nes kuo daugiau gauname progų mylėti, tuo daugiau tuose alyvos induose, mūsų širdyse, yra Meilės.

Beje, alyvos prekiautojų nereikia toli ieškoti, nereikia net ir mūsų mokyklos ar parapijos, užtenka mūsų bendruomenės – joje mes galime labai gausiai įsigyti tos alyvos. Štai tada visa mūsų vienuoliško gyvenimo forma ir ims šviesti Jaunikiui, vestuvėms. Nežinau, ar man pavyksta jums išaiškinti, kad mūsų ir mūsų seserų skurdas, mūsų bendruomenės skurdas yra didžiulis dvasinis šventumo potencialas, dieviško gyvenimo potencialas – ne trūkumas, bet privalumas. Toks yra mažasis šv. Kūdikėlio Jėzaus Teresėlės kelias – mylėti savo mažumą, džiaugtis dėl savo netobulumo. Kaip paradoksalu, kad tos mūsų ir brolių bei seserų žaizdos yra Avinėlio vestuvių Nuotakos papuošalai... Paprastai juk interpretuojama, kad tai yra dorybės, malonės... Taip, tai yra dorybės ir malonės, bet jos atsiveria mums štai tokiu paradoksaliu aspektu. Prisiminkime – beveik visi Jėzaus palyginimai yra paradoksai. Pavyzdžiui, „kas turi, tam bus pridėta, o iš neturinčio bus atimta ir tai, ką jis turi" (žr. Lk 19, 26; 8, 18; Mk 4, 25; Mt 13, 12)... ir t. t.

Beje, tos alyvos įsigyti mes galime tik tol, kol Jaunikis dar nėra atėjęs, nes kai Jis ateis vidurnaktį ir pažadins mus iš miego, tada net ir labai protingas patarimas – eiti ir nusipirkti iš prekiautojų – jau nebepadės. Todėl, kol dar turime laiko, pirkimės tos alyvos. O jos nusipirkti apsčiai galime kiekvieną dieną – kol kas, kol Jaunikis dar vėluoja...

Toliau pasižiūrėkime į penktą Šv. Luko Evangelijos skyrių, nuo 33 eilutės, kur Jėzus kalba apie savo slėpinio santuokinį aspektą. Čia matome Jėzų Levio (Mato) namuose, po to, kai Jis pasišaukė Matą iš muitinės, tardamas: „Sek paskui mane!" (Lk 5, 27). „Tasai, viską palikęs, atsikėlė ir sekė paskui jį" (Lk 5, 28). Ir kurgi nusekė? Į savo paties namus, kur iškėlė Jam vaišes! Jėzus parvedė jį į namus... Tada fariziejai ir Rašto aiškintojai, pamatę, kad muitininko namuose Jėzus ir Jo mokiniai švenčia, prikišo: „Kam jūs valgote ir geriate su muitininkais ir nusidėjėliais?" (Lk 5, 30). Taip ir matai žmogus - tie eina pro šalį ir žiūri: rabis Jėzus su mokiniais susėdę su tais nusidėjėliais (gal terasoje, dėl to anie ir pamatė nuo gatvės), ir sako: „Kam jūs valgote ir geriate su muitininkais ir nusidėjėliais? O Jėzus atsiliepė: „Ne sveikiesiems reikia gydytojo, bet ligoniams. Aš atėjau šaukti į atgailą ne teisiųjų, o nusidėjėlių. [Tuomet kyla rytietiškas ginčas.] Tada jie sakė jam: „Jono mokiniai dažnai pasninkauja ir kalba maldas, taip pat ir fariziejų mokiniai, o tavieji valgo sau ir geria." [Tarsi sakytų: „Na gerai, jeigu Tau reikia su tais vargšais nusidėjėliais būti, tai ir būk, bet kodėl Tavo mokiniai valgo ir geria?"] Jėzus jiems atsakė: „Argi galite versti pasninkauti vestuvių svečius, kol su jais yra jaunikis?! Ateis dienos, kai jaunikis bus iš jų atimtas, ir tada, tomis dienomis, jie pasninkaus" (Lk 5, 30–35). Net ir gerai nepažindami Šventojo Rašto, vien iš šitos ištraukos mes galime pasidaryti visai logišką išvadą, kad pasninkas yra gedulo ženklas: „Kai Jaunikis bus atimtas" – žinoma, mirties atimtas: Jėzus aiškiai kalba apie savo Kančią ir mirtį... Todėl mes penktadieniais ir pasninkaujame – nes pasninkas yra gedulo išraiška.

Bet kol Jaunikis yra kartu, neįmanoma pasninkauti, neįmanoma gedėti. Kur tai matyta – gedėti per vestuves?! Per vestuves reikia džiaugtis, valgyti ir gerti! Tik apie kokį valgį ir gėrimą čia kalbama?.. Šventajame Rašte *valgyti ir gerti* reiškia bendrauti, būti meilės bendrystėje. Kiekvieną kartą, kai tik pasirodo Dievo angelas, iš karto izraelitas sako: „Tu čia nejudėk, palauk, aš tuoj papjausiu veršiuką, iškepsime, suruošime vaišes." Pavyzdžiui, kai angelas paskelbia Samsono gimimą jo būsimajai motinai (žr. Ts 13, 15); arba kai Trejetas apsilanko pas Abraomą prie Mamrės ąžuolo (žr. Pr 18, 1–8); arba kai Gedeonas, angelui pasirodžius, irgi ištaiso vaišes (žr. Ts 6, 18–20) ir t. t. Vadinasi, *valgyti ir gerti* reiškia būti bendrystėje, bendrauti. Ir aukščiausias tokio bendravimo, bendrystės laipsnis yra vestuvės, nes ir tobuliausia bendravimo forma žmogaus prigimčiai yra santuoka. O kadangi Dievo Karalystė yra panaši į vestuves, vadinasi, mes visada turime *valgyti ir gerti*, turime bendrauti su Mylimuoju, su Jaunikiu, nes Jis visada su mumis: „Štai aš esu su jumis per visas dienas iki pasaulio pabaigos" (Mt 28, 20). O pasninkauti per vestuves – tai reikštų užsidaryti ir nebendrauti, nebebendrauti su Mylimuoju, tarsi Jis būtų miręs, o ir su kitais vestuvių svečiais nebesidaužti taurėmis – juk tai reiškia pačiam mirti! Štai kodėl šv. Paulius rašo krikščionims: „Visuomet džiaukitės!" (Fil 4, 4) Visuomet. Gerkite vyną ir valgykite skanėstus, dvasine prasme – iš karto patikslinu. Nuolat džiaukitės ir bendraukite su Mylimuoju, nes Jis tam ir atėjo, Jis tam mums ir duotas. Nes jeigu mes nesidžiaugiame ir nepuotaujame su Juo, tai mes esame dar kvailesni negu tie, kurie per vestuves juodai apsirengę, nukabinę nosis pasninkauja. Ir tai yra dar vienas klausimas mūsų sąžinės peržiūrai: ar mano gyvenimas tikrai yra *valgyti ir gerti* už vestuvių stalo su Mylimuoju? O gal aš, nors Jis yra čia, šalia manęs, esu apsigaubusi šydu ir gedžiu, pasninkauju, užsidariusi ir *užsiraukusi*?..

XI mąstymas

# Avinėlio Nuotaka

Visą šią savaitę mes keliavome su Dievo žodžiu, su Šventuoju Raštu, su juo ir pabaigsime. Tik dar norėčiau priminti vieną šv. Faustinos *Dienoraščio* vietą, kuri puikiai iliustruoja tai, ką kalbėjau apie Gailestingumo mūsų vienuoliniame, mūsų krikščioniškame gyvenime svarbą – kad tai yra pati didžiausia brangenybė, brangiausias Avinėlio Nuotakos, Bažnyčios papuošalas. Tiek, kiek mes gyvensime tuo Gailestingumu (kurio proga ir pretekstas yra mūsų pačių ir mūsų seserų silpnumas bei trūkumai), tiek būsime Dievo Gailestingumo versmė – vienos kitoms ir visam pasauliui. Ir, priešingai, kiek mes nepriimsime šitos malones (juk, kaip sako šv. Teresėlė, *viskas yra malonė*, reikia tik pamatyti, kad tai yra malonė) ir ją suprasime kaip prakeikimą, kaip Dievo bausmę, tiek mes ir užsidarysime nebe Edeno sode, ne „užantspauduotame, uždarame sode" (plg. Gg 4, 12), kur pasilieka Nuotaka ir Sužadėtinė, bet užsidarysime, užsimūrysime į pačių pasistatytą nuoskaudų, neatleidimo, nevilties kalėjimą.

Šv. Faustina rašo apie Dievo Gailestingumo kongregaciją, kurią Viešpats Jėzus ją ragino įsteigti. Kol šv. Faustina buvo gyva, ji jos taip ir neįsteigė, nors absoliučiai neabejojo, kad ji bus. Man atrodo, kad ta Dievo Gailestingumo kongregacija dvasine prasme turėtų būti visų mūsų kongregacijų, visų mūsų vienuolijų dvasinė šerdis, giliausia versmė. Todėl tai, ką ji rašė apie tą kongregaciją, manau, mes turėtume prisitaikyti visoms mūsų bendruomenėms, ypač kai mus kankina neviltis, kad nebėra pašaukimų, kad viskas blogai ir kasdien vis blogiau. Šv. Faustina rašo: „O mano Jėzau, aš be galo džiaugiuosi dėl to, kad užtikrinai mane, jog ši vienuolija bus. Jau neturiu jokios abejonės dėl to, nė šešėlio, ir matau, kokią didelę garbę ji teiks Dievui; bus šios svarbiausios Dievo savybės, tai yra Dievo Gailestingumo, atspindys. Nepaliaujamai mels Dievo Gailestingumo sau ir visam pasauliui, o bet koks Gailestingumo darbas plauks iš Dievo Meilės, kurios seserys bus kupinos. Šią svarbią Dievo savybę jos stengsis įgyti ir ja gyventi, ir stengtis, kad kiti ją pažintų ir pasitikėtų Dievo gerumu. Ši vienuolija, Dievo Gailestingumo, bus Dievo Bažnyčioje kaip avilys nuostabiame sode, paslėptas, tylus. Seserys darbuosis kaip bitelės, idant medumi valgydintų artimų sielas, o vaškas turi tekėti Dievo garbei" (664).

Tai yra pranašystės žodžiai – ne mano, o šv. Faustinos – mūsų nevilčiai, mūsų abejonėms, mūsų netikėjimui, nes mūsų vienuolijose, mūsų bendruomenėse yra daugybė galimybių, daugybė progų gyventi Gailestingumu. Bet viskas priklauso nuo mūsų: ar mes būsime tos bitelės, kurios iš šitų žiedelių, gėlelių, iš tų progų surinks Gailestingumo nektarą ir sau, ir visam pasauliui, ar mes būsime kaip vapsvos arba širšės, kurios nerenka jokio medaus, tiktai jį vagia ir dar gilia kitiems – net mirtinai.

O dabar norėčiau tęsti ir užbaigti visų mūsų mąstymų temą, – kuri iš tikrųjų nepabaigiama, – apie Avinėlio Nuotaką, apie Avinėlio vestuves. Pasigilinsime į Apreiškimą šv. Jonui. Be to, mes pradėjome su Giesmių giesme, su ja ir pabaigsime – matysime, kad Giesmių giesmė ir Apreiškimas nuostabiai sutaria: gražus to paties dieviškojo Autoriaus – Šventosios Dvasios – dirigavimas galutinei simfonijos temai. Apreiškimo šv. Jonui 19 skyrius: „Paskui aš girdėjau danguje skardžius balsus tarsi didžiulės minios, skelbiančius: „Aleliuja! Išganymas, šlovė ir galybė priklauso mūsų Dievui, nes tikri ir teisingi jo nuosprendžiai! Jis nuteisė didžiąją ištvirkėlę, kuri sugadino žemę savo ištvirkavimu; jis atkeršijo už savo tarnų kraują, pralietą jos rankomis" (Apr 19, 1–2). Nepamirškime, kad dangus – tai neregimoji visata, į kurią mes patenkame per mūsų pačių neregimąjį dėmenį – per mūsų sielą, per mūsų dvasinę širdį. Žemė – tai regimoji visata; mums tai – mūsų kūnas. Tad tai, kas čia yra sakoma apie tą didžiąją ištvirkėlę, Babelę, tinka ne tik žmonijai, nusigręžusiai nuo Dievo, nuo savo Sutuoktinio, tinka ne tik mūsų bendruomenėms, kai jos nėra ištikimos savo pašaukimui, bet tinka ir mūsų pačių sielai bei širdžiai, mums patiems. Mat, kaip toji Jeruzalė, apie kurią skaitėme pranašo Ezekielio knygoje, mes esame Viešpaties pasirinkti, su mumis sudaryta sandora, Jis mus nuplovė, Jis mus aprengė, papuošė (žr. Ez 16, 8–14). Bet mes taip pat esame ir ta kekšė. Reikia išdrįsti tiesiai ir nuolankiai pripažinti, kad mes tikrai ir dažnai esame neištikimos sutuoktinės mūsų Viešpačiui. Aišku, gal tai nėra didžiulė neištikimybė: nieko neužmušėm, nieko nepapjovėm, su niekuo neištvirkavom (tiesiogine to žodžio prasme), bet tai nereiškia, kad mes nesam kekšės. Neištikimybė reiškiasi per mažus dalykus (nors meilei ir nėra mažų dalykų): jeigu per maldą galvojame ne apie Jėzų, bet apie kopūstus, kuriuos reikia sutarkuoti, arba apie tą seserį, kuri ir vėl nepastatė puodo į vietą, – tai yra maži dalykai. Bet vėl norėčiau persakyti tai, ką Jėzus sako šv. Faustinai, sukrečiančią frazę, kuri man nuolat iškyla mintyse: „Man pašvęstųjų sielų mažiausi netobulumai Mane žeidžia daug labiau negu dideli nusikaltimai pasaulyje gyvenančių sielų." Štai šito sakinio šviesoje mes galime geriau suprasti, kad mes iš tikrųjų esame kekšės. Todėl tai, kad Dievas nuteisė tą didžiąją ištvirkėlę, yra didžiulė džiaugsmo ir vilties žinia. „Ir dar kartą jie skelbė: „Aleliuja! Jos dūmai rūks per amžių amžius!" [Aleliuja!] Dvidešimt keturi vyresnieji ir keturios būtybės parpuolė ir pagarbino Dievą, sėdintį soste, sakydami: „Amen. Aleliuja!" (Apr 19, 3–4).

Didis džiaugsmas, kad toji kekšė mumyse bus sunaikinta, sudeginta, – aišku, *Meilės* ugnimi, – ir reikia, kad ta kekšė sudegtų jau dabar, kad paskui nereikėtų dar jos skaistykloje čirškinti. Nes, kaip nuostabiai sako šv. Teresėlė, „Meilės ugnis nuskaistina daug labiau negu skaistyklos ugnis." Štai ši ugnis ir turi sudeginti šitą Babelę, tą didžiąją ištvirkėlę, kurios teismas yra nuspręstas, – didžiam mūsų džiaugsmui ir vilčiai. Mes irgi galime šaukti: „Aleliuja!" ir „Amen".

„Vėl aš išgirdau tarsi gausingos minios balsą, lyg didelių vandenų šniokštimą ar galingų griaustinių dundėjimą, skelbiant: „Aleliuja! Užviešpatavo mūsų Viešpats Dievas, Visagalis. Džiūgaukime ir linksminkimės, ir teikime jam garbę, nes prisiartino Avinėlio vestuvės ir jo nuotaka pasirengusi!" (Apr 19, 6–7). Avinėlio vestuvės artinasi ir Nuotaka yra pasirengusi tada, kai kekšę ištinka mirtis, kai ištvirkėlė nuteisiama mirti. Toji ištvirkėlė, tas senasis žmogus, turi numirti mumyse, kad nuotaka būtų gyva ir spindėtų visu savo grožiu. Kitaip ana kekšė viską užgožia, o nuotakos nesimato, ji lieka *užspausta* kaip Pelenė.

„Jo nuotaka pasirengusi! Jai buvo duota apsivilkti spindinčia, tyra drobe; o ta drobė – tai šventųjų teisūs darbai" (Apr 19, 7–8). Kokie yra šventųjų teisūs darbai? Kas yra teisumas? Jėzus sako turtingajam jaunuoliui: „Kam vadini mane geru?" (žr.

Lk 18, 18–19). Galima būtų pridėti: „Kam vadini mane teisiu?" Tėra vienintelis teisusis ir vienintelis geras – tik Dievas yra teisus ir geras. Vadinasi, šventųjų teisūs darbai tokie yra tik todėl, kad tai yra Dievo darbai. O Dievo darbai yra Meilė ir Gailestingumas, kurie yra tarsi visų kitų darbų siela: nusižeminimo, liežuvio prikandimo, apsimarinimo, naktinio budėjimo, maldos, ligonių slaugymo ir t. t. Tačiau svarbiausia – Meilė ir Gailestingumas, ir kad jie būtų tų kitų mūsų darbų siela. Kitaip jie bus tik „žvangantis varis ir skambantys cimbolai" (1 Kor 13, 1), kurie neturi jokios vertės Dievo akyse. Nes jeigu Dievas yra Meilė (žr. 1 Jn 4, 8. 16), tai amžinybėje bus tik Meilė, ir į amžinybę įeis tik tai, kas yra Meilė, o visa kita bus kaip tie šiaudai – sudegs, liks tik auksas, sidabras ir brangakmeniai, kaip sako šv. Paulius (žr. 1 Kor 3, 12–13). Liks tik esmė. Todėl šventųjų teisūs darbai, kuriais yra aprengta Nuotaka, – tyra, spindinčia drobe, – tai Meilės ir Gailestingumo darbai. Kitaip tai ne spindinti, tyra drobė, o kalkės pabaltinti kapui, pilnam numirėlių kaulų (plg. Mt 23, 27). Iš išorės ir tas, ir tas yra baltas. Bet vienas yra vestuvinė Avinėlio Nuotakos suknelė, o kitas yra kapas.

„Ir sako man [angelas]: „Rašyk: 'Palaiminti, kurie pakviesti į Avinėlio vestuvių pokylį.'" Jis pridūrė: „Šie žodžiai yra tikri Dievo žodžiai!" (Apr 19, 9). Mes kiekvieną dieną esame kviečiami į šitą Avinėlio vestuvių pokylį, ir ne tik per Eucharistiją. Mes kiekvieną rytą, vos pabudę, esame kviečiami į Avinėlio vestuvių pokylį, Meilės ir Gailestingumo pokylį. Bet ir vėl kyla klausimas: gal mes tame vestuvių pokylyje pasninkaujame, gedime? Ar mes iš tikrųjų valgome sau ir geriame, nes esame Jo mokiniai, nes Jaunikis visada yra su mumis? Ir jeigu mes iš tikrųjų esame Avinėlio vestuvėse, o ne Jo laidotuvėse, kaip mes tada esame palaiminti!

Dabar pažvelkime į Apreiškimo šv. Jonui 21 skyrių. Mes jau šiek tiek skaitėme apie naująjį dangų ir naująją žemę, apie tai, kad pirmasis dangus ir pirmoji žemė išnyko, ir jūros taip pat nebeliko, apie naująją Jeruzalę, nužengiančią iš dangaus nuo Dievo (žr. Apr 21, 1–2). „Tuomet atėjo vienas iš septynių angelų, turėjusių septynis dubenis, pilnus septynių paskutinių negandų, ir tarė man: „Eikš, parodysiu tau jaunąją, Avinėlio sužadėtinę." Ir nunešė mane dvasioje ant didelio ir aukšto kalno, ir parodė man šventąjį miestą, Jeruzalę, nužengiančią iš dangaus, nuo Dievo, žėrinčią Dievo šlove" (Apr 21, 9–11). Viena iš didelio ir aukšto kalno Šventajame Rašte prasmių – mūsų dvasios viršūnės: mūsų protas ir valia, perkeisti tikėjimo ir vilties. Vadinasi, savu protu, kuris yra perkeistas tikėjimo, mes galime kontempliuoti šventąjį miestą Jeruzalę, nužengiančią iš dangaus, nuo Dievo, trykštančią iš mūsų sielos gelmių, iš mūsų seserų sielos gelmių, iš dvasinio gyvenimo gelmių. Avinėlio Nuotaka, Sužadėtinė yra spindinti, žėrinti Dievo šlove – Meilės ir Gailestingumo *radiacija*. (*Radiatio* lotyniškai ir reiškia „spinduliavimas".) Avinėlio Nuotaka spindi Meile ir Gailestingumu. Ir net jei esame tinginės, apsirijėlės, amžinai vėluojančios, nesuvaldančios liežuvio ir t. t., tačiau jeigu virš viso to bus Gailestingumas – pirmiausia sau (autentiškai!), o tada ir kitoms seserims, – tuomet, nepaisant visų šitų ydų, su kuriomis metų metais ir net dešimtimis metų nesusitvarkome, galime tapti tuo vilties ir džiaugsmo kupinu žmogumi, su kuriuo bus malonu gyventi, nepaisant to, kad esame šiokios ir anokios. Bet jeigu jūs būsite tobula: visada ateisite nė sekundės nevėluodama į visas dvasines pratybas, jeigu jūs niekad niekam nepasakysite jokio blogo žodžio (gero taip pat...), jeigu jūs būsite tobula kaip šventoji iš paveiksliuko, – aš įtariu, kad su jumis bus dar sunkiau gyventi negu su ta vėluojančia, tingia, plepia seserimi, jeigu neturėsite Gailestingumo. Nes Dievui reikia ne šiaip tobulumo – Jam reikia *Meilės* tobulumo, Jam reikia *Gailestingu-*

*mo* tobulumo. Štai kas yra labai svarbu. O šėtonas mus bando labai subtiliai ir gražiai apvynioti aplink pirštą, įteigdamas, kad Dievas nori tiesiog tobulumo. Todėl aš stengiuosi būti tobula, bet matydama, kad niekada tokia nebūsiu, puolu į neviltį, o Dievas man tampa tironu, reikalaujančiu neįmanomų dalykų, tad galiausiai aš degsiu pragare. Šėtonas labai patenkintas – jo strategija puikiai pasiteisino. Tačiau jeigu aš suvokiu, kad Dievas iš manęs nori *Meilės* tobulumo ir *Gailestingumo* tobulumo, – šio tobulumo tikrai galiu visada siekti ir kasdien pasiekti – žinoma, ne savo jėgomis, o Dievo malonės pagalba. Tuomet aš esu kupinas vilties, kad būsiu danguje.

Vėl pacituosiu šv. Teresėlę, kuri sakė savo novicei seseriai Trejybės Marijai: „Kad ir kokia jūs esate nepakenčiama, jūs vis tiek eisite tiesiai į dangų, be skaistyklos, nes jūs gyvenate pasiaukojimu Gailestingajai Meilei." Štai kas yra tobulumas, o ne forma. Pastaroji yra tik vaisius, padarinys to vidinio, pirmojo, tikrojo Meilės ir Gailestingumo tobulumo. O jeigu mes pirmiausiai ieškome rezultatų, vaisių, tai niekaip jų nepasieksime, kadangi nėra šaknų. Kaipgi gali užaugti vaisiai, jeigu nėra šaknų? Neįmanoma. Pirmiausiai turi būti suleistos šaknys į Dievą – Meilės ir Gailestingumo tobulumo šaknys.

„Būkite tokie tobuli, kaip Dievas yra tobulas" (plg. Mt 5, 48)... Dievas nėra „punktualus", Dievas nėra „asketiškas", Dievas nėra „susivaldantis" – *Dievas yra Meilė*. Štai ką reiškia *„būkite tokie tobuli,* kaip jūsų dangiškasis Tėvas yra tobulas" (Mt 5, 48), kuris siunčia lietų ant gerųjų ir blogųjų, ant teisiųjų ir neteisiųjų (plg. Mt 5, 45), – *būkite gailestingi*. Štai koks yra tobulumas, kurio mes turime trokšti ir siekti, ir juo gyventi. Tada mes žėrėsime Dievo šlove: „Jos švytėjimas tarsi brangakmenio, tarsi jaspio akmens, tviskančio kaip krištolas" (Apr 21, 11). Toji Nuotaka, naujoji Jeruzalė, yra kaip vienas didžiulis brangakmenis, kaip tas brangusis perlas (žr. Mt 13, 46), tvaskanti kaip krištolas, spindinti paties Dievo šlove. Matysime, kad ir Gyvybės Vandens upė tvaska kaip krištolas, ir ta Gyvybės Vandens upė yra patsai Dievas – Šventoji Dvasia (žr. Apr 22, 1).

Paskui ilgai aprašoma, kaip toji naujoji Jeruzalė atrodo: apjuosta aukštu mūru, kiek ten vartų, kokio ji aukščio ir pločio (žr. Apr 21, 12–17)... Visu tuo išreiškiama nepaprastai tobulos harmonijos idėja: grįžta harmonija, kuri buvo prarasta po nuopuolio. „Jo mūras sukrautas iš jaspio, o pats miestas iš gryno aukso, panašaus į tyrą stiklą" (Apr 21, 18) – tipiškas apokaliptinis vaizdelis, be jokios logikos. Atsimenate, Apreiškimo knygoje jau buvo tokie keturi gyvūnai, pilni akių iš priekio ir iš užpakalio, ir dar vidury! Taip ir čia: grynas auksas, panašus į tyrą stiklą... Tik įsivaizduokite: perregimas auksas, vaiskus kaip stiklas, lyg ne iš šio pasaulio. Tai yra kažkas ir labai brangaus, ir labai gražaus, ir perregimo. „Miesto mūrų pamatai papuošti visokiais brangakmeniais. Pirmas pamatas yra jaspio, antras safyro, trečias chalcedono, ketvirtas smaragdo, penktas sardonikso, šeštas sardžio, septintas chrizolito, aštuntas berilio, devintas topazo, dešimtas chrizoprazo, vienuoliktas hiacinto, dvyliktas ametisto" (Apr 21, 19–20). Ką reiškia visi šitie brangakmeniai? Tai, kad būtent pagrindas, pamatas yra išpuoštas šitais dvylika brangakmenių, irgi turi simbolinę prasmę. Penkiaknygėje, Išėjimo knygoje, yra aprašomas vyriausiojo kunigo drabužis. Ant to drabužio krūtinės yra 12 plokštelių, ištekintų iš šitų išvardytų brangakmenių, ir kiekviena iš tų plokštelių reiškia po vieną Izraelio giminę (žr. Iš 28, 15–21). Taigi simbolinė šio pamato prasmė yra kunigystė, nes šitie dvylika brangakmenių reiškia vyriausiojo kunigo apdarą. Vadinasi, Jeruzalė yra kunigiškoji Nuotaka, kurios pamatas yra auka, paties Avinėlio, Jaunikio auka, kuri yra Jos ramstis, Jos uola. Šitas miestas yra pastatytas ne ant smėlio, o ant uolos, kuri yra Kristus (žr. Mt 7, 24–27), Kristus, kuris yra vyriausiasis kunigas. Štai ką reiškia tie dvylika brangakmenių, kuriais išpuošti Jeruzalės pamatai.

„Dvylika vartų – dvylika perlų, kiekvieni vartai iš vieno perlo" (Apr 21, 21). Vėl absoliučiai nesuvokiama. Didžiausias perlas pasaulyje yra gal vištos kiaušinio dydžio – retenybė. O čia ištisi vartai iš vieno perlo, ir jų yra dvylika! Vėl prisiminkime Jėzaus palyginimą apie brangų perlą, kurį radęs pirklys viską parduoda ir jį perkasi (žr. Mt 13, 45). Tas brangusis perlas, kurį perkasi pirklys, yra įėjimas į Dangaus Karalystę, į dangiškąją Jeruzalę. Matome, kad jis yra ne vienas, o dvylika, taigi, esama daugybės būdų atrasti tą brangų perlą, tą slaptą įėjimą, siaurus vartus, vedančius į gyvenimą (žr. Mt 7, 14). Ir tie vartai yra vienas perlas – brangus perlas, dėl kurio verta viską prarasti, kad tik atrastum gyvenimą – Sutuoktinės, Nuotakos gyvenimą.

„Ir miesto gatvės – grynas auksas, tarsi vaiskus stiklas" (Apr 21, 21). Visa Jeruzalė kažkokia *perregima*. Ir pats miestas – grynas auksas, panašus į tyrą stiklą, ir jo gatvės tokios – grynas auksas, tarsi vaiskus stiklas – perregimas, kaip pats Dievas, kuris yra tyrumo Jūra, tyrumo Vandenynas.

„Bet aš jame nemačiau šventyklos, nes Viešpats, visagalis Dievas, ir Avinėlis yra jo šventykla" (Apr 21, 22). Dievą reikia garbinti „ne ant šio kalno ir ne Jeruzalėje", Dievą reikia garbinti Dvasia ir Tiesa (žr. Jn 4, 21–24). Šitie Jėzaus žodžiai samarietei išsipildo šioje Sutuoktinėje – naujojoje Jeruzalėje. Nebėr ten nei šventyklos, nei kalno, nes Dievas toje Jeruzalėje, toje Sutuoktinėje, yra garbinamas Dvasia ir Tiesa.

„Miestui apšviesti nereikia nei saulės, nei mėnulio, nes jį apšviečia tviskanti Dievo šlovė ir jo žiburys yra Avinėlis" (Apr 21, 23). Dievo šlovė yra Meilės spinduliavimas, o Meilės spinduliavimas yra Gailestingumas – tokia yra šito naujosios Jeruzalės miesto šviesa. Šviesa teikia suvokimą, supratimą. Kai tamsu, tu nieko nematai, nežinai, kur esi, bijai pasijudinti, ypač jeigu esi kokioje porceliano parduotuvėje, kad neišdaužytum visko. O kai šviesu, tu matai, kur eini, tu suvoki, kur esąs. Taip ir Gailestingumas – jeigu mes jo neturime, tada nėra tos Dievo šlovės, apšviečiančios mūsų gyvenimą. Tada, kaip sako šv. Jonas savo Pirmajame laiške, mūsų akys yra užgultos tamsybių, ir mes nežinome, kur mes einame, kai mes nemylime savo brolių (žr. 1 Jn 2, 11). Bet Meilė ir Gailestingumas yra šviesa, kuri mums nušviečia viską taip, kaip pats Dievas mato, nes tai yra paties Dievo šlovė, ir Jo žiburys yra Avinėlis. Žiburio alyva yra Šventoji Dvasia – Meilė, Meilės darbai, dieviškos Meilės darbai, o tos alyvos pilnas Žiburys, per kurį Šventoji Dvasia aiškiausiai šviečia, yra Avinėlis, Sutuoktinis, Jaunikis. Ir Jis šviečia Jeruzalei, savo Nuotakai.

„Tautos vaikščios jo šviesoje, ir žemės karaliai atsineš į jį savo puošnumą. Jo vartai nebus uždaromi dieną, nes tenai nebus nakties" (Apr 21, 24–25). Kaip įdomiai pasakyta: „Vartai nebus uždaromi dieną, nes tenai nebus nakties"... Juk tai tiesiog reiškia, kad vartai visada bus atviri, nes visada bus diena ir niekada nebus nakties. „Ir į jį bus sugabenti tautų lobiai ir brangenybės" (Apr 21, 26): visa tai, kas yra brangiausia kiekviename iš mūsų, bus tos naujosios Jeruzalės lobiai ir brangenybės. „Bet ten niekada nepateks, kas netyra, joks nešvankėlis ar melagis, o tiktai tie, kurie įrašyti Avinėlio gyvenimo knygoje" (Apr 21, 27). Kas yra nešvankėlis ir melagis? Melagis – tas, kuris sako: „Aš esu ištikimas", bet nėra toks. Nešvankėlė – kuri galvoja ne apie savo Sutuoktinį, bet apie meilužius. Tai kekšė, kuri niekada ten nepateks. Todėl tuo geriau, kuo greičiau ji bus sudeginta. Ten pateks tik tyroji, nekaltoji Avinėlio Nuotaka.

„Angelas parodė man gyvybės vandens upę, tvaskančią tarsi krištolas, ištekančią nuo Dievo ir Avinėlio sosto" (Apr 22, 1). Šituo sakiniu mums atskleidžiamas Švenčiausiosios Trejybės slėpinys: Dievas, Avinėlis ir Gyvybės Vandens upė. Dievas, žinoma, – Tėvas; Avinėlis – Sūnus, tapęs žmogumi; o Gyvybės Vandens upė, kuri išteka nuo Dievo ir Avinėlio sosto, – tai Šventoji Dvasia, kuri kyla iš Tėvo ir Sūnaus, kaip mes išpažįstame per Tikėjimo išpažinimą. Vadinasi, toji Gyvybės Vandens upė, tvaskanti kaip krištolas, iš tikrųjų yra Dievo spindėjimas, trečiojo Švenčiausiosios Trejybės Asmens spindėjimas. Prisiminkime, kad toji švytinti naujoji Jeruzalė irgi tvaska kaip krištolas – spindi Šventosios Dvasios tyrumu.

O kur stovi tas Dievo ir Avinėlio sostas, iš kurio išteka Gyvybės Vandens upė? Jis stovi aikštės viduryje, naujosios Jeruzalės centre. Jeigu mes esame ta naujoji Jeruzalė, sutuoktinė, Avinėlio nuotaka, tai tada Dievo ir Avinėlio sostas yra mūsų širdis. Iš to sosto išteka Gyvybės Vandens upė, tvaskanti kaip krištolas, – iš mūsų širdies trykšta Šventoji Dvasia. „Vanduo, kurį jam duosiu, taps jame versme vandens, trykštančio į amžinąjį gyvenimą" (Jn 4, 14), kaip Jėzus sakė samarietei. Matome, kaip Šventosios Dvasios Meilė išsipildo Avinėlio Nuotakoje: ne tik Dievas ir Avinėlis yra jos šventykla, bet netgi ji pati yra ir Dievo, ir Avinėlio, ir Šventosios Dvasios šventovė. Tai, kas Dievas yra jai, ji yra Dievui. Prisiminkime Giesmių giesmę: „Mano Mylimasis yra mano, o aš – Jo" (plg. Gg 2, 16); Jis yra mano šventykla, o aš – Jo šventykla; aš esu Jame, o Jis manyje. Taip Jėzus sako apie savo santykį su Tėvu: „Kaip Aš Esu Tėve ir Tėvas manyje, tegul ir jie bus viena mumyse" (žr. Jn 17, 21). Naujoji Jeruzalė yra Dieve, ir Dievas yra naujojoje Jeruzalėje taip, kaip Tėvas yra Sūnuje ir Sūnus Tėve, per Šventąją Dvasią. Tai *perichorezės* slėpinys, kuris reiškia trijų dieviškųjų Asmenų buvimą vienas kitame; panašiai ir sutuoktinė yra viena su savo sutuoktiniu, nuotaka yra viena su jaunikiu.

„Aikštės *viduryje, tarp upės atšakų,* auga *gyvybės medis,* duodantis dvylika derlių, *kiekvieną* mėnesį vedantis *vaisių, o to medžio lapai tinka* tautoms *gydyti*" (Apr 22, 2). Kas yra tas Gyvybės medis, kurio vaisiaus pirmieji tėvai taip ir nespėjo atsikąsti? Jie nuraškė blogio ir gėrio pažinimo medžio vaisių, bet Gyvybės medžio vaisiaus – nespėjo. Dievas išvarė juos iš Edeno sodo, kad jie neištiestų į jį rankos ir amžinai negyventų (žr. Pr 2, 25–3, 24). Tai, beje, buvo didžiulis Dievo Gailestingumas, nes jeigu Adomas ir Ieva po nuopuolio, sugriuvus harmonijai tarp jų ir Dievo, tarp jų ir gamtos, pasaulio, tarp jų pačių – tarp Adomo ir Ievos, galiausiai su savimi pačiu, tarp jų sielos ir kūno, – jeigu šita netvarka būtų tęsusis amžinai, įsivaizduojate, kokia katastrofa būtų buvusi?.. Dievas buvo tikrai gailestingas, kad neleido ištiesti jiems rankos į Gyvybės medį!

Bet štai dabar tas Gyvybės medis vėl prieinamas. Jis auga ten, naujosios Jeruzalės centre, priešais Dievo ir Avinėlio sostą, tarp Upės, ištekančios nuo Jo sosto, atšakų, ir tas Medis duoda dvylika derlių. Dvylika yra tobulumo, pilnatvės skaičius ir išraiška. Kas tas Gyvybės medis? Tai Kryžius... O jo vaisius yra Avinėlis – Jėzus Kristus, kurį priimame Eucharistijoje. Jis yra Gyvybės medis, gydantis ir teikiantis Gyvybę. Idant mes būtume gyvi ta Gyvybės medžio Gyvybe, jo vaisiais, jis būtinai turi augti mūsų širdy, priešais Dievo ir Avinėlio sostą, – ten būtinai turi būti Kryžius, nes jis yra mūsų vaisingumas. Jeigu krikščionio, tuo labiau vienuolio gyvenime nėra Kryžiaus, tada ten nėra Gyvybės medžio, ten nėra Dievo Galybės ir Išminties, ten nėra ir to medžio vaisiaus – Jėzaus Kristaus Kūno ir Kraujo. O mes dažniausiai net įsirėžę, visomis jėgomis stengiamės kryžių išrauti, kad tik jo mūsų gyvenime nebūtų... Jeigu mums pavyksta, mes išrauname ir savo vaisingumą, ir savo gyvybę – savo dieviškąją Gyvybę. Atkreipkite dėmesį, kad tas Gyvybės medis auga pačiame centre, ten, kur jautriausia, kur labiausiai skauda, svarbiausioje vietoje, bet – paradoksas! – tai ir yra mūsų Gyvybės laidas – jeigu tikėjimo žvilgsniu atpažįstame, kad tas mūsų kryžius yra mums Gyvybės medis.

„Nieko prakeiktino nebebus. Mieste stovės Dievo ir Avinėlio sostas, ir jo tarnai garbins jį. Jie regės jo veidą, ir jų kaktose bus jo vardas" (Apr 22, 3–4); „Palaiminti tyraširdžiai; jie regės Dievą" (Mt 5, 8): tik tyra Sužadėtinės širdis galės regėti tą Veidą, kurio net Mozė negalėjo regėti (žr. Iš 3, 6), kurio ir Elijas negalėjo regėti, nes užsidengė veidą (žr. 1 Kar 19, 13), mat „Dievo niekas niekada nėra matęs, tiktai viengimis Sūnus – Dievas, Tėvo prieglobstyje esantis, mums jį atskleidė" (Jn 1, 18). Mums – savo Sužadėtinei – Jis leidžia regėti savo Veidą. „Jų kaktose bus jo vardas" – tai reiškia, kad mūsų kaktose, mūsų mintyse, mūsų prote – mūsų dvasinėje galioje, kuri yra protas, – bus Jis ir tik Jis, nes vardas – tai pati tuo vardu vadinama tikrovė (Biblijos kalba kalbant, vardas yra patsai tuo vardu vadinamas asmuo). Koks yra Dievo vardas? Dievo vardas yra Jėzus, Dievo Žodis – antrasis Švč. Trejybės Asmuo, tapatus Tėvui, iš Tėvo gimstantis Dievas, tos pačios prigimties Dievas. Prisiminkime, kad mes regėsime Dievą ne kažkokia mūsų pačių sukurta sąvoka, bet pačiu Dievu Sūnumi – antruoju Švč. Trejybės Asmeniu. Štai ką reiškia šitas pasakymas: „Jų kaktose bus jo vardas" – jų prote bus Sūnus, antrasis Švč. Trejybės Asmuo, kad jie galėtų tiesiogiai regėti Jo Veidą.

„Nakties nebebus, jiems nereikės nei žiburio, nei saulės šviesos, nes Viešpats Dievas jiems švies, ir jie viešpataus per amžių amžius. Tuomet jis man pasakė: „Šie žodžiai patikimi ir tikri. Viešpats, pranašų dvasių Dievas, atsiuntė savo angelą parodyti savo tarnams, kas turi įvykti netrukus" (Apr 22, 5–6). Štai kas įvyks netrukus: kekšė bus sudeginta Meilės ugnyje, o Nuotaka regės Jo veidą, nes Jos kaktoje bus Jo vardas. „Štai aš veikiai ateinu! Palaimintas, kas laikosi šios knygos pranašystės žodžių!" [...] Jis sako man [angelas Jonui]: „Neslėpk pranašiškų šios knygos žodžių, nes laikas trumpas" (Apr 22, 7. 10). Dabar klausykimės įdėmiai, visa savo širdimi: „Piktadarys toliau tedaro piktadarybes, kas susitepęs, tesusitepa dar labiau, teisusis toliau tevykdo teisumą, ir šventasis dar tepašventėja. Štai aš veikiai ateinu, atsinešdamas atlygį, ir kiekvienam atmokėsiu pagal jo darbus" (Apr 22, 11–12). Laikas trumpas, ir jis yra vis trumpesnis, nepastebite? Jaunikis jau visai prie slenksčio (plg. Mk 13, 29; Mt 24, 33)... „Aš esu Alfa ir Omega, Pirmasis ir Paskutinysis, Pradžia ir Pabaiga." Palaiminti, kurie išsiplauna savo drabužius [Avinėlio Kraujyje, žinoma], kad įgytų teisę į gyvybės medį [į Kristaus Kūną, paaukotą už mus ant Kryžiaus] ir galėtų įžengti pro vartus į miestą" (Apr 22, 13–14) – atradęs tą brangųjį perlą, nes „vartai yra vieno perlo". „O lauke lieka šunys, burtininkai, palaidūnai, žudikai, stabmeldžiai ir visi, kurie mėgsta melą ir jį daro" (Apr 22, 15). Burtininkai, šunys, palaidūnai, žudikai, stabmeldžiai yra tik įvairūs melo atspindžiai. Mums reikia ištirti save: gal mes ir nesame nei šunys, nei burtininkai, nei palaidūnai, nei žudikai, nei stabmeldžiai, bet ar nėra mumyse melo, ar nėra taip, kad mes mėgstame melą ir jį darome? Jeigu taip, tada liksime lauke!

„Aš, Jėzus, pasiunčiau savo angelą jums tai paliudyti apie bažnyčias. Aš esu Dovydo atžala ir palikuonis, žėrinti aušrinė žvaigždė!" Ir Dvasia, ir sužadėtinė kviečia: „Ateik!" (Apr 22, 16–17). Ką gali kviesti Dvasia, ką gali kviesti Sužadėtinė – „ateik" – jeigu ne Sužadėtinį? Ir Dvasia, ir Sužadėtinė kviečia todėl, kad Dvasia yra Sužadėtinės Dvasia. Sužadėtinė pačia Dvasia – Meilės troškuliu kviečia Sužadėtinį: Ateik! „Ir kas girdi, teatsiliepia: „Ateik!" Čia jau į jus šv. Jonas kreipiasi: jeigu girdite, atsiliepkite, sakydamos: „Ateik!" „Ir kas trokšta, teateina, ir kas nori, tesisemia dovanai gyvybės vandens" (Apr 22, 17) – mes iš Jo Širdies, o Jis iš mūsų širdies – to paties Vandens, kuris yra Šventoji Dvasia, kuris yra dieviškoji Meilė.

„Dėk mane kaip antspaudą ant savo širdies, kaip antspaudą ant savo rankos! Juk meilė stipri kaip mirtis, aistra nuožmi kaip Šeolas" (Gg 8, 6) – čia sužadėtinė, sesuo sužadėtinė, kreipiasi į savo mylimąjį. Koks yra antspaudas ant Jėzaus Širdies, ant Jo rankų ir netgi ant Jo kojų? Tai yra Jo žaizdos... Nuotaka yra Avinėlio Širdies žaizda, per kurią trykšta Šventoji Dvasia, trykšta Meilė. Nuotaka žeidžia Mylimojo Širdį, rankas ir kojas, kad Jis visu savimi, savo rankomis, savo kojomis, savo Širdimi ją mylėtų – „juk meilė stipri kaip mirtis"... Šie žodžiai mums kalba apie Kryžių. Kryžius yra Meilė, stipri kaip mirtis, Meilė, kuri yra nenugalima kaip mirtis, nes mums mirtis yra nenugalima. Per Jo mirtį Meilė tampa nenugalima – Meilė, kuri yra mirties priešingybė, nes Meilė yra gyvybės pradmuo. „Aistra nuožmi kaip Šeolas. Jos kaitra – kaip ugnies kaitra, nenumaldoma liepsna" (Gg 8, 6): „Jisai krikštys jus Šventąja Dvasia ir ugnimi" (Lk 3, 16; Mt 3, 11)... „Gilūs vandenys negali užgesinti meilės, nė potvyniai – jos paskandinti" (Gg 8, 7): jokia jūra, kuri yra nuodėmės simbolis ir įvaizdis, jokia nuodėmė negali nugalėti Meilės. Tai yra labai, labai svarbus principas. Jokia nuodėmė negali nugalėti meilės – meilės, kuri yra tiesoje. Štai kodėl šv. Augustinas galėjo pasakyti: „Mylėk ir daryk, ką nori", nes meilė nėra nuodėmė. Ir jokia nuodėme jos negalima nugalėti. Aš pabrėžiu – meilė *tiesoje*, Dievo Meilė, o ne tai, ką mes dažnai vadiname „meile", – kas tikriausiai yra visai ne meilė, o mūsų egoizmas... Skirkime tai itin delikačiai ir atsargiai.

„Jeigu žmogus siūlytų už meilę visą savo turtą, būtų vertas tik paniekos" (Gg 8, 7)... „O sodo gyventoja, mano bičiuliai laukia tavo balso! Leisk man jį išgirsti!" (Gg 8, 13) Štai koks jos atsakymas: „Skubėk, mano mylimasis, būk panašus į gazelę ar jauną briedį kvapiuosiuose kalnuose" (Gg 8, 14); kitaip sakant, *maranatha* – ateik, Viešpatie Jėzau!

# MĄSTYMAI
# apie Švč. Mergelę Mariją

I mąstymas

# Nekaltasis Prasidėjimas

Šie mąstymai skirti Švč. Mergelės Marijos slėpiniams – tyliai, ramiai kontempliacijai kartu su Dievo Motina ir mūsų Motina, su Motina ir Nuotaka, ir mylimąja Tėvo dukrele. Tų slėpinių yra nemažai: Nekaltasis Prasidėjimas; Švč. Mergelės Marijos Paaukojimas šventykloje; arkangelo Gabrieliaus Apreiškimas; Kūdikėlio Jėzaus Užgimimas Betliejuje ir dieviškoji motinystė; Bėgimas į Egiptą; dvylikamečio Jėzaus Atradimas Jeruzalės šventykloje; Marijos kančia prie Jėzaus Kryžiaus; Didysis šabas po Jėzaus nukryžiavimo; Jėzaus Prisikėlimo slėpinys ir Marijos santykis su juo; Sekminių (Aukštutinio kambario) slėpinys, kai Marija meldžiasi su mokiniais, laukdama Pažado išsipildymo; Marijos kaip Bažnyčios Motinos slėpinys po Sekminių, kai apaštalai iškeliauja skelbti Evangelijos (o apie Mariją Raštuose daugiau nė žodžio, nors Ji niekur nedingo. Tai labai gilus slėpinys); pagaliau Marijos Užmigimas ir Dangun ėmimas, ir Vainikavimas danguje Visatos Karaliene, angelų ir šventųjų Karaliene. Iš šių daugybės Švč. Mergelės Marijos slėpinių pasigilinsime tik į svarbesnius, ryškesnius.

O pradėsime, žinoma, nuo Švč. Mergelės Marijos Nekaltojo Prasidėjimo, apie kurį, beje, kalba ir Giesmių giesmė. Dievo žodis apie šį slėpinį, kai kurių teologų nuomone, yra Giesmių giesmės 2-ojo skyriaus antroji eilutė: „Kaip lelija tarp erškėčių, mano mylimoji tarp merginų!" (Gg 2, 2). Tai Nekaltasis Prasidėjimas iš Mergelės Marijos padaro slėnių leliją, Viešpaties leliją. Ne Lietuva, o Mergelė Marija yra Viešpaties lelija... Lietuvaitės, deja, net ir pačios švenčiausios, yra kaip erškėčiai, palyginus su vienintele Viešpaties lelija – Švč. Mergele Marija, nes nė viena – ar lietuvaitė, ar ne lietuvaitė – Ievos dukra nėra be nuodėmės. Tik Švč. Mergelė Marija yra Nekaltai Pradėtoji. Ir tas Nekaltasis Mergelės Marijos Prasidėjimas yra Jėzaus Kryžiaus aukos, Meilės aukos *pirmienos*. Sakytume, kad Nekaltasis Prasidėjimas yra tarsi Jėzaus malonių *krekenos*. Žinote, kai karvė atsiveda veršiuką, tai pirmasis pienas, kurį jis gauna iš karvutės, yra labai tirštas ir maistingas (jį bobutės kepa krosnyje), – tai ir yra krekenos. Krosnyje iškeptos, jos tampa panašios į kiaušinienę. Tai štai, Švč. Mergelės Marijos Nekaltasis Prasidėjimas yra tarsi Jėzaus malonių, ištryškusių ant Kryžiaus, *krekenos* – labai koncentruota malonė, Mergelėje Marijoje iš karto, nuo pat pirmosios Jos pradėjimo akimirkos, įvykdanti tai, ką mumyse padarys tik danguje. Nes kiekviena Mergelei Marijai dovanota Dievo malonė yra skirta ir mums, tiktai ne tuo pačiu būdu: mes jas gauname kaip pieną – lašelis po lašelio, o Marijai buvo duota viskas iš karto. *Krekenos!*

Žvelgdami į Mergelę Mariją, mes galime regėti savo amžinąją ateitį – kokie mes būsime ir kokius mus jau dabar, diena iš dienos, po truputėlį, po lašelį Dievo malonė daro. O ši, pati pirmoji, pamatinė Mergelės Marijos malonių pilnatvės malonė (nes Marija yra *malonės pilnoji*, Joje visos malonės visiškai išsipildo) – Nekaltojo Prasidėjimo malonė – Jai buvo duota, galima sakyti, avansu. Kodėl taip sakau? Jeigu visų žmonių atpirkimas kyla iš Kryžiaus aukos, įskaitant ir mūsų protėvius Adomą ir Ievą, vadinasi, ir Švč. Mergelė Marija (juk ir Ji yra tikras žmogus, tvarinys kaip jūs ir aš, tik be nuodėmės) buvo atpirkta Jėzaus. Bet tada kyla klausimas: kaip Mergelė Marija galėjo būti atpirkta Jėzaus nuo pat pirmosios savo pradėjimo akimirkos, jeigu Tas, kuris turės Ją atpirkti, dar net nebuvo gimęs, o ir Ji pati nebuvo gimusi? Kaip tai įmanoma? Lengviausias atsakymas – *„Dievui nėra negalimų dalykų"* (Lk 1, 37), tiesa? Vis dėlto Dievas tam ir davė mums protą, kad mes jį truputį pamankštintume, pabandytume pasigilinti ir suprasti.

Visada labai lengva pasakyti: „Dievui nėra negalimų dalykų." Švenčiausioji Trejybė? Dievui nėra negalimų dalykų! Eucharistijos slėpinys? Dievui nėra negalimų dalykų! Jėzaus dievystė ir žmogystė viename Asmenyje, dvi Jo prigimtys? Dievui nėra negalimų dalykų! Taip, tai yra universalus ir visada teisingas atsakymas, bet jis mūsų protui nieko nepaaiškina. O juk „malonė prigimties nesugriauna", kaip moko šv. Tomas Akvinietis; vadinasi, malonė nepanaikina ir mūsų proto. Mūsų protas pirmiausiai Dievo sukurtas ne tam, kad mes sugalvotume, kaip pastatyti dangoraižius, pagaminti kosminius laivus, kompiuterius ir mikrobangų krosneles. Ne! Mums Dievas protą pirmiausiai davė tam, kad mes juo ieškotume Jo. O tik paskui jau išrastume ir mikrobangų krosneles, ir skalbimo mašinas – kad būtų lengviau ieškoti Dievo! Tad jeigu mes visus tuos išradimus darome ne dėl to, tuomet mes savo protu naudojamės netinkamai – ne pagal Dievo Valią ir Jo planą. Tada, žinoma, mūsų protas nusivažiuoja iki tokių nesąmonių, kad netgi neigia Dievo egzistavimą, Dievo buvimą. Tai visiškas žmogaus proto tikslo praradimas!

Faktas, kad Dievas, duodamas mums tikėjimą (kuris yra malonė), anaiptol nepanaikina prigimties, kurios dalis – ir viena svarbiausių – yra protas. Vadinasi, mes taip pat ir savo protu turime gilintis, ieškoti, godžiai trokšti kiek galima labiau suprasti Dievo slėpinius, net jeigu ir iš anksto aišku, kad mes niekada iki galo jų nesuprasime. Bet tai nereiškia, kad mes negalime vis labiau suprasti. Vis labiau suprasdamas, mūsų protas bus vis labiau visavertis, vis labiau atitiks savo gelminę prigimtį, savo pagrindinę paskirtį ir artės prie tikslo – pažinti Dievą, kurį ir danguje pažinsime būtent savo protu. Mat danguje tikėjimo nebebus, bus tik palaimingasis regėjimas – mūsų protu, mūsų „dvasinėms akimis", mūsų dvasine galia pažinti – net ne širdies, o proto galia.

Taigi, remdamiesi savo protu, kuris, kaip ir tikėjimas, mums yra duotas Dievo, mes turime gilintis ir mėginti suprasti, kaip Švč. Mergelė Marija gali būti Nekaltai Pradėtoji Jėzaus Kryžiumi, nors Jėzaus Kryžius bus dar tik maždaug po pusės amžiaus. Ir vis dėlto Mergelės Marijos Nekaltasis Prasidėjimas yra pirmoji Jėzaus Kryžiaus malonė, *pirmienos*. Idant tai suprastume, turime atsiminti, kad Dievas yra amžinybėje, o mes esame laike. Laike padarinys visada kyla iš priežasties: chronologiškai pirmiausiai yra priežastis, po to – padarinys. Tačiau Dievui, žvelgiant iš amžinybės, ir viena, ir kita yra tuo pat metu, kadangi Dievas nėra laike. Mat laikas yra ribotų akimirkų, kurios bėga viena paskui kitą, seka, o amžinybė – viena vienintelė, bet *beribė* akimirka. Taigi Dievui viskas – ir Mergelės Marijos Nekaltasis Prasidėjimas, ir Jėzaus Kryžius, ir Jo Prisikėlimas, ir pasaulio sukūrimas, dangaus ir žemės sukūrimas, ir pirmųjų tėvų nuopuolis, ir antrasis Jėzaus atėjimas – visa yra begaliniame *dabar*. Dievui visa tai yra *dabar*, nes Jo beribė amžinybės akimirka apima viską – tai visa apimanti dabartis. Tačiau mes – gyvenantieji laike – aiškiai skiriame, kad yra vakar, šiandien ir rytoj. Ir Mergelės Marijos Nekaltasis Prasidėjimas buvo maždaug 50 metų prieš Jėzaus Kryžių, iš kurio kyla ir kurio vaisius yra Nekaltasis Prasidėjimas.

Pakartosiu, kad galima būtų sakyti, jog toji malonė Marijai buvo duota avansu. Kas yra avansas? Šiaip, kai ateini dirbti į naują darbą, tai užmokestį gauni padaręs darbą, tiesa? Bet darbdavys, žinodamas, kad tu dirbsi, avansu išmoka dalį atlyginimo, nelaukdamas mėnesio pabaigos. Taip galima paaiškinti ir Švč. Mergelės Marijos Nekaltojo Prasidėjimo chronologinį pirmumą Kryžiaus slėpinio atžvilgiu. Ji gavo avansą – ir net ne dalį „užmokesčio", bet visą! Visa tai, ką mes gausime tik pačioje pabaigoje, amžinybėje. Turbūt atrodo neteisinga, tiesa? Tačiau Dievas nėra prancūzų revoliucionierius, kurio pagrindinis šūkis – „Laisvė, lygybė, brolybė". Danguje lygybės nėra. Skandalas! Nes ne lygybė svarbiausia – juk tikrai yra sielų, kurios Dievą myli labiau negu kitos; tarp žmonių ir angelų nėra lygybės; ir tarp pačių angelų nėra lygybės; tarp žmonių taip pat nėra lygybės. Gal jūsų bendruomenėje esama lygybės? Manojoje jos nėra. Tai yra miražas, iliuzija!

Ne lygybė yra svarbiausia, bet kiekvieno pašaukimas. O geriausias pašaukimas yra tas, kuris yra mano. Prisiminkime Ezopo pasakėčią apie šunelį ir asilą. Šeimininkė labai mėgdavo paglostyti savo šunelį, kuris jai užšokdavo ant kelių. O asilas užpavydėjo, nes ir jis norėjo būti paglostomas šeimininkės, todėl nusprendė elgtis taip, kaip tas šunelis, – užšoko šeimininkei ant kelių ir, aišku, gavo lazdų... Svarbu, kad mes visi rūpintumės būti tuo, kuo Dievas mus sukūrė, ir nesistengtume būti tuo, kuo mes nesame. Esu sutikęs ne vieną tokią sielą (tarp kitko, iš labai kontempliatyvių sielų), kuri norėtų būti Nekaltasis Prasidėjimas kaip Mergelė Marija. Nekontempliatyvioms sieloms tokių beprotiškų minčių nekyla... Tikras pavydas – kodėl Ji, o ne aš? Žinoma, tai kyla iš puikybės, noro būti tuo, kuo mes nesame. Ir paskui dar mes pykstame ant Dievo, kad nesame tie, kas mes norime būti. Bet juk svarbiausia yra *Dievo* Valia!

Nepaisant to, kad danguje nėra lygybės, ten tikrai yra brolybė, ir ji prasideda jau dabar. O tos brolybės vardas – krikščioniškas vardas (ne pagal prancūzų revoliucionierius) – yra *Šventųjų bendravimas*, kurio esmė, kad visa, kas yra mano brolio ar sesers, yra ir mano: ir jo malonės, ir jo nuodėmės (nors pastaruoju atveju teologiškai tiksliau būtų kalbėti apie iš nuodėmės sužeistos žmogiškosios prigimties kylantį solidarumą). Todėl, jeigu aš tikrai realistiškai išgyvenu šitą Šventųjų bendravimo slėpinį, turėčiau džiaugtis už savo brolį ar seserį, kai jis ar ji gauna kokią nors ypatingą malonę, ir tai ypač tinka kalbant apie Švč. Mergelę Mariją. Atsimenate tą gražų šv. Kūdikėlio Jėzaus Teresėlės pasakymą: „Mergele Marija, jeigu aš būčiau Dievo Motina, o Tu – Teresėlė, aš norėčiau būti Teresėle, kad Tu būtum Dievo Motina"?.. Taigi, kiekviena iš Marijos malonių yra skirta mums visiems, įskaitant ir Nekaltąjį Prasidėjimą, todėl nėra ko pavydėti, nes jis ir mums priklauso, tik mums jis „išmokamas" dalimis; vis dėlto ir mes gausime jį visą. Tačiau nepamirškime, kad mums taip pat priklauso ir visos mūsų brolių bei seserų nuodėmės. Todėl mes, užuot smerkę ir kaltinę savo brolius ir seseris (kaip elgiasi mūsų brolių kaltintojas, kaltinantis juos dieną ir naktį – žr. Apr 12, 10), turėtume raudoti ir atgailauti už jų nuodėmes, nes jos yra ir mūsų nuodėmės – taip pat, kaip ir mūsų nuodėmės tapo Jėzaus nuodėmėmis ant Kryžiaus (plg. 1 Pt 2, 24). Dievas Jį padarė nuodėme dėl mūsų (plg. 2 Kor 5, 21). Visos mūsų nuodėmės tikrai buvo Jėzuje ant Kryžiaus. Ten jos buvo nukryžiuotos, sunaikintos Jėzaus mirtimi, nes Jėzus kaip žmogus taip pat dalyvauja Šventųjų bendravimo slėpinyje, brolybėje, mat Jis per savo žmogišką prigimtį tikrai yra mūsų Brolis.

Taigi, žvelgdami į nepaprastą Mergelės Marijos apdovanojimą, esame kviečiami džiūgauti, nes Joje mes matome, kas laukia ir mūsų – mes irgi esame pašaukti būti Viešpaties lelija, net jeigu kol kas esame erškėčiai. Ir vieną dieną Lietuva tikrai bus Viešpaties lelija, nors ir ne šiame pasaulyje... Nes tikrai ten visi būsime nekalti – tyri ir nekalti Jo akivaizdoje, kaip rašo šv. Paulius (žr. Ef 1, 4).

Nekaltasis Prasidėjimas buvo pamatas visų kitų Švč. Mergelės Marijos malonių, o pirmiausia – dieviškosios motinystės, to nepaprastai intymaus (intymesnio netgi negu tarp vyro ir žmonos) santykio tarp motinos ir vaiko, ypač kol kūdikėlis tebėra po motinos širdimi. Šitam dieviškosios motinystės santykiui su Jėzumi Mariją rengia Nekaltasis Prasidėjimas. Vėlgi – dieviškosios motinystės malonė yra skirta ir mums, tik irgi ne visa iš karto. Todėl ir mūsų meilės santykis su Jėzumi, su įsikūnijusiu Dievu, jau dabar turi būti ne tik kaip nuotakos santykis su jaunikiu, kaip tarno santykis su šeimininku (tai irgi tiesa), kaip bičiulio santykis su bičiuliu, kaip tėvo ir sūnaus santykis (turint omenyje, kad Jėzus yra Tėvo ikona, kaip Jisai pats sako apaštalui Pilypui per Paskutinę vakarienę: „Pilypai [...], kas yra matęs mane, yra matęs Tėvą" (Jn 14, 9)), bet taip pat ir kaip sūnaus santykis su motina, turint galvoje, kad motina esame mes. „Kiekvienas, kas tik vykdo mano dangiškojo Tėvo valią, yra man ir brolis, ir sesuo, ir motina" (Mt 12, 50)... Kad mes galėtume teisingai išgyventi šitą santykį su mūsų Viešpačiu Jėzumi Kristumi, mums yra būtinas širdies tyrumas, kurį Švč. Mergelė Marija gavo iš karto, nuo pirmosios savo pradėjimo akimirkos, per Nekaltąjį Prasidėjimą (žinoma, per visą savo gyvenimą Ji, kaip ir mes, turėjo nuolat vis iš naujo pasirinkti išsaugoti šitą širdies tyrumą, ypač pagundų akivaizdoje, tačiau visų Jos pasirinkimų pagrindas ir šaltinis buvo būtent šita pamatinė Nekaltojo Prasidėjimo malonė). Bet kokį kitokį mūsų santykį su Viešpačiu irgi turi grįsti nekaltumas ir tyrumas, turintis kas dieną bent po truputį augti. Juk kasdien esame vis arčiau dangaus, vis arčiau Jėzaus sugrįžimo, todėl jau vien todėl gyvename vis geriau. Pasaulyje žmonės gyvena vis blogiau, nes sensta ir mato, kaip jų „tinkas pradeda byrėti", o krikščionis kiekvieną dieną jaučiasi vis geriau, nepaisydamas to *byrančio tinko*, nes jis kasdien artėja prie galutinio išsipildymo – amžinosios jaunystės, kuri prasideda širdyje...

Tyra širdis yra jauna: net šimtamečio seneliuko širdis, jeigu tik tyra, yra jaunesnė negu šešiolikmetės, jau visiškai praradusios tyrumą. Tyrumą turiu omenyje ne vien, kaip dažniausiai suprantama, siaurąja prasme, ne vien lytišką tyrumą, bet tyrumą plačiąja prasme, kaip apie jį kalba šv. Paulius: kūno nuodėmės nėra vien tiktai lytinės nuodėmės, o netyri darbai yra ne tik kūniški. Laiške galatams šv. Paulius išvardija tas kūno nuodėmes, kurios yra netyrumas Dievo akivaizdoje: „Kūno darbai žinomi; tai ištvirkavimas, netyrumas, gašlavimas, stabmeldystė, burtininkavimas, priešiškumas, nesantaika, pavyduliavimas, piktumai, vaidai, nesutarimai, susiskaldymai, pavydai, girtavimai, apsirijimai ir panašūs dalykai" (Gal 5, 19–21). Visa tai yra kūno darbai, kūno nuodėmės, kurios sutepa mūsų kūną, mūsų širdį ir sielą Dievo akivaizdoje. Būtent iš šitų darbų mes turime atsiversti, po jų turime apsivalyti kiekvieną dieną, kad vis labiau dalyvautume Švč. Mergelės Marijos Nekaltojo Prasidėjimo slėpinyje bei malonėje, kuri yra ir kitos Marijos malonės – Jos dieviškosios motinystės, ir viso Jos gyvenimo, skirto Dievui, pamatas bei pagrindas.

II mąstymas

# Pa(si)aukojimas šventykloje

„Paskui aš regėjau: štai atsivėrė vartai danguje, ir pirmasis balsas, kurį buvau girdėjęs man gaudžiant tarsi trimitą, kalbėjo: „Užženk čionai, aš tau parodysiu, kas toliau turi įvykti." Bematant mane ištiko dvasios pagava. Ir štai danguje stovėjo sostas, o soste buvo Sėdintysis. Jo išvaizda buvo panaši į jaspio ir sardžio brangakmenius, o vaivorykštė, juosianti sostą, buvo panaši į smaragdą. Aplinkui sostą regėjau dvidešimt keturis sostus ir tuose sostuose sėdinčius dvidešimt keturis vyresniuosius baltais drabužiais, o jų galvas puošė aukso vainikai. Nuo sosto skriejo žaibai, aidėjo balsai ir griaustiniai; septyni deglai liepsnojo priešais sostą, o tai yra septynios Dievo dvasios. Priešais sostą tviskėjo tarsi stiklo jūra, panaši į krištolą" (Apr 4, 1–6). Šia ištrauka iš Apreiškimo knygos – Dievo žodžiu – gali būti išreikštas Švč. Mergelės Marijos Paaukojimo šventykloje slėpinys. Mums, Dievui pašvęstiesiems, ši liturginė šventė, šitas slėpinys turėtų būti ypač brangus, nes būtent Mergelės Marijos Paaukojimas šventykloje, Jos *pasiaukojimas* yra mūsų vienuoliško gyvenimo ištakos, mūsų „beprotybės", sukeltos

Šventosios Dvasios, pradžia. Mūsų laikais net ir krikščioniškoje šalyje (kokia vis dar yra Lietuva) išėjimas į vienuolyną šeimoje gali sukelti tragediją, nesupratimą, panieką, patyčias, pyktį, neapykantą Bažnyčiai. Krikščioniškoje šalyje, kurioje pašvęstojo celibato tradicija gyvuoja jau keletą šimtmečių! O Mergelė Marija atsiliepė į Šventosios Dvasios įkvėpimą ir raginimą tautoje, kur moteriai likti nevaisingai, netekėjusiai buvo pati didžiausia gėda ir nelaimė. Tačiau šis slėpiningas Dievo kvietimas buvo toks stiprus, kad Marijai visiškai nerūpėjo, kas ką pagalvos ar pasakys. Ji tiesiog nuėjo priešais Sostą: it stiklo jūra, panaši į krištolą, – tyrutėlė, t. y. spindėdama Nekaltuoju Prasidėjimu, dėl kurio Jos tyroje sieloje Šventoji Dvasia galėjo jaustis kaip namie. Ne veltui šv. Maksimilijonas Marija Kolbė sako, kad Švč. Mergelė Marija yra *quasi incarnatio Spiritus Sancti – vos ne* Šventosios Dvasios įsikūnijimas.

Žinoma, įsikūnijęs tėra tik vienas dieviškasis Asmuo – tai antrasis Trejybės Asmuo, Dievas Sūnus, Dievo Žodis. Tačiau Švč. Mergelė Marija yra *vos ne* Šventosios Dvasios įsikūnijimas ta prasme, kad Ji visiškai laisvai, be jokios kliūties, be jokio trukdžio, tučtuojau atsiliepdavo į patį mažiausią Šventosios Dvasios dvelktelėjimą, į patį švelniausią Jos įkvėpimą. Todėl, žvelgiant į Marijos gyvenimą, į Jos veiksmus, girdint Jos žodžius, matant Jos laikyseną, buvo galima per Ją kone matyti Šventąją Dvasią. Mes irgi – kiekvienas iš mūsų – turėtume būti, ir vieną dieną būsime (tai yra mūsų viltis) tarsi stiklo jūra, panaši į krištolą, kur Šventoji Dvasia jausis kaip namuose, nes mes ir patys būsime panardinti į kitą jūrą, į Ugnies jūrą.

Apie tą pačią stiklo jūrą, tik sumaišytą su ugnimi, dar kalbama kitoje Apreiškimo knygos vietoje (žr. Apr 15, 2). Ugnis, su kuria sumaišyta stiklo jūra, žinoma, yra Šventoji Dvasia; tai Šventosios Dvasios Ugnies jūra, kuri jungia dieviškuosius

Asmenis ir mus, kuri padaro, kad ir mes tampame *vos ne* Šventosios Dvasios įsikūnijimas, kad ir mumyse galima matyti neregimąją, nematomąją Dvasią, apie kurią pats Jėzus sako, jog Ji yra kaip vėjas, kurio ošimą girdi, bet nežinai, nei iš kur ateina, nei kur link nueina (plg. Jn 3, 8). O Švč. Mergelė Marija (ir mes paskui Ją) yra tarsi vėtrungė, vėjo malūnėlis, rodantis, iš kur, kokiu greičiu ir kur link tas vėjas pučia, kuris nematomąjį Dvasios vėją tarytum padaro matomą. „Aš išvydau tarsi stiklo jūrą, sumaišytą su ugnimi, ir žmones, kurie buvo pergalėję žvėrį, jo atvaizdą ir jo vardo skaičių, stovinčius su Dievo arfomis ant stiklo jūros" (Apr 15, 2). Tai Švč. Mergelės Marijos Pasiaukojimo Dievui slėpinys mūsų atžvilgiu, nes tai mes esame tie žmonės, stovintys ant stiklo jūros, sumaišytos su ugnimi, su Dievo arfomis rankose. Jos pirmasis pasiaukojimas yra visų mūsų vienuoliško pasiaukojimo pagrindas, ant kurio mes stovime. Ant šios stiklo jūros, sumaišytos su ugnimi, panašios į krištolą, mes stovime su Dievo arfomis, kad Jam giedotume naują giesmę – Avinėlio giesmę, kurią moka tik tie, kurie lydi Avinėlį, kurie yra mergelės, ir kurie yra nesusitepę su moterimis (plg. Apr 14, 4).

Švč. Mergelės Marijos Pasiaukojimo Dievui slėpinys atveria žmonijai kažką visiškai naujo – kelią į naująją ir tikrąją Santuoką. Jėzus Evangelijoje sako: „Nevadinkite vieni kitų tėvais, nes turit vienintelį Tėvą danguje" (plg. Mt 23, 9). Ir „jūs visi, broliai, nevadinkite vieni kitų mokytojais, nes turite vienintelį Mokytoją – Kristų" (plg. Mt 23, 8). Galime pridurti: nevadinkite vieni kitų sutuoktiniais, nes turite vienintelį Sutuoktinį – Dievo Avinėlį. Šventasis apaštalas Paulius sako, jog kiekviena tėvystė danguje ir žemėje kyla iš vienintelės tikrosios Tėvystės (plg. Ef 3, 14–15). Kaip kiekvienas mokymas kyla iš vienintelio Išminties ir Tiesos Šaltinio, taip ir kiekvienas meilės santykis, santuokinės meilės santykis kyla iš vienintelio Jaunikio. Kai Jėzus ragina mus nevadinti vieniems kitų tėvais ir mokytojais, Jis nori atkreipti mūsų dėmesį, nors kiek ir sukrėsdamas, kad vienintelis tikrasis Tėvas yra tiktai dangiškasis Tėvas, kad vienintelis tikrasis Mokytojas yra tik Jis – Kristus, atėjęs mūsų pamokyti ant Kryžiaus. Vadinasi, visi kiti tėvai ir mokytojai yra tik atspindys to vienintelio Tikrojo, ir visi sutuoktiniai (nors krikščionys sutuoktiniai savo pašaukimu jau ir taip pranašauja būsimuosius dalykus amžinybėje) yra tik to vienintelio, tikrojo Sutuoktinio – Avinėlio, kuriam ir pasiaukojo Mergelė Marija, – atspindys.

Esame kalbėję, kad „negera žmogui būti vienam" (Pr 2, 18) ir kad net tobulas, tyras, be nuodėmės žmogus, koks buvo Adomas, negalėjo būti laimingas vien tik su Dievu, Dievu kaip Dvasia: Jis jam buvo „per didelis", „nepritaikytas" žmogaus prigimčiai. Tad mes galime būti pasišventę Dievui, mums gali būti gera su Juo tik dėl Įsikūnijimo slėpinio, tik todėl, kad Dievas tapo žmogumi, Dievas tapo kūnu, Dievas pasirodė mūsų akims kaip *Brolis*: Giesmių giesmėje mylimoji apie mylimąjį kalba taip pat ir kaip apie brolį (plg. Gg 8, 1), ne tik jis apie ją kalba kaip apie sužadėtinę seserį (plg. Gg 4, 12).

Kai Mergelę Mariją Šventoji Dvasia paragino pasiaukoti Dievui, Dievas dar nebuvo įsikūnijęs, Jis dar nebuvo tapęs žmogumi, dar nebuvo tapęs regimu, tikruoju ir vieninteliu mūsų Sutuoktiniu. Taigi, Marija vėl gauna avansą... Šventoji Dvasia vėl iškelia Ją už įprastinės Dievo malonės ekonomijos ribų. Kitaip sakant, per šį Šventosios Dvasios įkvėpimą į Švč. Mergelės Marijos Širdį pasiaukoti Dievui, nors Dievas dar nebuvo tapęs žmogumi, Dievas parodo, kaip beprotiškai, be jokio saiko Ją myli. Ir kaip Jos žmogiškoje prigimtyje Dievas – per šitas ypatingas malones: per Nekaltąjį Prasidėjimą, per Pasiaukojimą šventykloje – jau Ją daro nebe šio pasaulio gyventoja.

Dar grįžkime prie tos Apreiškimo knygoje minimos stiklo jūros, panašios į krištolą, sumaišytos su ugnimi (žr. Apr 15, 2). Jūra Biblijos simbolikoje reiškia nuodėmę ir mirtį. Apreiškimo 21 skyriuje šv. Jonas rašo, kad mato „naują dangų ir naują žemę, nes pirmasis dangus ir pirmoji žemė išnyko, ir jūros taip pat nebeliko" (Apr 21, 1): nuodėmės ir mirties nebelieka. Jeigu laikysime, kad stiklo jūra, panaši į tyrą krištolą, sumaišyta su ugnimi, simbolizuoja Švč. Mergelės Marijos Nekaltąjį Prasidėjimą ir Pasiaukojimą šventykloje, tai ši jūra akivaizdžiai reiškia visišką antitezę, visišką priešingybę nuodėmei ir mirčiai. Beje, Mergelės vardas *Miriam* hebrajiškai taip pat reiškia ir skausmo jūrą, kartėlio jūrą. Ta krištolinė stiklo jūra, sumaišyta su ugnimi, yra visiška priešingybė, visiška antitezė tam, kuo tapo pirmoji Ieva, – o ji tapo nuodėmės ir mirties jūra, kurioje mes visi iki šiol skęstame. Švč. Mergelė Marija tapo stiklo jūra, panašia į vaiskų krištolą, sumaišyta su ugnimi, ant kurios mes galime stovėti. Ir ne šiaip stovėti, bet su Dievo arfomis, kad giedotume naują giesmę, kurią ne kiekvienas gali išmokti.

Šventoji Dvasia Mergelę Mariją tiesiog išplėšia net ir iš žmogiškos prigimties ribų. Todėl Jos slėpinys yra labai arti paties Jėzaus Įsikūnijimo slėpinio, nes ir Jėzaus Įsikūnijimo slėpinys, dieviškojo Asmens Įsikūnijimo slėpinys visiškai pranoksta bet kokį suvokimą. Visa dievybės pilnatvė apsigyveno šitame žmoguje, žmogaus prigimtyje, viename dieviškame Asmenyje neperskiriamai hipostatine unija sujungdama dievišką ir žmogišką prigimtis. Tai kažkas, kas visiškai pranoksta bet kokią normą, bet kokias ribas, bet kokį saiką.

Mergelės Marijos, nors Ji nėra dieviško Asmens Įsikūnijimas, pašaukimas, Šventosios Dvasios trauka į Dievo slėpinio gelmes yra tokia stipri, kad visos žmogiškosios prigimties ribos sueiži, išlaksto gabalais. Nuo tokios įtampos galima numirti!

Galiausiai Užmigimo slėpinyje, Dangun Ėmimo slėpinyje Marija miršta iš Meilės – Jos Širdis, vaizdžiai tariant, plyšta iš Meilės. Bet Ji jau dabar, jau per Pasiaukojimo slėpinį turėjo neatlaikyti tokios įtampos, tokio Šventosios Dvasios į Jos Širdį įkvėptos Meilės intensyvumo!

Galime prisiminti, ką yra sakęs šv. Laurynas Brindizietis, Bažnyčios mokytojas. Jis buvo vienuolis kapucinas, garsėjęs savo pamokslais. Pats jis jokio teksto neparašė, tačiau yra išlikusių užrašytų jo pamokslų, per kuriuos jis ypač giliai yra kalbėjęs apie Švč. Mergelės Marijos slėpinį. Vieną jo posakį mėgstu dažnai kartoti: „Švč. Mergelės Marijos malonės pilnatvė, kuria Ji buvo apdovanota pirmąją savo pradėjimo akimirką, buvo didesnė negu galutinė visų šventųjų (kartu paėmus) malonės pilnatvė danguje." Tai dar kartą puikiai iliustruoja Švč. Mergelės Marijos slėpinio išėjimą už bet kokių normos ribų. Šv. Jonas Evangelijoje yra pasakęs apie Sūnų, kad Tėvas Jam teikia Dvasią be saiko (žr. Jn 3, 34). Tikriausiai ir apie Mergelę Mariją galima būtų taip pasakyti – Tėvas Jai teikia Dvasią be saiko. Būtent todėl Ji tikrai gali būti Naujoji Ieva, Sesuo Sužadėtinė, atitinkanti Naująjį Adomą, Jaunikį, kuris yra Avinėlis, ir tapti daugybės visų paskui Juos einančiųjų Motina, nes Švč. Mergelė, kaip niekas kitas, pati ištikimai lydi Avinėlį visur, kur tik Jis eina. Per pirmuosius tėvus – Adomą ir Ievą – į mūsų pasaulį, į mūsų širdis įsiveržė nuodėmė ir mirtis, o per Naujuosius Tėvus – Jėzų, kuris yra Tėvo atspindys, Tėvo ikona („Kas yra matęs mane, yra matęs Tėvą" (Jn 14, 9; plg. 12, 45)), ir Švč. Mergelę Mariją – į mūsų širdis įsiveržia Šventosios Dvasios, mirtį ir nuodėmę nugalinčios Gyvybės Dvasios, srovė.

Pirmasis šios pergalės ženklas yra Mergelės Marijos pašaukimo dovana daugybei kitų Dievo vaikų, kurių mažytė dalelytė esame ir mes. Mes gavome dalį tos Mergelei Marijai suteiktos Šventosios Dvasios dovanos, kuri ir toliau tęsiasi ir tęsis Bažnyčioje iki Jėzaus sugrįžimo. Iki pat Jėzaus sugrįžimo Bažnyčioje liks Marijos slėpinys, išgyvenamas iki pat žmogiško kūno paaukojimo, pašventimo Dievo slėpiniui, Šventajai Dvasiai. Kitaip ir būti negali, net jeigu tą paskutiniąją dieną pasaulyje bus likusi tik viena vienuolė. Bet jinai tikrai bus, nes tai yra Švč. Mergelės Marijos slėpinys, nuolat besitęsiantis Bažnyčioje, prasidėjęs su Jos Pasiaukojimu šventykloje.

Šioje liturgiškai minimoje šventėje, šiame slėpinyje svarbiausia – ne išorė, o Mergelės Marijos Širdis: nepadalyta, beatodairiška, veržli, karšta, beprotiška, bet kartu – nuolanki ir romi kaip Avinėlio (žr. Mt 11, 29). O visų kitų, einančiųjų paskui Ją šiuo keliu, širdys yra tiktai atspindys ir išraiška to visko, kas tilpo Mergelėje Marijoje: šv. Žanos d'Ark drąsa, šv. Kūdikėlio Jėzaus Teresėlės įžūlumas (nes ji norėjo mylėti labiau negu visi šventieji kartu paėmus), šv. Faustinos atvirumas Dievo paslapčiai (nes ji buvo Gailestingumo sekretorė, o *secretarius* lotyniškai reiškia „tas, kuris saugo paslaptį"; iš jos *Dienoraščio* žinome, kaip puikiai ji mokėjo saugoti paslaptis), šv. Motinos Teresės gailestingumas vargšų vargšams, niekieno nebenorimiems ir nebemylimiems, šv. Margaritos Marijos Alakok skausmingas atsidavimas Dievo Valiai, kai jai reikėjo iškovoti Švenčiausiosios Jėzaus Širdies šventę Bažnyčioje... Visų šventųjų širdys yra tik spinduliukai tos saulės, kuri liepsnojo Mergelės Marijos Širdyje tą akimirką, kai Ji visiškai atsidavė Dievo Valiai, Jo veikimui. Tai buvo Jos laisvo, sąmoningo gyvenimo su Dievu pradžia. Nekaltasis Prasidėjimas yra gryna dovana, nepriklausoma nuo Mergelės Marijos laisvos valios. O Jos Pasiaukojimas šventykloje yra atsakymas į šitą dovaną – jau visiškai laisva valia atvėrimas vartų į šį pasaulį, į mūsų istoriją, į mūsų laiką Amžinybei, Dievui, Jo logikai ir Jo dėsniams, nebe pasaulio ir nebe pasaulio kunigaikščio dėsniams.

Pabaigai: gali kilti toks, sakyčiau, techninis klausimas, kas tiksliai turima omenyje, kalbant apie Švč. Mergelės Marijos Pasiaukojimą šventykloje. Ar tai Jos laisvos valios aktas, apie kurį mes iki šiol kalbėjome, ar kalbama apie Mergelės Marijos, trejų metukų vaikelio, Paaukojimą šventykloje?

Istorinių žinių apie Mergelės Marijos Paaukojimą ir Pasiaukojimą nėra. Yra tik nekanoninės evangelijos (vadinamosios Šv. Jokūbo evangelijos) pasakojimas, kad Mergelė Marija trejų metukų buvo atvesta į Jeruzalės šventyklą ir ten liko iki dvylikos metų, kai buvo sužadėta su šv. Juozapu. Tokia tradicija iš mažosios raidės. Tai nėra Tradicija iš didžiosios raidės, kuri yra Apreiškimo šaltinis, – pastaroji yra viena, skirtingai nuo daugybės tradicijų iš mažosios raidės, ir kurių yra pačių įvairiausių.

Savo bendruomenėje visada girdėjau kalbant apie Švč. Mergelės Marijos Pasiaukojimą (prancūziškai „Paaukojimas" ir „Pasiaukojimas" – tas pats žodis, *Présentation*) kaip apie Jos pirmąjį laisvos valios aktą (juk ir vaikas jau gana anksti gali būti laisvas, nors ir esama tos kanoninės septynerių metų ribos, kada pasiekiamas vadinamasis *proto amžius* ir laikoma, kad vaikas jau suvokia, kas yra gera ir kas – bloga). Taigi aš visada girdėjau kalbant apie Švč. Mergelės Marijos Pasiaukojimą kaip apie „pirmuosius įžadus", kad Mergelė Marija yra pirmoji Pašvęstoji, vienuolių Motina – būtent todėl, kad Ji savo laisva valia savo Širdį atidavė Dievui, atsiliepdama į Šventosios Dvasios įkvėpimą. O tai, kiek Jai metų buvo, ar tai įvyko tuo metu, kai šv. Joachimas ir šv. Ona Ją atvedė į šventyklą, yra tik *nėriniai* aplinkui patį slėpinį, jie nėra tiek svarbūs. Giliausia šitos liturginės šventės esmė – tai būtent Mergelės Marijos vidinis savęs atidavimas Šventosios Dvasios veikimui, kai Ji dovanoja Dievui savo kūną. Šio slėpinio atgarsiai, kaip matysime, lengvai įžvelgiami kanoninėje Evangelijoje pagal šv. Luką, pasakojime apie angelo Apreiškimą.

Mano bendruomenei lapkričio 21-osios šventė yra ypač svarbi, nes mums ji, remiantis Tradicija (iš didžiosios raidės), yra pirmosios Pašvęstosios, visų vienuolių Motinos, pirmųjų ir amžinųjų įžadų minėjimas. Tai visų mūsų įžadų provaizdis, ikona, pranašystė, visų mūsų įžadų pirmiena, visų mūsų įžadų išsipildymas.

Dabar dėl paties Paaukojimo. Švenčiame Kristaus Paaukojimą šventykloje – Grabnyčias. Kai Juozapas ir Marija Jį ten paaukojo, buvo praėję 40 dienų nuo Jėzaus Užgimimo (plg. Kun 12, 1–8) – tai ne trejų ar ketverių metų vaikelio paaukojimas, kaip buvo pranašo Samuelio atveju (žr. 1 Sam 1, 22)! Švč. Mergelės Marijos Paaukojimas šita prasme pagal Dievo tautos Įstatymo reikalavimus įvyko praėjus 80 dienų nuo Jos gimimo, nes mergaitės taip pat būdavo atnešamos į šventyklą, tik dvigubai vėliau nei berniukai (žr. Kun 12, 1–8). O lapkričio 21-osios dienos šventė mini jau kitą slėpinį, kuris yra tikėjimo tiesa, švenčiama liturgijoje. Švč. Mergelės Marijos Pasiaukojimas tikrai yra slėpinys, kuris mums, pašvęstiesiems, ypač daug reiškia, nepalyginti daugiau negu Jos atnešimas į šventyklą – ar jis būtų įvykęs praėjus 80 dienų, ar trejiems metams nuo Jos gimimo.

III mąstymas

# Apreiškimas

Šį vakarą pasigilinkime į Evangeliją pagal Luką, jos pirmąjį skyrių: „Šeštą mėnesį angelas Gabrielius buvo Dievo pasiųstas į Galilėjos miestą, kuris vadinasi Nazaretas, pas mergelę, sužadėtą su vyru, vardu Juozapas, iš Dovydo namų; o mergelės vardas buvo Marija" (Lk 1, 26–27). Šeštą mėnesį – tai yra praėjus pusei metų nuo to paties angelo apreiškimo Jono Krikštytojo tėveliui Zacharijui, praėjus pusei metų nuo to laiko, kai Elzbieta pradėjo lauktis ir visą tą laiką slėpėsi (tarp kitko, būtų labai įdomu pasvarstyti, kodėl jinai slėpėsi). „Atėjęs pas ją, angelas tarė: „Sveika, malonėmis apdovanotoji! Viešpats su tavimi!" Išgirdusi šiuos žodžius, ji sumišo ir galvojo sau, ką reiškia toks sveikinimas. O angelas jai tarė: „Nebijok, Marija, tu radai malonę pas Dievą! *Štai tu pradėsi įsčiose ir pagimdysi sūnų, kurį pavadinsi* Jėzumi. Jisai bus didis ir vadinsis Aukščiausiojo Sūnus. Viešpats Dievas duos jam jo tėvo Dovydo sostą; jis karaliaus Jokūbo namuose per amžius, ir jo karaliavimui nebus galo." Marija paklausė angelą: „Kaip tai įvyks, jeigu aš nepažįstu vyro?" (Lk 1, 28–34). Štai šitas paskutinis sakinys mums ir apreiškia, kad Švč. Mergelė Marija buvo pasišventusi Dievui. Jinai buvo sužadėta su Juozapu, tačiau dabar, kai angelas sako Ją būsiant Aukščiausiojo Motina, Ji sutrinka, kad tai neįmanoma, nes Ji nepažįstanti vyro – ir nesirengianti pažinti. Nes jeigu Ji būtų tam rengusis, būtų natūralu susilaukti vaikelio, todėl Marija nebūtų pasakiusi angelui šito kontrargumento. Priešingai, Ji būtų pagalvojusi, kad „štai – viskas ir vyksta taip, kaip buvo galima tikėtis: susituoksime su Juozapu ir turėsime vaikelį, o tas vaikelis bus Aukščiausiojo Sūnus, Mesijas, naujasis Izraelio Karalius, kurio mes visi taip ilgai laukėme". Bet ne, Jinai sako – „aš nepažįstu vyro", tad „kaip tai gali įvykti?" Vadinasi, Jinai ir nepažįsta, ir savo Širdyje nė nesirengia jo pažinti. Tai reiškia, kad Jinai tikrai buvo pažadėjusi, Šventosios Dvasios įkvėpta, visą savo sielą ir visą savo kūną, savo nekaltumą ir mergeliškumą vien tik Dievui.

Per sužadėtuves su Juozapu, žinoma, Jinai negalėjo nepasakyti jam, kad „mielasis, aš suprantu, jog tu mane labai myli, ir aš, beje, taip pat tave labai myliu, tačiau šaukštai jau po pietų, nes aš esu pasižadėjusi Dievui". Bet šv. Juozapas, skaistusis, nuolankusis šv. Juozapas, matydamas Švč. Mergelės Marijos tyrumą, nekaltumą ir nuolankumą, matyt, sakė: „O man vis tiek! Man nesvarbu, kad mes negalėsime turėti vaikų, negalėsime gyventi kaip visi kiti vyrai ir žmonos, aš vis vien noriu gyventi su Tavim." O Marija tada turėjo atsakyti: „Gerai, gyvenkim taip, bet žinok, kad aš esu Dievo."

Įdomu, kad Švč. Mergelės Marijos pasižadėjimas Dievui visiškai netrukdo žmogiškai meilei, žmogiškai draugystei – gražiai ir giliai, nes joks vyras ir žmona vienas kito taip nemylėjo, kaip Juozapas ir Marija. Marijos atveju, atrodo, viskas savaime suprantama, nes, anot Bažnyčios mokytojo šv. Lauryno Brindiziečio, Jos malonės pilnatvė jau pirmąją Jos pradėjimo akimirką buvo didesnė už visų šventųjų galutinę malonės pilnatvę danguje. Tad natūralu, jog tokia moteris negalėjo mylėti kitaip, kaip tiktai pačia didžiausia meile. O šv. Juozapas – todėl, kad gyvendamas su tokia moterimi negalėjo neišmokti šitaip mylėti, – juk Jinai išmokė jį mylėti! Taigi, Dievo Meilė visiškai neprieštarauja žmogiškai meilei: ir viena, ir kita yra skaisti ir tyra. Tačiau viena yra pirmesnė – būtent Dievo Meilė, ir šv. Juozapas susitaiko, kad Dievas yra pirmesnis.

Atrodytų, viskas aišku, bet štai – pasirodo Viešpaties angelas ir sako: „Tu būsi Motina." Tada Marija pasimeta – „kaip tai gali įvykti, juk esu pasižadėjusi Dievui! Ar Dievas pats sau prieštarauja? Juk tai Jis man įkvėpė šitą troškimą Jam priklausyti! O dabar siunčia man angelą ir sako, kad aš būsiu Motina..." Šv. Tomas Akvinietis komentuoja: Švč. Mergelė Marija buvo pasirengusi, jeigu tokia būtų Dievo Valia, tapti tikra, kūniška prasme, šv. Juozapo žmona, idant galėtų gimti Aukščiausiojo Sūnus. Dėl to Ji ir klausia angelo: ar Dievas nori, kad Ji paaukotų tą didžiausią savo troškimą priklausyti vien tik Dievui visu savo kūnu ir siela? Jeigu Jis to nori, nė akimirkos nedvejodama Marija yra pasiruošusi paaukoti ir šitą troškimą, ir šitą įžadą – kad tik įvykdytų Dievo Valią ir taptų Aukščiausiojo Sūnaus Motina. Taip moko šv. Tomas Akvinietis, visuotinis Bažnyčios mokytojas.

Angelas Jai atsako: „Šventoji Dvasia nužengs ant tavęs, ir Aukščiausiojo galybė pridengs tave savo šešėliu; todėl ir tavo kūdikis bus šventas ir vadinamas Dievo Sūnumi" (Lk 1, 35). Jokių problemų! Tu gali ir toliau likti pasišventusi Dievui, ir tam, kad įvykdytum Dievo Valią, Tau nereikės išsižadėti šito įžado. Dievas neduoda troškimų, kurių nenorėtų įvykdyti: Jis Tau davė troškimą būti skaisčiai ir pasišventusiai vien tik Dievui – Jis tai ir įvykdys. Tavo Širdyje yra ir didžiulis visos Izraelio tautos troškimas, besitęsiantis jau šimtmečius, – Mesijo troškimas. Viešpats išpildo ir šitą troškimą – pirmiausiai todėl, kad Jo trokšta Švč. Mergelė Marija, nuostabiausias Dievo kūrinys: nuostabesnis už visą mūsų visatą su milijardais žvaigždynų ir milijardais žvaigždžių juose. Viena mažytė mergaitė, gyvenusi prieš du tūkstančius metų Nazareto kaimelyje, yra nuostabiausias šedevras, didesnis už visą visatą, už visus angelus ir šventuosius kartu paėmus... Tai Jos Širdies troškimas palenkė Dievą pagaliau atsiųsti Mesiją. Išsipildo abu Marijos Širdies troškimai: taip, Tu būsi skaisti ir Dievui pašvęsta, bet taip pat būsi ir Motina to Mesijo, kurio taip trokšta Tavo Širdis. Ta pati Šventoji Dvasia, kuri Tau įkvėpė skaistumo troškimą, padarys iš Tavęs ir Dievo Motiną.

Na, ir galime tik nuspėti, tik *įsivaizduoti* Juozapo veidą, kai Marija, iškeliavusi pas pusseserę Elzbietą, po trijų mėnesių grįžta besilaukianti, nors prieš tai aiškino, kad Ji priklausanti tik Dievui. Negana to, šįkart Ji nieko nebeaiškina! Šv. Mato Evangelijos pradžioje aprašoma šv. Juozapo reakcija ir elgesys: „Jėzaus Kristaus gimimas buvo toksai. Jo motina Marija buvo susižadėjusi su Juozapu; dar nepradėjus jiems kartu gyventi, Šventosios Dvasios veikimu ji tapo nėščia. Jos vyras Juozapas, būdamas teisus ir nenorėdamas daryti jai nešlovės, sumanė tylomis ją atleisti" (Mt 1, 18–19). Ką tai reiškia? Atkreipkite dėmesį, kad Šventasis Raštas sako, jog šv. Juozapas buvo Jos *vyras*. Vėliau angelas, apsireikšiąs šv. Juozapui, sakys: „Nebijok parsivesti į namus savo žmonos Marijos" (Mt 1, 20). Vadinasi, jie tikrai buvo vyras ir žmona. Vis dėlto reikia turėti omenyje, kad izraelitų santuokos apeigos vyksta dviem etapais: pirmasis, kai tėvai susitaria, kad jis ir ji bus vyras ir žmona, ir nuo tos akimirkos jie yra vyras ir žmona. Bet paskui reikia iškelti puotą, ir kol jai ruošiamasi – nes reikia sukaupti išteklių šventei, kuri turės tęstis visą savaitę, kurioje dalyvaus visi giminės ir artimieji, visas kaimas, – žmona lieka pas savo tėvus, ji tik paskui parvedama į vyro namus. Ir iki tos šventės vyras, jeigu pasikeisdavo jo nuomonė, galėdavo atleisti žmoną.

O Marija laukiasi, nors dar nėra parvesta į vyro namus... Vadinasi, jeigu šitas vaikelis yra ne nuo Juozapo, Marijai pagal Įstatymą gresia būti užmėtytai akmenimis (žr. Įst 22, 13–21). Bet jeigu jis Ją tylomis atleistų, jis tarsi pripažintų, kad tai jo vaikas, bet jis jų nebenori – nei Jos, nei vaiko. Tada žmonių akyse jis tampa niekšu, tačiau Marijai nešlovė negresia. „Nenorėdamas Jai daryti nešlovės, sumanė tylomis Ją atleisti" – prisiimti gėdą sau. Taip interpretuoti galima žiūrint labai žmogiškai, psichologiškai, turint omeny žmonių kreivus žvilgsnius, ilgus liežuvius ir paskalas.

Bet galima interpretuoti ir kitaip. Šv. Juozapas girdėjo iš Švč. Mergelės Marijos, kad Ji yra pasižadėjusi vien tik Dievui, todėl, matydamas Jos tyras akis, jis tikriausiai neabejoja. Nors Akatiste giedama apie tai, kaip jo širdį sudrumstė abejonės, mes galime interpretuoti, kad jis neabejojo, kad jis tikėjo Švč. Mergele Marija. Šv. Juozapas, kaip ir kiekvienas izraelitas, mintinai žinojo ištisas Šventojo Rašto ištraukas (o ir šiandien žydukai ortodoksai gali pacituoti iš atminties ištisas ištraukas iš Toros, iš Pranašų, iš kitų Raštų). Taigi šv. Juozapas žino ištrauką apie mergelę, kuri pagimdys kūdikį (žr. Iz 7, 14) – nors egzegetai pasakytų, kad hebrajiškai žodis *almah* reiškia ir mergelę, ir jauną moterį (hebrajų kalbos žodynas yra gana skurdus). Vis dėlto šitas hebrajiškasis Šventasis Raštas buvo pačių žydų išverstas į graikų kalbą (tas vertimas vadinamas Septuaginta) maždaug porą šimtų metų prieš Jėzaus Gimimą, ir patys žydai žodį *almah* į graikų kalbą ten verčia žodžiu *parthenos* (graikų kalboje „mergelė" ir „jauna moteris" yra skirtingi žodžiai: *parthenos* – mergelė ir *gyne* – moteriškė) – „štai *mergelė* pagimdys kūdikį". Vadinasi, pagal rabinų tradiciją, būtent *mergelė* pagimdys kūdikį – todėl taip ir buvo išversta į graikų kalbą; tai žinoma Izraelyje, tai žinojo ir šv. Juozapas. Galime manyti, kad šv. Juozapui, negalėjusiam net prisileisti minties, jog šita nuolanki, tyra, skaisti mergelė yra apgavikė, beliko galvoti tik tai, kad Joje išsipildė pranašystė: *„Štai mergelė nešios įsčiose ir pagimdys sūnų, ir jis vadinsis Emanuelis*, o tai reiškia: *„Dievas su mumis"* (Mt 1, 23). Tada šv. Juozapas, suprasdamas, kad Ji iš tikrųjų priklauso Dievui, o jis buvęs pernelyg įžūlus, mėgindamas įsimaišyti į Dievo paslaptis, nusprendžia tylomis pasitraukti ir palikti Dievui, kas priklauso Dievui (plg. Mt 22, 21). Bet tada pasirodo Viešpaties angelas ir sako: be nervų! Dievas yra geras! Taip, iš tikrųjų Ji pagimdys Kūdikį, Jos vaisius yra iš Šventosios Dvasios. Tu neapsirikai – tikrai pranašystė pildosi. Bet Dievas nėra pavyduolis. Jūs galėsite, kaip Mergelė tau ir pasakė, gyventi kaip brolis ir sesuo: „Nebijok parsivesti į namus savo žmonos Marijos" (Mt 1, 20); nebijok įskaudinti Dievą, nebijok nuliūdinti Šventąją Dvasią.

Interpretacijų gali būti visokiausių; vis dėlto man atrodo, kad visada derėtų pasitelkti mūsų *sensus fidei*: kuri interpretacija atrodytų artimesnė dieviškam tikėjimui, Dievo slėpinių suvokimui, vidinei harmonijai tarp jų? Bet kuriuo atveju, bent vienas dalykas, kurio mes tikrai galime pasimokyti iš Švč. Mergelės Marijos, – tai Jos absoliuti vidinė laisvė daryti tai ir tik tai, ko nori Dievas. Kai angelas Jai apreiškia: „Šventoji Dvasia nužengs ant tavęs, ir Aukščiausiojo galybė pridengs tave savo šešėliu", ir „antai tavoji giminaitė Elzbieta pradėjo sūnų senatvėje, ir šis mėnuo yra šeštas tai, kuri buvo laikoma nevaisinga, nes *Dievui nėra negalimų dalykų"* – Marija atsako: „Štai aš Viešpaties tarnaitė, tebūna man, kaip tu pasakei" (Lk 1, 35–38). Jinai menkai tesuprato, kaip viskas bus. Suprato tik tai, kad Jinai gali ir liks skaisti bei tyra pagal duotąjį įžadą, bet nieko nesuprato, kaip ir kas bus toliau, todėl ir sako: „Tebūna man, kaip tu pasakei." Ne – „kaip aš *supratau*" (nes nieko nesuprato), bet „kaip tu *pasakei*". Štai kokia didžiulė vidinė Mergelės Marijos laisvė – būti pasirengusiai viską paaukoti, visko atsisakyti, net ir gražiausių vienuoliško gyvenimo idealų, kad tik įvykdytų Dievo Valią. Štai ko mes iš Jos turime mokytis.

Ne vienas iš šventųjų susidūrė su panašia dilema, nors ir ne tokio masto: pavyzdžiui, šv. Motina Teresė Kalkutietė. Ji buvo Loreto vienuolijos seselė, ir jai ten buvo labai gera. Kai Jėzus ėmė ją raginti įsteigti naują – Meilės misionierių – bendruomenę, ji sakė: bet aš esu labai patenkinta ten, kur esu, kodėl dabar turėčiau eiti ir steigti kažkokią naują bendruomenę?! Šv. Faustina, taip pat ir kiti vienuoliai ar vienuolės, jau įsipareigoję kitose bendruomenėse, turėjo panašių išbandymų – dėl Dievo Valios palikti tai, kas, atrodo, jau yra Dievo Valia: betgi aš daviau įžadus šitoj bendruomenėj! Ką žmonės pagalvos? Ką seserys pasakys?

Tačiau atsakymas visada vienas – jeigu tokia Dievo Valia, tegu sau šneka. Švč. Mergelė Marija nė akimirką nesudvejojo: o ką Juozapas pagalvos? O ką žmonės pasakys, kai pamatys mane besilaukiančią? Tebūna man, kaip Tu pasakei, viskas Tavo rankose. Nebijau net ir to, kad akmenimis mėgins užmušti, jeigu tokia Tavo Valia. Amen!

Prašykime iš Švč. Mergelės Marijos tokios laisvės ir pasitikėjimo Dievo Valia. Net jeigu atrodytų, kad mūsų artimiausi, mylimiausi žmonės nusiteiks prieš mus, kad mūsų nesupras, būsime apkalbami, šmeižiami, plakami liežuviais – nesvarbu, jeigu tokia Dievo Valia. Ką žmonės gali man padaryti? (plg. Ps 118(119), 6). Blogiausiu atveju užmuš akmenimis... Bet svarbiausia juk yra Tavo Valia: „Tebūna man, kaip Tu pasakei."

Prašykime mūsų Motinos ir mūsų Karalienės, mūsų Generalinės vyresniosios Švč. Mergelės Marijos, kad išmokytų mus šitos vidinės laisvės. Nes juk ne žmogus šabui, o šabas žmogui (plg. Mt 2, 27), ne žmogus įžadams, bet įžadai žmogui, kad jis galėtų geriau vykdyti Dievo Valią. Neužmirškime to niekada, nepadarykime iš įžadų tikslo, nes jie yra tik priemonė. Tikslas yra vienintelis – Dievas ir Jo šventoji Valia.

IV mąstymas

# Kryžiaus slėpinys

„Kareiviai, nukryžiavę Jėzų, pasiėmė jo drabužius ir padalijo juos į keturias dalis – kiekvienam kareiviui po dalį; pasiėmė ir tuniką. Ji buvo be siūlės, nuo viršaus iki apačios ištisai megzta. Todėl jie tarėsi: „Neplėšykime jos, bet verčiau meskime burtą, kam ji teks." Taip išsipildė Raštas: *Jie drabužius mano dalijas, meta dėl mano apdaro burtą*. Šitaip kareiviai ir padarė" (Jn 19, 23–24). Kodėl aš paskaičiau šitą Šv. Jono Evangelijos ištrauką apie tuniką, nors mūsų mąstymas yra apie Švč. Mergelę Mariją? Todėl, kad ta tunika greičiausiai buvo Jos numegzta... Toji brangi tunika – be siūlės, nuo viršaus iki apačios ištisai megzta, kurios kiekviena akelė išmegzta su didžiausia meile – tai tarsi Marijos motiniška meilė, kuria Ji gaubdavo savo mylimojo Sūnaus pečius, net kai pačios nebūdavo šalia. Ir štai dabar šita tunika yra atimama, dėl jos metamas burtas... Tai didžiulio Mergelės Marijos neturto, Jos apiplėšimo ženklas.

Taigi, šį vakarą mes gilinsimės į Švč. Mergelės Marijos slėpinį po Kryžium, Jos Atjautos slėpinį. Pažvelgsime ne tiek į Marijos kančios kartu su Jėzumi slėpinį (kas dažniausiai pabrėžiama, kai mąstoma apie Jėzaus Kryžių ir Mariją po juo), bet būtent į Jos neturto slėpinį, Jos apiplėšimą, vis gilėjantį Jos neturtą, reikalingą tam, kad dar ryškiau suspindėtų Dievo šlovė šitoje sieloje, šitoje Širdyje, šitoje Mergelėje. Neturto kelias yra ir Bažnyčios kelias (bent jau turėtų būti), taip pat ir mūsų kelias. Pirmiausiai – dvasinio neturto, kai Viešpats po truputį, tarsi skulptorius nuo marmuro gabalo, vis pašalina ir pašalina kažką, kad liktų tiktai šedevras – tas pats marmuro gabalas, bet jo pakitusi forma jau gali sujaudinti iki ašarų... Taigi, pirmiausiai yra atimama Marijos meilės išraiška savo Sūnui – tunika – ir pasidalijama, metant burtą. Taip išplėšiama ir dalelė Marijos Širdies, taip ir Ji apiplėšiama.

„Prie Jėzaus kryžiaus stovėjo jo motina, jo motinos sesuo, Klopo žmona Marija ir Marija Magdalena. Pamatęs stovinčius motiną ir mylimąjį mokinį, Jėzus tarė motinai: „Moterie, štai tavo sūnus!" Paskui tarė mokiniui: „Štai tavo motina!" Ir nuo tos valandos mokinys pasiėmė ją pas save" (Jn 19, 25–27). Mergelė Marija Kryžių išgyvena ypatingoje Širdžių vienybėje su Jėzumi. Jėzaus Švenčiausioji Širdis ir Mergelės Marijos Nekaltoji Širdis esti kartu, jos yra viena, vykdant Tėvo Valią. Ir ne tik Širdis, bet net ir kūnas yra viena, nes Marija, be jokios abejonės, savo kūne kenčia tuos skausmus, kuriuos kenčia Jos Sūnus, tik nekruvinu būdu. Ji tiesiog gerte geria Jėzų savo žvilgsniu, savo malda, savo mintimis, savo Širdimi. Ir štai dabar jau pats Jėzus Ją apiplėšia – nukreipdamas Jos žvilgsnį nuo To, kurį vienintelį Ji norėtų kontempliuoti, kurį vienintelį temato ir nieko daugiau nenori ir negali matyti. Jėzus, kreipdamasis į Ją: „Moterie, štai Tavo sūnus", nukreipia Jos žvilgsnį nuo savęs prie šv. Jono. Ir tai yra baisus neturtas Marijai, savo Sūnumi turėjusiai Jėzų – Dievą, tapusį Žmogumi, pačią įsikūnijusią Išmintį, mokiusią kiekvieną akimirką per trisdešimt trejus metus – nuo mažo

Kūdikio knirkimo iki šitų paskutiniųjų žodžių ant Kryžiaus. O dabar kaip sūnų Ji gauna nusidėjėlį – nors ir labai kontempliatyvų, vienintelį ištikimą iki Kryžiaus iš visų apaštalų, nors ir labai skvarbaus proto bei karštos širdies, bet vis dėlto – žmogų ir nusidėjėlį... Pats Jėzus šįkart apiplėšia Marijos Širdį. Tačiau Jis pro šiuos siauruosius neturto vartus (plg. Mt 7, 13–14) eina pirmas, nes Jis ir savo paties Širdį apiplėšia: brangiausią savo Širdies perlą – Švč. Mergelę Mariją, savo Motiną, savo Mylimiausiąjį Mokinį – atiduoda šv. Jonui, o savo mylimąjį mokinį šv. Joną – Švč. Mergelei Marijai. Taip Jo Širdis lieka visiškai neturtinga, skirta vien tik Dievui.

Kad tai geriau suprastume, derėtų prisiminti izraelitų *Yom Kippur* Apvalymo dienos apeigas, kai vyriausiasis kunigas aukoja auką – aukoja kraują (kuris reiškia gyvybę) pirmiausiai už savo nuodėmes, o paskui ir už visos tautos. Apeigyne aiškiai parašyta, kad kunigas su tuo aukos krauju, apvalančiu ir patį kunigą, ir visą tautą, turi įeiti į šventyklą, į jos Šventų Švenčiausiąją dalį visiškai vienas (žr. Kun 16, 17). Šitie nuostatai, kurie atrodo tokie nuobodūs, kuriuos skaitant, rodos, gali užmigti, – jie visi pranašauja Kristų ir išsipildo Jame ant Kryžiaus. Jis yra tas Vyriausiasis Kunigas, kuris visiškai vienas turi įeiti į Šventų Švenčiausiąją – savo Širdį (nes Jėzaus Širdis yra Šventų Švenčiausioji – mat Jo Kūnas yra Šventosios Dvasios šventovė, kurioje gyvena visa dievybės pilnatvė – plg. Kol 2, 9). Kadangi Jis turi ten įeiti visiškai vienas, Jėzus atiduoda Mariją Jonui ir Joną Marijai, kad iš tikrųjų savo Širdyje stotųsi prieš Tėvą visiškai vienas. Jis ir Mariją kviečia į tokį patį neturtą, nors vis dėlto šiek tiek lengvesnį, nes Jinai gauna Joną. Jonas šioje istorijoje, aišku, ypač praturtėja, nes gauna brangiausią Jėzaus Širdies perlą – „štai tavo Motina". Jis tikriausiai ir sapnuoti nesapnavo, kad galėtų taip kreiptis į Mariją!..

„Tada, žinodamas, jog viskas įvykdyta, ir kad išsipildytų Raštas, Jėzus tarė: „Trokštu!" Tenai stovėjo indas, pilnas perrūgusio vyno. Jie pakėlė ant yzopo vytelės kempinę, pamirkytą vyne, ir prinešė prie jo lūpų. Paragavęs to vyno, Jėzus tarė: „Atlikta!" Ir, nuleidęs galvą, atidavė dvasią" (Jn 19, 28–30). Vėl neturtas Marijos Širdžiai – Jai tenka regėti savo Sūnaus, savo vaiko mirtį. Nėra normalu, kai vaikas miršta pirma motinos, ir ypač nenormalu, kai Motinos akyse miršta Aukščiausiojo Sūnus, apie kurį angelas sakė, jog Jis sėdės savo tėvo Dovydo soste, ir Jo viešpatavimui nebus galo (žr. Lk 1, 32–33). Vietoj sosto Jisai kalamas prie kryžiaus kaip koks prasikaltęs vergas, ir visa tai rodo anaiptol ne Jo niekad nesibaigiantį viešpatavimą, o Jo gyvenimo pabaigą didžiausioje gėdoje ir paniekoje.

Vis dėlto būtent Kryžius ir yra Jo tėvo Dovydo sostas, ir būtent čia prasideda Jo viešpatavimas, kuriam nebus galo. O Marija per šį didžiulį neturtą, Širdies neturtą, vis labiau įvesdinama į Kryžiaus Išminties slėpinį, į Tėvo Išminties slėpinį, į Kristaus Meilės slėpinį, kurio „plotis ir ilgis, ir aukštis, ir gylis" (Ef 3, 18) yra neišmatuojami. Jėzus savo Motinos akyse atiduoda dvasią. Dvasią atiduoda ir Motina – Marija, mirus Sūnui, *kaip Motina* taip pat miršta savo Širdyje. Jos Sūnaus mirtis yra ir Jos mirtis, o tai yra pats didžiausias neturtas – mirties neturtas, už kurį didesnio žmogaus prigimtyje nėra.

„Kadangi buvo Pasirengimo diena ir žydai nenorėjo, kad kūnai liktų ant kryžiaus per šabą, – nes tas šabas buvo didelės šventės diena, jie prašė Pilotą, kad nukryžiuotiesiems būtų sulaužyti blauzdikauliai ir kūnai nuimti. Tad atėjo kareiviai ir sulaužė blauzdas vienam ir antram, kurie buvo su juo nukryžiuoti. Priėję prie Jėzaus ir pamatę, kad jis jau miręs, jie nebelaužė jam blauzdų, tik vienas kareivis ietimi perdūrė jam šoną ir tuojau ištekėjo kraujo ir vandens" (Jn 19, 31–34). Šitas ieties dūris pervėrė ne tik Jėzaus, bet ir Marijos Širdį – Ji patiria dar vieną baisų apiplėšimą, matydama, kaip Jos Jėzaus, Dievo Avinėlio nukryžiuotasis Kūnas net ir po mirties yra išniekinamas. Šitas neturtas Ją įvesdina į dar gilesnę kontempliaciją – kad toji pervertoji Jėzaus Širdis yra vartai, atveriami į Naująjį Edeną – į Tėvo Širdį, per kuriuos nuo šiol galės įžengti – pirmiausia Ji, Avinėlio Nuotaka, balandėlė (plg. Gg 2, 14), o paskui Ją – ir visi Jos vaikai. Bet tam reikėjo dar ir šito neturto – neturto matyti, kaip didžiausias mūsų medžiaginės visatos šedevras – Jėzaus Kūnas, Dievo, tapusio žmogumi, Kūnas, taigi – Dievo Kūnas, vertas pačios didžiausios pagarbos ir meilės, yra šitaip išniekinamas.

„Regėjusis tai paliudijo, ir jo liudijimas teisingas; jis žino sakąs tiesą, kad ir jūs tikėtumėte. Taip įvyko, kad išsipildytų Raštas: *Nė vienas jo kaulas nebus sulaužytas.* [Raštas taip sako apie Velykų Avinėlį.] Vėl kitoje vietoje Raštas sako: *Jie žiūrės į tą, kurį perdūrė*. Po to Juozapas iš Arimatėjos, kuris buvo Jėzaus mokinys, tik slaptas dėl žydų baimės, paprašė Pilotą leisti nuimti Jėzaus kūną. Pilotas leido. Jis atėjo ir nuėmė kūną. [Žinoma, kad tas Kūnas pirmiausiai atsidūrė Motinos rankose – pieta.] Taip pat atvyko ir Nikodemas, kuris pirmiau buvo atėjęs pas Jėzų nakčia. Jis atsigabeno apie šimtą svarų miros ir alavijo mišinio. Taigi jie paėmė Jėzaus kūną ir suvyniojo į drobules su kvepalais, kaip reikalavo žydų laidojimo paprotys. [Nespėjo net nuplauti...] Toje vietoje, kur buvo nukryžiuotas Jėzus, buvo sodas ir sode naujas kapo rūsys, kuriame dar niekas nebuvo laidotas. Ten jie ir paguldė Jėzų, nes buvo žydų Pasirengimo diena, o kapas arti" (Jn 19, 35–42). Tai yra galutinis Motinos Širdies apiplėšimas – net mirusio ir išniekinto savo Sūnaus Kūno Ji negali išgedėti: reikia kuo greičiau guldyti Jėzų į Kapą, nes prasideda šabas; reikia tučtuojau grįžti į namus, nes per šabą negalima nueiti daugiau nei tūkstantį žingsnių. O juk Jėzus buvo nukryžiuotas už miesto, tad dar gerą kelio gabalą teko sugrįžti, užtat reikėjo greitai palaidoti. Jėzaus Kūnas, vos atsiradęs Motinos rankose, vėl išplėšiamas, o kartu su Juo – ir Jos Širdis, kad liktų visiškai neturtinga, visiškai nieko neturinti, išskyrus tikėjimą ir viltį.

Tada prasideda šabas, kurį Bažnyčia liturgiškai mini visiška tyla. Didįjį šabą, Didįjį šeštadienį Bažnyčioje nevyksta jokios apeigos (bent jau taip turėtų būti), kad galėtume išgyventi Marijos Širdies neturtą. Ne laikas tądien pulti valyti vienuolyną, taures Velyknakčiui, ruošti mišraines ir kepti antis. Tai yra, ko gero, svarbiausias Tridienio metas, skirtas įsigilinti, suvokti tai, ką mes išgyvenome Didįjį ketvirtadienį ir Didįjį penktadienį, kad tikrai parengta širdimi, pačios Mergelės Marijos Širdimi, galėtume dalyvauti šv. Velykų Nakties vigilijoje.

Šitas galutinis Marijos Širdies neturtas reiškėsi per nuogą, juodą tikėjimą ir viltį, kuriuos, atrodo, Ji vienintelė teišsaugojo tą naktį ir dieną, tą šabą. Juk apie šv. Joną yra parašyta, kad jis „pamatė ir *įtikėjo*" tik šv. Velykų rytą, atbėgęs su šv. Petru prie Kapo (žr. Jn 20, 8). Šv. Jonui reikėjo ten *atbėgti* – kaip ir šv. Marijai Magdalietei, dar net nesibaigus šabui, reikėjo nulėkt prie Kapo (žr. Jn 20, 1)... O Marija, atrodo, taip ir liko savo neturte. Vis dėlto tai, kad nė vienas evangelistas nė žodžio nesako apie prisikėlusio Jėzaus pasirodymą Marijai, dar nereiškia, kad jo nebuvo, bet taip pat nereiškia, kad jis ir buvo. Visi įvykiai, kurie yra intymiai susiję su Marija (kaip, sakysim, angelo Apreiškimas), galėjo būti papasakoti tik pačios Marijos arba perpasakoti Jos naujojo sūnaus – šv. Jono. Šv. Lukas tai galėjo sužinoti tik iš Marijos arba Jono, pas kurį Marija atsidūrė po Viešpaties nukryžiavimo ir kuriam Ji tuomet atvėrė daug paslapčių. Apie pasirodymą šv. Marijai Magdalietei, mokiniams, žinoma, evangelistas galėjo sužinoti iš pačios Magdalietės ir iš mokinių, iš apaštalų. O apie Prisikėlusiojo pasirodymą Marijai tebuvo galima sužinoti tik iš Jos pačios. Tad jeigu Ji net Jonui šito nepapasakojo, tai arba todėl, kad šitai buvo tokia Jos Širdies paslaptis, jog į ją niekas negalėjo būti įleistas, net ir mylimasis mokinys, arba todėl, kad to pasirodymo nebuvo, nes Marija *tikėjo* Jėzaus Prisikėlimu, Jėzaus žodžiais, ištartais vos prieš savaitę, Lozoriaus prikėlimo metu: „Aš esu prisikėlimas ir gyvenimas. Kas tiki mane, nors ir numirtų, bus gyvas" (Jn 11, 25). Marija *tikėjo* šitais žodžiais. Tad Ji *tikėjimu* prisilietė prie Prisikėlusiojo Jėzaus, net jeigu Jo ir nematė. „Palaiminti, kurie tiki nematę!" (Jn 20, 29) – galbūt šitas palaiminimas pirmiausiai teko būtent Marijai?..

Šis Jos Širdies neturtas, kuriuo Viešpats vis labiau Ją darė panašią į save – patį neturtingiausią ir mažiausią (nes Jėzus ant Kryžiaus yra dar mažesnis ir neturtingesnis negu Betliejaus prakartėlėje), Mariją įveda į visai kitą pasaulį, į Dievo pasaulį, į kurį įėjimas yra tik vienas – tikėjimas ir viltis. Toks neturtas yra ypatingas tikėjimo ir vilties maistas, tarsi koks *reagentas*, kuris yra būtinas, kad vyktų cheminės reakcijos. Taip ir neturtas yra būtinas, jeigu norime, kad mūsų tikėjimas būtų kontempliatyvus – gyvas Meile, vaisingas dieviška Meile. Štai tokio neturto mes galime ir turime prašyti mūsų Motinos – juk Ją kaip Motiną po Kryžiumi gavome ir mes, o Ji po Kryžiumi gavo mus – kaip savo vaikus.

V mąstymas

# Sekminių – Aukštutinio kambario – slėpinys

Paskutinį kartą Šventajame Rašte apie Mariją, Jėzaus Motiną, kalbama Apaštalų darbų pradžioje. Jėzus po Prisikėlimo dar 40 dienų rodėsi mokiniams ir aiškino apie Dievo Karalystę (žr. Apd 1, 3). „Kartą, bevalgant prie bendro stalo, liepė jiems nepasišalinti iš Jeruzalės, bet laukti Tėvo pažado, „apie kurį, – tarė jis, – esate girdėję iš manęs [per Paskutinę vakarienę, Aukštutiniame kambaryje, kai Jėzus kalbėjo apie Tiesos Dvasią, kuri turi ateiti, kuri viską primins ir visko išmokys, ką mokiniai apie Jį yra girdėję (žr. Jn 14, 26)]; mat Jonas krikštijo vandeniu, o jūs po kelių dienų būsite pakrikštyti Šventąja Dvasia." [Išsipildys Jono Krikštytojo pranašystė apie Jėzų, kad šis krikštysiąs Šventąja Dvasia ir ugnimi (žr. Lk 3, 16; Mt 3, 11) – Meilės ugnimi, žinoma.] Susirinkusieji ėmė jį klausinėti: „Viešpatie, gal tu šiuo metu atkursi Izraelio karalystę?" Jis atsakė: „Ne jums žinoti laiką ir metą, kuriuos Tėvas nustatė savo galia. Bet kai ant jūsų nužengs Šventoji Dvasia, jūs gausite jos galybės ir tapsite mano liudytojais Jeruzalėje ir visoje Judėjoje bei Samarijoje ir ligi pat žemės pakraščių" (Apd 1, 4–8). Taigi, ne jų reikalas žinoti, kada bus atkurta toji Karalystė, jų reikalas – eiti ir skelbti ją, statydinti, plėsti.

„Tai pasakęs, jiems bežiūrint, Jėzus pakilo aukštyn, ir debesis jį paslėpė nuo jų akių. Kai jie, akių nenuleisdami, žiūrėjo į žengiantį dangun Jėzų, štai prie jų atsirado du vyrai baltais drabužiais ir prabilo: „Vyrai galilėjiečiai, ko stovite, žiūrėdami į dangų? Tasai Jėzus, paimtas nuo jūsų į dangų, sugrįš taip pat, kaip esate jį matę žengiant į dangų" (Apd 1, 9–11). Tris kartus pakartota: į dangų, į dangų, į dangų. Tą Jėzaus Žengimą į Dangų, kai debesis Jį paslepia, mes galime suprasti ir dvasine prasme: dangus juk yra neregimoji, dvasinė visata, vadinasi, Jėzaus Žengimas į Dangų reiškia Jėzaus pasitraukimą į neregimąją visatą. Neužmirškime, kad neregimoji visata yra ir mūsų siela, mūsų širdis...

Debesis Šventajame Rašte simbolizuoja Šventąją Dvasią: debesies stulpas vedė Izraelio tautą per dykumą (žr. Iš 13, 21–22); debesis buvo apsiautęs ir Sinajaus kalną, kai Mozė lipo į jo viršūnę susitikti su Viešpačiu Dievu (žr. Iš 19, 16–20); debesis buvo pripildęs padangtę dykumoje (žr. Iš 40, 34–38), o vėliau ir Saliamono šventyklą taip, kad joks kunigas negalėjo į ją įeiti (žr. 1 Kar 8, 10–11); debesis buvo apsiautęs Jėzų ir tris mokinius ant Taboro kalno Atsimainymo metu, kai iš jo nuskambėjo Tėvo balsas: „Šitas yra mano mylimasis Sūnus" (žr. Mt 17, 5–8; Mk 9, 1–8). Taigi Šventosios Dvasios, kuri veda Dievo tautą, kuri reiškia Dievo artumą, ypač šventykloje, padangtėje, debesis Jėzų paslepia nuo mokinių akių, Jį „įtraukia" į neregimąją visatą. Du vyrai baltais drabužiais – du galbūt todėl, kad Šventajame Rašte kiekvienam liudijimui reikia mažiausiai dviejų ar trijų liudytojų (žr. Įst 19, 5), – sako: „Ko stovite, žiūrėdami į dangų? Tasai Jėzus, paimtas nuo jūsų į dangų, sugrįš taip pat, kaip esate jį matę žengiant į dangų." Vis dėlto mes galime Jėzaus sugrįžimo laukti ne tik spoksodami į dangų, kaip tie galilėjiečiai – kiekvieną rytą vis išlįsti ir pasižiūrėti, užvertę galvas, bene jau sugrįžta Jėzus... Angelų žodžius – „sugrįš taip pat, kaip esate Jį matę žengiant į dangų" – galime suprasti ir dvasine prasme, būtent, kad Jėzus sugrįš iš tos dvasinės neregimosios visatos – iš mūsų sielos gelmių, iš mūsų širdies. Jūs išvysite „Žmogaus Sūnų, ateinantį dangaus debesyse" (plg. Mt 24, 30; 26, 64; Mk 13, 26; 14, 62) tos pačios Šventosios Dvasios veikimu, kurios kol kas mokiniai ir Marija laukia maldoje. „Tuomet jie sugrįžo į Jeruzalę iš vadinamojo Alyvų kalno, buvusio netoliese – kiek leidžiama nueiti šabo dieną" (Apd 1, 12). Vadinasi, tai buvo šabas – Dangun Žengimo šventė.

„Parėję jie susirinko aukštutiniame kambaryje, kur buvo apsistoję" (Apd 1, 13) – tame pačiame kambaryje, kur Jėzus laužė duoną ir davė savo mokiniams tardamas: „Tai yra mano Kūnas"; tame pačiame kambaryje, kur Jis jiems davė taurę, pripiltą vyno, ir sakė: „Imkite ir gerkite, tai yra mano Kraujas" – Naujoji Sandora, Naujoji ir Amžinoji Sandora (žr. Mt 26, 26–28; Mk 14, 22–24; Lk 22, 19–20); tame pačiame kambaryje, kur Jėzus mokė mokinius apie *Parakletą*, apie Guodėją-Globėją-Užtarėją, apie Šventąją Dvasią (žr. Jn 16, 7–14); tame pačiame kambaryje, kur Prisikėlusysis pasirodė dešimčiai mokinių (žr. Jn 20, 19); tame pačiame kambaryje, kur Jis vėliau pasirodė ir netikinčiam Tomui bei liepė jam pridėti ranką prie Jo šono, įkišti pirštą į Jo žaizdų vietą ir tarė: „Jau nebebūk netikintis, būk tikintis" (žr. Jn 20, 26–29). Šiame pačiame kambaryje Jėzus jau buvo išliejęs Šventosios Dvasios pirmienas į savo mokinius, kai kvėpė į juos ir tarė: „Imkite Šventąją Dvasią. Kam atleisite nuodėmes, tiems jos bus atleistos, o kam sulaikysite, – sulaikytos" (Jn 20, 22–23).

Tame pačiame kambaryje mokiniai dabar susirenka su Jėzaus Motina Marija laukti Pažado išsipildymo. Ten jie nuolat sugrįždavo ir užsirakindavo dėl žydų baimės (plg. Jn 20, 19), nors Jėzus prisikėlė ir jiems nuolat rodydavosi. „Ten buvo Petras, Jonas, Jokūbas ir Andriejus, Pilypas ir Tomas, Baltramiejus ir Matas, Alfiejaus sūnus Jokūbas, Simonas Uolusis ir Judas, Jokūbo brolis. Jie visi ištvermingai ir vieningai atsidėjo maldai kartu su moterimis ir Jėzaus motina Marija bei jo broliais" (Apd 1, 13–14). Jeigu mes norime prišaukti Šventąją Dvasią, kad ir mums išsipildytų šitas Pažadas, apie kurį girdime Šv. Jono Evangelijoje, pasakytas per Paskutinę vakarienę apie Tiesos Dvasią, kuri ateis ir kuri parodys, kaip pasaulis klysta, kuri ves mus į Tiesos pilnatvę, kuri mus visko išmokys ir mums viską primins (žr. Jn 16, 7–14), – mes turime visi kartu ištvermingai ir vieningai atsidėti maldai: kartu su Jėzaus Motina Marija.

Marijos malda, Jos buvimas su mokiniais, be jokios abejonės, buvo it „cheminis reagentas", kurstęs jų maldos užsidegimą ir uolumą. Tikriausiai užteko vien pasižiūrėti į besimeldžiančią Mergelę Mariją, jau pagyvenusią, sklidiną širdies ramybės ir kartu troškimo, be jokios abejonės, didžiausioj tyloj, Meilės tyloj, kontempliacijoj, visa savo būtybe, visa savo būtimi laukiančią Pažado išsipildymo... Žinoma, kad iš kartu su Ja buvusių mokinių ir moterų, Jėzaus brolių, giminaičių širdžių negalėjo nepradėti trykšti ta pati malda, tas pats ilgesys, tas pats troškimas. Marijos buvimas kartu su mumis perkeičia ir mūsų maldą į srovę, trykštančią į amžinąjį gyvenimą (plg. Jn 4, 14). Juk dažnai būna, kad tos srovės sūkuriuoja mūsų viduje, bet jos tėra tik virimas savo sultyse ir niekur toliau mūsų pačių, toliau, negu mūsų nosis siekia, neištrykšta. O Marijos buvimas kartu su mumis maldoje tą uždarą ratą atidaro, atveria jį į dangų – ten, kur Jėzus nuėjo ir iš kur mes laukiame išsipildant Tėvo pažado – Globėjo, Guodėjo, *Parakleto* atėjimo ir Jėzaus sugrįžimo. Primenu, kad dangus – tai dvasinė neregimoji visata, esanti ir mūsų pačių gelmėse, tad ta maldos srovė, ta versmė turi trykšti vis gilyn į mūsų būtį, nes ten yra vartai į dangų, ir iš ten ateina Šventoji Dvasia, iš ten grįžta Viešpats Jėzus.

„Atėjus Sekminių dienai, visi mokiniai buvo drauge vienoje vietoje. [Tame pačiame Aukštutiniame kambaryje.] Staiga iš dangaus pasigirdo ūžesys, tarsi pūstų smarkus vėjas. Jis pripildė visą namą, kur jie sėdėjo. Jiems pasirodė tarsi ugnies liežuviai, kurie pasidaliję nusileido ant kiekvieno iš jų. [„Jis krikštys jus Šventąja Dvasia ir ugnimi..." (žr. Lk 3, 16; Mt 3, 11).] Visi pasidarė pilni Šventosios Dvasios ir pradėjo kalbėti kitomis kalbomis, kaip Dvasia jiems davė prabilti" (Apd 2, 1–4). Tai yra Bažnyčios gimtadienis. Bažnyčia buvo pradėta ant Kryžiaus – pradėta todėl, kad buvo paimta iš Naujojo Adomo šono – Naujoji Ieva, Švč. Mergelė Marija, tas Bažnyčios modeliukas, jau visa, tik labai mažytė Bažnyčia – tarsi embrionas. Ir nuo pradėjimo iki gimimo Bažnyčia tylutėliai brendo – mokiniuose, ypač šv. Velykų vakarą, kai Jėzus kvėpė į juos ir tarė: „Imkite Šventąją Dvasią." Tai yra tarsi tame pradėtame Bažnyčios kūne ėmęs cirkuliuoti kraujas. Kaip embrione – kraujas pasirodo ne iš karto, bet tik po kurio laiko, ir tai laikoma labai svarbiu to mažučio kūnelio gyvybės kelio etapu. O gimsta Bažnyčia Sekminių dieną. Tas gimimas labai primena Adomo sukūrimą: visi mokiniai buvo drauge vienoje vietoje, sulipdyti kaip dulkės, kaip ir Adomas buvo paimtas iš žemės dulkių (žr. Pr 2, 7), o ir mes visi juk esame dulkės ir pelenai (plg. Sir 10, 9; 17, 32). Jie buvo drauge vienoje vietoje sulipdyti, bet tai dar ne Bažnyčia. Kai mes esame visi kartu vienoje vietoje – dar nėra Bažnyčia. Mūsų bendruomenė vien dėl to, kad gyvename kartu po vienu stogu, valgome prie vieno stalo ir net meldžiamės vienoj koplyčioj, dar nėra Bažnyčia, – tai tik šlapių dulkių gniūžtė. „Staiga iš dangaus pasigirdo ūžesys, tarsi pūstų smarkus vėjas."

Prisimenate, kad nulipdęs Adomą Dievas įkvėpė jam į šnerves gyvybės kvapą (žr. Pr 2, 7)? Dabar Dievas šitam Bažnyčios kūnui irgi įkvepia Gyvybės kvapą – Šventąją Dvasią: „Jis pripildė visą namą, kur jie sėdėjo. Jiems pasirodė tarsi ugnies liežuviai, kurie pasidalijię nusileido ant kiekvieno iš jų." Atšilo tas molinukas, ir pradėjo plakti širdis...

„Visi pasidarė pilni Šventosios Dvasios ir pradėjo kalbėti kitomis kalbomis, kaip Dvasia jiems davė prabilti." Įdomu, kokia kalba pradėjo kalbėti Marija? Įtariu, kad tikriausiai Ji vienintelė liko visiškoj tyloj. Kodėl? Nes toliau mes skaitome, kad „stojo Petras su Vienuolika ir, pakėlęs balsą, prabilo" (Apd 2, 14) – taip prabilo, kad tą dieną prie jų prisidėjo... kiek? Trys tūkstančiai (žr. Apd 2, 41). O kad Marija ką nors būtų kalbėjusi, nepasakyta. Būtų keista, jeigu Jinai būtų ką nors sakiusi, bet apie tai mums nieko nebūtų išlikę.

Paskui jie eina į Jeruzalę – pagaliau jiems nebereikia užsirakinėti tame Aukštutiniame kambaryje, – jie eina ir skelbia, nes juose veikia Šventoji Dvasia, nes juose veikia tas Gyvybės kvapas, dėl kurio jie jau nebėra vien tik žemės dulkės, – jie nuo šiol yra ir dangaus pasiuntiniai. Ir nors Marija lieka dar gilesnėj kontempliacijoj ir tyloj, dėl to, kad Joje, Jos Širdyje veikia ta pati Šventoji Dvasia, Ją ir apaštalus sieja ypatingas ryšys – pati Šventoji Dvasia. Tas ryšys ir toliau lieka tarp jūsų brolių apaštalų – kunigų ir jūsų, nes jūs esate Švč. Mergelės Marijos slėpinys Bažnyčioje. Net jeigu jūs esate ir Mortos slėpinys, vis dėlto pirmiausiai jūs esate Mergelės Marijos slėpinys.

Štai kodėl nuo jūsų maldos – kaip Marijos ir kartu su Marija – priklauso, kiek Bažnyčios kūnas yra gyvas, kiek apaštalai kalba tomis kalbomis, kokias gali suprasti visokie mesopotamiečiai, partai, medai, elamiečiai, judėjai, kapadokiečiai (plg. Apd 2, 9–11), dvidešimt pirmojo amžiaus lietuviai ar Dievo nepažįstantys žmonės. Jeigu mūsų širdis bus atšalusi, jeigu joje nebus Šventosios Dvasios, tai nenuostabu, kad, šv. Teresėlės žodžiais tariant, kankiniai atsisakys lieti kraują, pranašai nebepranašaus, išpažinėjai nieko nebeišpažins, apaštalai nebeskelbs Evangelijos ir misionieriai niekur nebekeliaus. O kad taip būtų, kad jie gausiai lietų kraują, keliautų iki Antarktidos – ne pas karališkus pingvinus, bet pas ten gyvenančius ir Antarktidą tyrinėjančius mokslininkus, – kad jie skelbtų Evangeliją, kad pranašautų Jėzaus sugrįžimą, Bažnyčios širdyje būtinai turi degti Meilė – Bažnyčios kūno Gyvybė. O kad toji Meilė degtų, mums būtinas *reagentas* – Švč. Mergelė Marija, Jos malda: tyli, paslėpta, gili, kontempliatyvi malda.

Nėra teisinga dalyti vienuolinį gyvenimą į kontempliatyvų ir aktyvų. Teisingiau būtų dalyti jį į grynai kontempliatyvų ir apaštališką. O apaštališkas gyvenimas nėra aktyvus, jis pirmiausiai yra kontempliatyvus ir tik tada apaštališkas: nes tu negali skelbti to, ko nepažįsti, negali skelbti, jeigu tavo širdyje negyvena Šventoji Dvasia. O Šventoji Dvasia tavo širdy negyvens, jeigu tu Jos neprisišauksi malda, tokia kaip Mergelės Marijos ir mokinių kartu su Ja. Kitaip girdėsis tiktai žvangantis varis ir skambantys cimbolai (plg. 1 Kor 13, 1), o tą dieną, kai šauksime: „Viešpatie, Viešpatie, mes Tavo vardu skelbėme gatvėse ir išvarinėjome demonus" (plg. Mt 7, 22), Jėzus mums atsakys: „Aš jūsų nepažįstu" (Mt 25, 12), – kaip toms paikosioms mergelėms. Pasakys netgi baisiau: „Eikite šalin nuo manęs, jūs nedorėliai (plg. Mt 7, 23; Lk 13, 27), nes jūs nevykdėte Tėvo Valios."

Kokia yra Tėvo Valia? Prašyti Šventosios Dvasios, šauktis Jos ir ilgėtis. Be Šventosios Dvasios, kuri yra Vynmedžio syvai, mes nieko negalime padaryti: „Be manęs jūs nieko negalite nuveikti" (plg. Jn 15, 5). Švč. Mergelė Marija tą suprato geriausiai: Ji buvo *nuskendusi* Šventojoje Dvasioje, Ji buvo pilnesnė Šventosios Dvasios negu visi mokiniai kartu paėmus. Tarp kitko, Ji buvo Šventosios Dvasios buveinė nuo pat pirmosios akimirkos; ir ypatingu būdu – kai Šventoji Dvasia Joje pradėjo Aukščiausiojo Sūnų (žr. Lk 1, 31–32). Šventoji Dvasia davė Jai jėgų išstovėti po Kryžiumi ir išgyventi tą didįjį baisųjį šabą tikėjimu ir viltimi. Šventoji Dvasia, dar prieš nužengdama ant apaštalų, susirinkusių į Aukštutinį kambarį, jau meldėsi Marijoje neišsakomais atodūsiais (plg. Rom 8, 26), užtardama Ją ir visą dar negimusią, dar tik Tėvo įsčiose nešiojamą Bažnyčią. Štai kodėl Marija, nors yra tokia nematoma, yra tokia svarbi. Ir, sakyčiau, kad būtent todėl Mergelę Mariją mes turėtume saugoti kaip didžiulį lobį, kaip perlą ir nemėtyti jo kiaulėms (plg. Mt 7, 6).

Švč. Mergelę Mariją reikia saugoti Aukštutinio savo širdies kambario slaptoje. Ir kai išeiname skelbti Evangelijos, kai mūsų lūpos skelbia Evangeliją, kai mūsų gyvenimas ją liudija – tarnavimu, atsidavimu, pasiaukojimu, – Mergelė Marija turi likti slaptoje mūsų širdies gelmėje, kad užtikrintų ryšį tarp mūsų veiksmų, kurie skelbia ir liudija, ir širdies, kuri myli ir ilgisi: ilgisi Mylimojo, ilgisi Sužadėtinio, ilgisi Šventąja Dvasia, dūsaujančia neišsakomais atodūsiais (plg. Rom 8, 26), dūsaujančia Švč. Mergelėje Marijoje ir todėl – visoje Bažnyčioje. Tad aš ypač kviečiu jus atnaujinti sandorą ne tik su Mylimuoju, bet ir su Jo Motina Marija.

Esu daugybę kartų girdėjęs skundžiantis: nemoku melstis. Nieko nuostabaus – aš irgi nemoku melstis! Niekas nemoka melstis, nesama maldos profesionalų. Yra tik viena vienintelė, kuri tikrai moka melstis – antgamtiškai, bet kone natūraliai, nes Jinai yra *vos ne* Šventosios Dvasios įsikūnijimas. Todėl maldos paslaptis greičiausiai bus sandora su Mergele Marija. Niekas taip neišmokys mūsų melstis, kaip Marija, kuri kalba per šv. Teresę Avilietę, per šv. Kūdikėlio Jėzaus Teresę, per šv. Pranciškų

Salezą, per visus šventuosius, mus mokančius maldos. Tiksliau, kalba pati Šventoji Dvasia, kuri ypatingai, savo pilnatve gyvena Marijos Širdyje kaip jokioje kitoje, išskyrus, aišku, Švenčiausiąją Jėzaus Širdį. Bet Jėzaus ir Marijos Širdys yra tokioj bendrystėj, tokio panašumo, kad tai yra tarsi dvi Šventosios Dvasios buveinės: butas ir vasarnamis!

Labai jus kviečiu, kaip Jėzus kvietė šv. Joną, – pasiimti Mariją pas save, į Aukštutinį savo širdies kambarį, ir Jai pasakyti: aš nemoku melstis! O tada tiesiog būti kartu su Ja, šalia Jos ir laukti – ištvermingai ir vieningai – ateinant Šventosios Dvasios, kol Jinai pradės dūsauti neišsakomais atodūsiais ir jūsų širdyje, ir visame jūsų gyvenime.

Kūdikėlio Jėzaus Pranciškus Nekrošius CSJ
MEILE SERGU
Rekolekcijos

Leidinio sudarytoja ir redaktorė Indrė Aušrotienė
Kalbos redaktorė Vilma Pavelčikaitė-Bialoglovienė
Viršelio dizainas ir knygos maketas Agnės Paulėkienės
Fotografas Ridas Damkevičius (knygos autoriaus portretas)

Leidykla LUMINA VERA
V. Grybo g. 37, LT-10320 Vilnius, Lietuva

www.ingramcontent.com/pod-product-compliance
Lightning Source LLC
LaVergne TN
LVHW091408190726
843491LV00006B/1321

* 9 7 8 6 0 9 9 5 3 6 6 1 3 *